Geschichtsverein für den Landkreis Tuttlingen
Landesamt für Denkmalpflege im Regierungspräsidium Stuttgart

# ARCHÄOLOGIE IM LANDKREIS TUTTLINGEN

Geschichtsverein für den Landkreis Tuttlingen
Landesamt für Denkmalpflege im Regierungspräsidium Stuttgart

# ARCHÄOLOGIE IM LANDKREIS TUTTLINGEN

## Neue Funde, spannende Entdeckungen

**Herausgegeben vom Geschichtsverein für den Landkreis Tuttlingen und vom Landesamt für Denkmalpflege im Regierungspräsidium Stuttgart**

Mit Beiträgen von Andreas Haasis-Berner, Benjamin Höke, Klaus Kortüm, Thomas Link, Christoph Morrissey, Kevin Paul, Katalin Puster, André Spatzier, Yvonne Tafelmaier und Simon Trixl

Bearbeitet von Nils Bambusch, Andreas-Haasis-Berner, Vera Hollfelder, Thomas Link und Hans-Joachim Schuster

Band 14 der Veröffentlichungen des Geschichtsvereins für den Landkreis Tuttlingen

Impressum

Besuchen Sie uns im Internet:
www.gmeiner-verlag.de

© 2025 – GMEINER studio
in der GMEINER-Verlag GmbH

Im Ehnried 5, 88605 Meßkirch
Telefon 07575 / 2095–0
info@gmeiner-verlag.de
Alle Rechte vorbehalten
1. Auflage 2025

Herausgeber: Geschichtsverein für den Landkreis Tuttlingen / Landesamt für Denkmalpflege im Regierungspräsidium Stuttgart

Konzeption: Dr. Andreas Haasis-Berner, Dr. Gertrud Kuhnle, Dr. Thomas Link, Dr. Hans-Joachim Schuster
Redaktion und Bearbeitung: Nils Bambusch, Dr. Andreas Haasis-Berner, Vera Hollfelder, Dr. Thomas Link, Dr. Hans-Joachim Schuster

Gestaltung und Satz: Susanne Lutz

Abbildungsnachweise: Siehe jeweilige Abbildungsunterschriften
Abbildung Umschlag: Restaurierte Wurfaxt aus dem frühmerowingerzeitlichen Gräberfeld von Rietheim (Foto Landesamt für Denkmalpflege im Regierungspräsidium Stuttgart, Y. Mühleis)

Druck: Florjančič tisk d.o.o., Maribor
Printed in Slovenia

ISBN: 978-3-7801-1012-1

# Inhaltsverzeichnis

## Epochenübergreifende Themen

# Geleitwort

Den Landkreis Tuttlingen zeichnet nicht nur eine sehr reizvolle und abwechslungsreiche Landschaft aus, er verfügt auch über ein vielfältiges kulturelles Erbe. Er ist reich an historischen Sehenswürdigkeiten und ein breites Spektrum an Kulturdenkmalen prägt das Profil seiner Kulturlandschaft. Dazu zählen Bau- und Kunstdenkmale, Industriedenkmale, Kleindenkmale und nicht zuletzt zahllose archäologische Zeugnisse und Fundstätten. Zu letzterer Kategorie gehören z. B. die unter einem Schutzhaus gesicherten Fundamente des Badehauses des römischen Gutshofs in Wurmlingen, markante Hügelgräber aus der keltischen Epoche, die zahlreich über das Kreisgebiet verteilten Wallanlagen oder die auffällige Felsformation »Heidentor«, die in keltischer Zeit wohl ein bedeutender Kultplatz und ein Naturheiligtum war. Auch die Alamannengräber von Oberflacht und Trossingen mit ihren herausragenden und spektakulären Holzfunden dürfen hier nicht unerwähnt bleiben.

In den zurückliegenden Jahren förderten Archäologinnen und Archäologen bei Grabungen im Landkreis viele weitere interessante und erkenntnisreiche Funde zu Tage, im Raum Geisingen ebenso wie auf dem Heuberg oder um Tuttlingen, Relikte aus der Jungsteinzeit ebenso wie Überbleibsel römischer Gutshöfe oder außergewöhnliche Funde aus Gräbern der Alamannenzeit.

Die Publikation »Archäologie im Landkreis Tuttlingen – Neue Funde, spannende Entdeckungen« gewährt einen Überblick über die Vielfalt an archäologischen Zeugnissen im Landkreis und informiert vor allem über die zahlreichen Grabungen, Untersuchungen und Funde der letzten Jahre. Diese lieferten neue und wichtige Erkenntnisse zur Vor- und Frühgeschichte unseres Landkreises.

Das großzügig illustrierte und ansprechend gestaltete Buch richtet sich nicht nur an die Experten, sondern spricht auch alle an Geschichte und Archäologie interessierten Bürgerinnen und Bürger an. Es dokumentiert, dass unser Kreisgebiet eine alte Kulturlandschaft ist, reich an vielfältigen Spuren und Zeugnissen der Vor- und Frühgeschichte.

Bei der vorliegenden Publikation handelt es sich um ein erfolgreiches Gemeinschaftsprojekt des Geschichtsvereins für den Landkreis Tuttlingen und des Landesamts für Denkmalpflege im Regierungspräsidium Stuttgart. Ich möchte Dank und Anerkennung dafür aussprechen, dass sie zusammen dieses Buchprojekt angegangen sind und mit Erfolg umgesetzt haben. Vielen Dank an alle Autorinnen und Autoren für ihre fachkundigen Beiträge, die auch für ein Laienpublikum verständlich geschrieben sind. Mein Dank gilt auch Dr. Thomas Link und Dr. Andreas Haasis-Berner vom Landesamt für Denkmalpflege sowie Vera Hollfelder, Nils Bambusch und Dr. Hans-Joachim Schuster vom Geschichtsverein für die redaktionelle Arbeit und die organisatorische Begleitung des Publikationsprojekts.

Ich wünsche der Buchveröffentlichung eine große Verbreitung und viele interessierte Leserinnen und Leser.

Stefan Bär
Landrat des Landkreises Tuttlingen

# Vorwort

Im Jahr 1988 veröffentlichte der Landkreis Tuttlingen anlässlich seines 15-jährigen Bestehens die Zusammenschau »Archäologie, Kunst und Landschaft im Landkreis Tuttlingen«. Im Jahr 2002 folgte unter dem Titel »Landkreis Tuttlingen. Geschichte, Gegenwart, Chancen« ein aktualisierter Überblick.

In den 23 Jahren, die seither vergangen sind, hat sich insbesondere in der Archäologie sehr viel getan. Durch den Bauboom der letzten Jahre hat die Anzahl der erforderlichen Rettungsgrabungen im ganzen Land stark zugenommen. Auch im Landkreis Tuttlingen haben zahlreiche, zum Teil sehr umfangreiche Ausgrabungen vielfältige neue Erkenntnisse aus allen Epochen von der Steinzeit bis ins Mittelalter und die Frühe Neuzeit erbracht: So etwa in Tuttlingen-Möhringen, wo am Rande eines zukünftigen Gewerbegebiets neben einem römischen Gutshof mit bemerkenswertem Fundspektrum auch frühmittelalterliche Gräber sowie eine einzigartige Siedlung der Bronzezeit und seltene Funde der ausgehenden Jungsteinzeit ausgegraben wurden. Spektakulär war die Entdeckung eines Holzkammergrabs mit Baumsarg aus dem 6. Jahrhundert in Balgheim, das nach seiner Blockbergung unter Laborbedingungen freigelegt werden konnte. In Bärenthal konnte die Entstehung und Entwicklung einer frühen Kirche samt Dorffriedhof während des 7. bis 10. Jahrhunderts nachvollzogen werden, und die erste Ausgrabung im Stadtkern von Geisingen gibt Einblicke in die Zeit der Stadtgründung im 13. Jahrhundert.

Kurz vorgestellt wurden die meisten dieser Neuentdeckungen bereits im Jahrbuch der archäologischen Denkmalpflege, den »Archäologischen Ausgrabungen in Baden-Württemberg«. Der vorliegende Band soll nun über diese Kurzberichte hinaus einen tieferen und detaillierteren Einblick in aktuelle archäologische Untersuchungen bieten. So wollen wir die schöne Tradition des Landkreises unterstützen und fortsetzen, die Öffentlichkeit an den Ergebnissen der historischen und archäologischen Forschung teilhaben zu lassen. Die Vielzahl und die Bandbreite der Aufsätze in dem Band machen deutlich, wie facettenreich die Vergangenheit der Region ist und dass die Archäologie immer wieder neue Erkenntnisse zur Geschichte beizutragen vermag.

Dem Geschichtsverein für den Landkreis Tuttlingen e. V. – namentlich Dr. Hans-Joachim Schuster und Vera Hollfelder sowie Nils Bambusch vom Kreisarchiv- und Kulturamt des Landkreises – danken wir dafür, dass er die Initiative zu diesem Band ergriffen hat. Vonseiten des Landesamts für Denkmalpflege waren Dr. Gertrud Kuhnle und Dr. Andreas Haasis-Berner die treibenden

Kräfte, redaktionell unterstützt von Dr. Thomas Link. Zahlreiche weitere Mitarbeiterinnen und Mitarbeiter des Landesamts sowie freiberuflich Tätige wirkten an dem Werk mit, indem sie Aufsätze und Abbildungen beisteuerten. Ihnen allen gilt unser Dank für ihr großes Engagement.

Neue Funde und spannende Erkenntnisse gilt es in dem Buch zu entdecken – liebe Leserinnen und Leser, ich wünsche Ihnen dabei viel Vergnügen!

Prof. Dr. Dirk Krausse
Landesarchäologe
Landesamt für Denkmalpflege im Regierungspräsidium Stuttgart

# Vorwort

Kelten, Römer und Alamannen haben im heutigen Landkreis Tuttlingen markante Spuren hinterlassen. Durch Ausgrabungen, Luftbildarchäologie und geophysikalische Untersuchungen hat sich in den letzten Jahren und Jahrzehnten das Wissen um die Vor- und Frühgeschichte in unserem Landkreis wesentlich verdichtet. Zahlreiche Grabungen in der jüngsten Vergangenheit förderten interessante, bisher im Boden verborgene Spuren und Zeugnisse der Vergangenheit ans Tageslicht und eröffneten den Archäologen und Historikern neue wertvolle Erkenntnisse.

Dies nahm der Geschichtsverein für den Landkreis Tuttlingen zum Anlass, eine größere Veröffentlichung über das bisherige vor- und frühgeschichtliche Fundspektrum im Landkreis und insbesondere über die jüngst gemachten archäologischen Entdeckungen auf den Weg zu bringen. Die bisher vom Geschichtsverein herausgegebenen Publikationen hatten vor allem die Zeitgeschichte sowie die Sozial- und Wirtschaftsgeschichte des Landkreises Tuttlingen inhaltlich zum Schwerpunkt.

Mit der Veröffentlichung des Werks »Archäologie im Landkreis Tuttlingen – Neue Funde, spannende Entdeckungen« ist nun eine Publikation entstanden, die neueste Erkenntnisse zur Vor- und Frühgeschichte des Landkreises Tuttlingen präsentiert. Das Werk enthält – gegliedert nach Epochen – zum einen Überblicksdarstellungen zu bedeutenden Funden und Fundstätten und zum anderen Abhandlungen über die zahlreichen archäologischen Grabungen und Funde der zurückliegenden Jahre. Beiträge zu den im Landkreis gehäuft vorkommenden Wallanlagen und zu interessanten Erkenntnissen aus Untersuchungen der Archäozoologie runden den Inhalt ab.

Der Geschichtsverein fand im Landesamt für Denkmalpflege einen verlässlichen Partner und profunde Kenner der Materie, um dieses Buchprojekt starten und mit Erfolg fertigstellen zu können. Herzlichen Dank an das Landesamt für Denkmalpflege, insbesondere an Dr. Andreas Haasis-Berner, Dr. Gertrud Kuhnle und Dr. Thomas Link für die höchst engagierte Mitarbeit bei der inhaltlichen Konzeption und der redaktionellen Arbeit für das Buch! Gleiches gilt für die 2. Vorsitzende des Geschichtsvereins, Vera Hollfelder, und für meinen Kollegen vom Kreisarchiv- und Kulturamt, Nils Bambusch. Dank einer hervorragenden Teamarbeit ist ein gelungenes Standardwerk zur Archäologie im Landkreis Tuttlingen entstanden.

Dank gebührt natürlich auch allen Autorinnen und Autoren, zumeist Mit-arbeitende des Landesamts für Denkmalpflege, für ihre fundierten Beiträge.

Mit dem Gmeiner-Verlag fanden der Geschichtsverein und das Landesamt für Denkmalpflege einen renommierten, erfahrenen und in der Region verwur-zelten Partner für die Herausgabe dieses Werkes.

Wir hoffen, dass diese Publikation ein breites und interessiertes Publikum anspricht und das Wissen um die frühe Vergangenheit unserer Region, unseres Landkreises weiter erhellt und vertieft.

Dr. Hans-Joachim Schuster
1. Vorsitzender des Geschichtsvereins für den Landkreis Tuttlingen

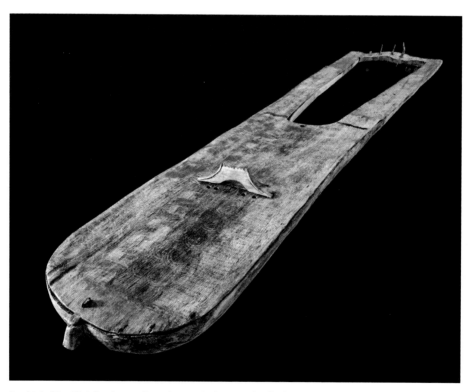

Spektakuläre Holzfunde aus dem alamannischen Gräberfeld von Trossingen: Leier und Flasche. (Archäologisches Landesmuseum Baden-Württemberg, Fotos: M. Schreiner).

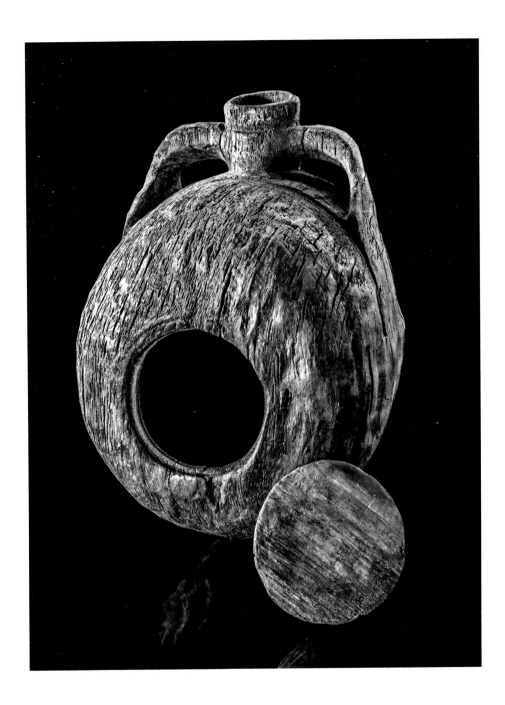

| Zeit | Epoche | Umwelt, Bevölkerung, Lebensweise |
| --- | --- | --- |
| ca. 40.000–9.700 v. Chr. | Jüngere Altsteinzeit Jung- und Spätpaläolithikum | Eiszeit / Pleistozän Homo sapiens / moderner Mensch Jäger und Sammler umherziehend ohne dauerhafte Siedlungen |
| ca. 9.700–5.400 v. Chr. | Mittelsteinzeit Mesolithikum | Nach-Eiszeit / Holozän Jäger und Sammler umherziehend ohne dauerhafte Siedlungen |
| ca. 5.400–2.200 v. Chr. | Jungsteinzeit Neolithikum | sesshaft, feste Siedlungen und Häuser Ackerbau und Viehzucht |
| ca. 2.200–1.200 v. Chr. | Frühe und Mittlere Bronzezeit | |
| ca. 1.200–800 v. Chr. | Späte Bronzezeit Urnenfelderzeit | |
| ca. 800–450 v. Chr. | Ältere Eisenzeit Hallstattzeit | Frühe Kelten |
| ca. 450–15 v. Chr. | Jüngere Eisenzeit Latènezeit | Kelten |
| ca. 15 v. Chr.–260 n. Chr. | Römische Zeit | Provinz des Imperium Romanum |
| ca. 260–480 n. Chr. | Spätantike und Völkerwanderungszeit | Zugewanderte Alamannen Reste der römischen Bevölkerung |
| ca. 480–750 n. Chr. | Frühmittelalter Merowingerzeit | Fränkisches Reich |
| ca. 750–1500 n. Chr. | Mittelalter | Bis um 1000 überwiegend dörfliche Strukturen ab 1000 Entstehen von Städten, Klöstern und Burgen |

| Wirtschaft und Kultur, Innovationen | wichtige Fundorte im Lkr. Tuttlingen und Umgebung |
| --- | --- |
| Lagerplätze im Freiland oder in Höhlen und Felsdächern<br>Werkzeuge aus Feuerstein, Knochen, Geweih<br>früheste Kunst (Figurinen aus Elfenbein, Felsbilder) | Buttentalhöhle bei Buchheim<br>Beilsteinhöhle bei Egesheim<br>Petersfels und Drexlerhöhle bei Engen |
| Lagerplätze im Freiland oder in Höhlen und Felsdächern<br>Werkzeuge aus Feuerstein (Mikrolithen), Knochen, Geweih | Jägerhaushöhle bei Fridingen |
| Haustiere und Kulturpflanzen<br>Werkzeuge aus Feuerstein und geschliffenem Felsgestein, Knochen, Geweih<br>Keramik<br>erstes Kupfer (4. Jt. v. Chr.)<br>erste Höhensiedlungen (4.–3. Jt. v. Chr.)<br>Rad und Wagen (Ende des 4. Jt. v. Chr.) | Lehenbühl bei Fridingen (Höhensiedlung)<br>Mühlheim a. d. Donau-Stetten (spätneolithische Siedlung und endneolithische Gräber)<br>Tuttlingen-Möhringen und Geisingen-Gutmadingen (endneolithische Gräber) |
| Werkzeuge und Waffen aus Bronze<br>Schmuck aus Bronze und Gold<br>Spezialisiertes Metallhandwerk<br>Körperbestattungen in Flachgräbern (Frühbronzezeit) und Hügelgräbern (Mittelbronzezeit)<br>Hortfunde | Tuttlingen-Möhringen (Siedlung)<br>Bubsheim (Siedlung, Hügelgräber)<br>zahlreiche Grabhügel |
| Brandbestattungen mit Urnen in Flachgräbern<br>zahlreiche befestigte Höhensiedlungen<br>Hortfunde<br>Opfer- und Ritualplätze | Rietheim-Weilheim (Gräberfeld)<br>Dreifaltigkeitsberg bei Spaichingen (Höhensiedlung)<br>Eulenloch bei Kolbingen (Höhle mit Deponierungen/Opfergaben?) |
| Werkzeuge und Waffen aus Eisen<br>hierarchisch gegliederte Gesellschaft<br>strukturiertes Siedlungssystem mit Zentralorten, »Fürstensitze«<br>Bestattung in Grabhügeln<br>Großgrabhügel und »Prunkgräber« | Lehenbühl bei Fridingen (Höhensiedlung)<br>Heidentor bei Egesheim (Ritualplatz?)<br>Tuttlingen-Möhringen (Siedlung)<br>Bubsheim (Grabhügel)<br>Heuneburg bei Hundersingen (»Fürstensitz«)<br>Magdalenenberg bei Villingen (Großgrabhügel) |
| Viereckschanzen<br>erste stadtartige Siedlungen (»Oppida«)<br>Münzen<br>Flach- und Brandgräber | Aixheim, Aldingen, Spaichingen, Trossingen (Viereckschanzen)<br>Tuttlingen-Möhringen (Siedlung)<br>Funde aus Höhlen bei Buchheim und Fridingen<br>Altenburg-Rheinau bei Schaffhausen Oppidum |
| Große landwirtschaftliche Gutshöfe (villae rusticae)<br>ländliche Kleinstädte (vici)<br>Städte als Verwaltungssitze (municipia)<br>Kastelle u. a. militärische Infrastruktur<br>Straßen | Tuttlingen-Möhringen, Wurmlingen (villae rusticae)<br>Frittlingen (Kastell)<br>Tuttlingen (vicus)<br>Fridingen (Münzschatz)<br>Funde aus Höhlen im Donautal<br>Rottweil (municipium ARAE FLAVIAE) |
| Siedlungen mit Holzbauten (lösen römische Steinbauten ab) | Wurmlingen<br>(villa rustica mit alamannischer Nachbesiedlung) |
| hierarchische Gesellschaft mit Grundherrschaft<br>Reihengräber-Friedhöfe<br>Christianisierung ab dem 7. Jh. (z. B. Goldblattkreuze Wurmlingen, Immendingen-Hintschingen) | Egesheim, Tuttlingen-Nendingen, Geisingen-Gutmadingen, Rietheim, Wehingen, Fridingen u. a. (Gräberfelder)<br>Oberflacht, Trossingen, Balgheim (Gräber mit Holzerhaltung)<br>Tuttlingen-Möhringen (Siedlung und Gräber)<br>Bärenthal (Siedlung mit Kirche) |
| Spezialisierung des Handwerks<br>Produktion für den (Fern-)Handel<br>ab etwa 1000 zahlreiche Innovationen u. a. im Montan-, Textil- und Bauwesen, Diversifikation der Wasserkraft | Bärenthal (Siedlung, Kirche mit Friedhof)<br>Buchheim »Gründelbuch«<br>Rottweil<br>Villingen |

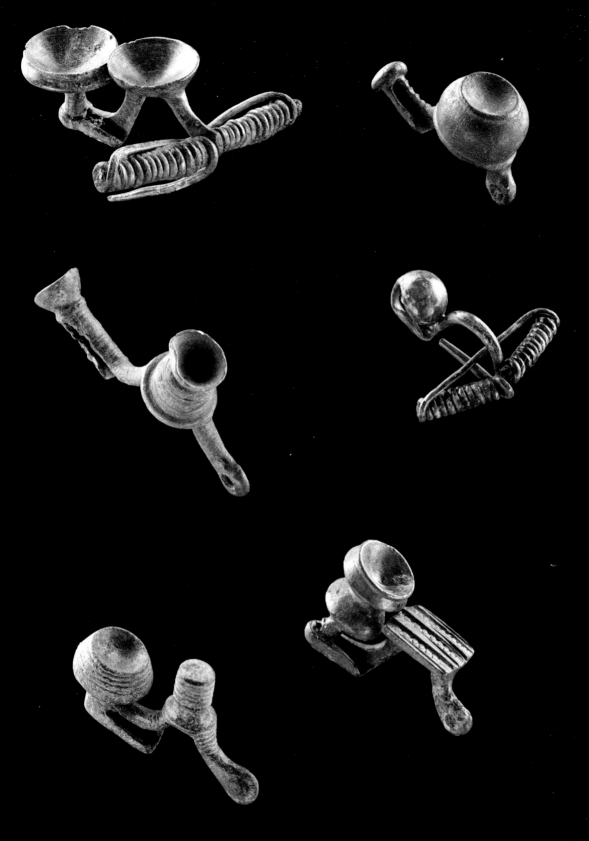

Eisenzeitliche Fibeln aus Tuttlingen-Möhringen (6.–5. Jh. v. Chr.). (Landesamt für Denkmalpflege im Regierungspräsidium Stuttgart, Y. Mühleis).

# Die Alt- und Mittelsteinzeit im Landkreis Tuttlingen

Yvonne Tafelmaier

## Einleitung

Baden-Württemberg ist überaus reich an alt- und mittelsteinzeitlichen Fund-stellen.[1] Diese verteilen sich aber nicht gleichmäßig über die Landschaft, son-dern konzentrieren sich vorwiegend in Höhlen der Schwäbischen Alb. Zwar haben sich alt- und mittelsteinzeitliche Jäger und Sammler nicht ausschließ-lich in Höhlen aufgehalten, aber diese fungierten als natürliche, heute noch oftmals zugängliche Sedimentfallen. Auf der Schwäbischen Alb sind es insbe-sondere die Höhlen im Ach- und Lonetal und deren unmittelbarer Umgebung, die lange Schichtenfolgen der Alt- und Mittelsteinzeit konservieren. Obwohl es im Landkreis Tuttlingen zahlreiche Höhlen gibt, die wie die Kolbinger Höhle und die Mühlheimer Felsenhöhle beeindruckende Naturdenkmale darstellen, sind nur wenige alt- und mittelsteinzeitliche Höhlenfundplätze bekannt. Doch Qualität steht auch in der archäologischen Forschung über Quantität. So liegt beispielsweise mit der Jägerhaushöhle einer der wichtigsten Fundplätze für das Verständnis der Mittelsteinzeit Süddeutschlands im Landkreis Tuttlingen vor. Dieser und weitere Fundorte sollen im Folgenden kurz vorgestellt wer-den.

Im Gegensatz zu den Fundstellen der mittleren Schwäbischen Alb bei Blaubeuren, Heidenheim und Ulm, die umfassende Siedlungsreste aus der Zeit zwischen 115.000 Jahren und 8.000 Jahren v. h. (vor heute) enthalten, lie-gen aus den Höhlen des Oberen Donautals besonders archäologische Reste aus der Zeit des Magdalénien (18.000–14.000 v. h.), des Spätpaläolithikums (Späte Altsteinzeit, 14.000–11.700 v. h.) und des Mesolithikums (Mittelstein-zeit, 11.700–7.500 v. h.) vor. Außerdem sind es vor allem Reste aus den jünge-ren Phasen der Menschheitsgeschichte wie der Bronze- und Eisenzeit sowie des Mittelalters, die in den dortigen Höhlen gefunden wurden,[2] aber nicht Be-standteil dieses Beitrages sind.

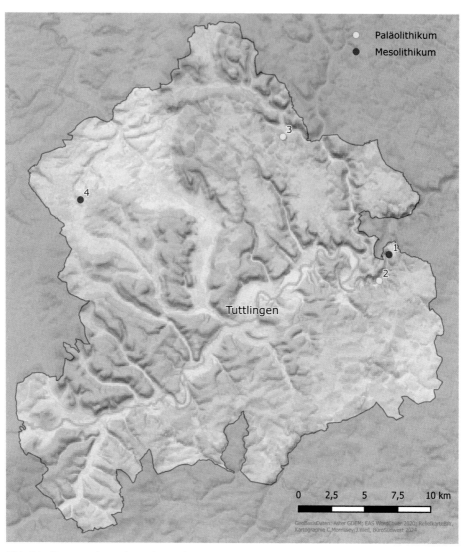

Abb. 1: Im Text erwähnte alt- und mittelsteinzeitlichen Fundstellen im Lkr. Tuttlingen. 1 Jägerhaus-höhle. – 2 Buttentalhöhle. – 3 Beilsteinhöhle. – 4 Trossingen (Schröten). (Ch. Morrissey).

# Erste Ausgrabungen in der Beilsteinhöhle bei Egesheim

Bereits 1894 fanden erste systematische archäologische Ausgrabungen in der Beilsteinhöhle bei Egesheim statt. Sie wurden vom Naturhistorischen Verein Spaichingen, insbesondere den Herren Haug (Lehrer) und Waizenegger (Gastwirt), durchgeführt. Die Höhle (Abb. 2) liegt im Tal der Unteren Bära, die bei Fridingen in die Donau mündet. Der etwa 28 m lange Höhlenraum besitzt eine maximale Breite von 4 m und ist an den höchsten Stellen 6 m hoch. Zur Zeit der ersten dokumentierten Erforschung waren teilweise mächtige Kalksinter-Formationen erhalten, die an manchen Stellen den Gang bis auf 60 cm einengten und die geologischen Horizonte und archäologischen sowie paläontologischen Fundschichten überzogen. Die Aufzeichnungen über diese Ausgrabungen sind spärlich und beschränken sich – zumindest was eine Nutzung durch altsteinzeitliche Jäger und Sammler angeht – auf die 1895 erschienene Erstpublikation von Eberhard Fraas.[3]

Ob in der Beilsteinhöhle tatsächlich altsteinzeitliche Reste vorliegen, lässt sich jedoch nicht eindeutig beantworten. Während der Untersuchung der Höhle im 19. Jahrhundert wird vor allem über Tierknochen berichtet, vornehmlich Reste von Braunbären und Höhlenbären. Insbesondere Letztere belegen die Anwesenheit pleistozäner Sedimente und darin befindlicher paläontologischer Funde. Als einziger Beleg für die Anwesenheit altsteinzeitlicher Menschen in der Höhle deutet Fraas ein Steinwerkzeug, das er dem Magdalénien zuschreibt (Abb. 3). Es handelt sich um eine Klinge aus Jurahornstein, deren Ende teilweise abgebrochen ist. Aus technologischer Sicht könnte die Präparation der Schlagfläche durchaus auf einen magdalénienzeitlichen Kontext hindeuten. Allerdings ist ein einziges Objekt für einen sicheren Nachweis nicht ausreichend und es kann nicht ausgeschlossen werden, dass das Werkzeug zu einer jüngeren Begehungsphase wie z. B. des Neolithikums gehört. Während Braunbärenfunde auch aus holozänem, d. h. nachkaltzeitlichem Kontext bekannt sind, sind Höhlenbären auf die Zeit vor dem letzten Kältemaximum der letzten Eiszeit beschränkt. Vor dieser Zeit können die beiden Arten durchaus gemeinsam auftreten, nach 20.000 Jahren v. h. waren Höhlenbären jedoch im hier betrachteten Gebiet ausgestorben. Es ist daher eher anzunehmen, dass unterschiedlich alte Bärenreste aus der Beilsteinhöhle vorliegen. So berichtet Fraas beispielsweise von scheibengedrehter Keramik, die gemeinsam mit Braunbärenresten vergesellschaftet war.

Abb. 2: Blick auf den schmalen Eingang zur Beilsteinhöhle. (Ch. Bock).

## Die Buttentalhöhle – ein Fundplatz spätglazialer Jäger und Sammler

Eine spätere Phase der Erforschung setzt in der ersten Hälfte des 20. Jahrhunderts ein und ist mit dem Namen Eduard Peters verknüpft. Peters war von Beruf Postbeamter und widmete sich nach seiner Pensionierung im Jahr 1925 ganz der urgeschichtlichen Forschung. Bereits in den 1920er Jahren führte er erste Ausgrabungen durch, wobei diejenigen am Petersfels im Brudertal bei Engen zwischen 1927 und 1932 sicherlich die bedeutendsten waren.[4] Seine Grabungsweise war für die damalige Zeit fortschrittlich, und er begann bereits in den frühen Jahren seiner Forschung zumindest teilweise Sedimente zu schlämmen, um auch die kleinsten archäologischen Reste zu entdecken. Nach Abschluss der ersten Grabungsarbeiten im Hegau setzte Peters seine Ausgrabungen in den 1930er Jahren im Oberen Donautal fort. Dort entdeckte er am 13. Mai 1930 die sogenannte Buttentalhöhle westlich von Buchheim. Sie liegt südlich der Donau auf einer Höhe von 635 m NN, etwa 20 m über dem heutigen Talgrund. Der kleine Höhlenraum, der vielmehr ein Felsdach ist, besitzt eine Breite von nur 8 m und eine Tiefe von rund 4 m, bei einer dreieckigen Grundfläche.

Zunächst führte Peters am 22. und 23. Juli 1930 eine zweitägige Probegrabung durch, bei welcher bereits 10 cm unter der Oberfläche erste Steinartefakte zutage traten.[5] Im darauffolgenden Jahr setzte er die Arbeiten fort, wobei er neben den Ausgrabungen unterhalb des Felsdaches möglicherweise auch einen Hanggraben anlegte. Er stellte einen einzigen Fundhorizont innerhalb eines sogenannten Bergkieses fest. Die darüberlagernde Humusschicht war offenbar schwach ausgeprägt und an manchen Stellen gar nicht vorhanden.[6] Es wurde kein Quadratmetersystem angelegt, sodass die vorliegenden Funde räumlich nicht zuweisbar sind.

Peters veröffentlichte nur einen kurzen Bericht zu seinen Grabungsergebnissen;[7] erst Joachim Hahn widmete sich Jahrzehnte später dem Material mit einer ausführlichen Auswertung.[8] Das Inventar umfasst 857 Steinartefakte und 460 Faunenreste, worunter neben Großsäugern auch Fische und Vögel sind. Die Faunenreste wurden von Susanne Münzel, Hans-Peter Uerpmann, Reinhard Ziegler, Wolfgang Torke und Mostefa Kokabi bestimmt.

Unter den schlecht erhaltenen Tierknochen sind solche von Pferd, Ren, Steinbock und Braunbär sehr häufig. Dabei sind die unterschiedlichen Teile des Skeletts bei diesen Tierarten relativ gleichmäßig vertreten. Auf rund 6% der Knochen zeigen sich Schnitt- und/oder Schlagspuren, auch Hitzespuren an Knochen von Pferd und Steinbock sind vorhanden. Dieser recht hohe Anteil an von Menschen veränderten Knochen belegt die Rolle von Jägern und Sammlern bei der Entstehung des Faunenensembles. Demgegenüber sind die Kleinsäuger und Vögel zumindest in Teilen auf den Eintrag größerer Raubvögel wie beispielsweise des Uhus zurückzuführen. Verbissspuren und Nagespuren an den Tierknochen sind mit 2% sehr gering und deuten an, dass zwar in sehr geringem Umfang Nagetierverbiss an der Fundstelle stattgefunden hat, jedoch der Einfluss größerer Raubtiere als marginal zu betrachten ist und die Funde zügig eingelagert wurden.[9] Eine Besonderheit des Knocheninventars ist die Elle (Ulna) eines Menschen, die an einem Ende modern gebrochen ist, also eine Beschädigung, die im Zuge der Bergung oder danach erfolgte. Außer diesem Knochen liegen keine weiteren menschlichen Reste vor.

Bei den 857 Steinartefakten handelt es sich bei der überwiegenden Zahl um unmodifizierte (unveränderte) Grundformen (n = 801), die 51 modifizierten, bei welchen die Kanten an die jeweilige Nutzung angepasst wurden, gegenüberstehen[10]. Kerne sind mit 17 Stücken vertreten. Das Inventar zeichnet sich durch eine vorwiegende Nutzung des lokal und regional verfügbaren Jurahornsteins aus, der in verschiedenen Varietäten vorliegt. Auf größere Transportdistanzen weist Plattensilex von der Fränkischen Alb hin, aus welchem vier Werkzeuge und eine unretuschierte Klinge gefertigt wurden. Alpines Material wie Radiolarit ist ebenfalls sehr selten belegt. Auffällig ist, dass ein hoher Anteil der Artefakte (p = 31%) zu Abbausequenzen zusammengesetzt werden konnte. Diese große Menge an Zusammensetzungen belegt, dass Steinartefakte vor Ort hergestellt wurden und es keine massiven Verlagerungsprozesse gab. Über die Analyse der Knochenfunde unter dem Aspekt der Anzeichen auf Saisonalität ist außerdem eine Begehung im Sommer nachgewiesen, was jedoch nicht zwangsläufig auf alle Siedlungsereignisse unter dem Felsdach zutreffen muss.

Joachim Hahn, der die Funde der Altgrabung untersucht und publiziert hat, geht von einer Einordnung der gesamten Funde in das Magdalénien aus. In Baden-Württemberg ist diese Epoche vornehmlich zwischen 16.000–14.000 v. h. belegt. Das Werkzeugspektrum umfasst jedoch neben vier Rücken-messern, die typisch für das Magdalénien, aber nicht auf dieses beschränkt sind, auch 19 sogenannte Rückenspitzen. Diese treten zwar im späten Magdalénien oft gemeinsam mit typischen Magdalénien-Werkzeugen auf, sie können aber auch ein Hinweis auf das nachfolgende Spätpaläolithikum sein, das in Süd-westdeutschland ab etwa 14.000 v. h. beginnt. Aus der Buttentalhöhle liegen drei radiometrische Datierungen an Knochen von Rentier, Bär und Pferd vor. Zwei davon zeigen ein Alter zwischen rund 16.000 und 15.300 v. h. an, während der Pferdeknochen mit einem Alter zwischen rund 14.000 und 13.800 v. h. viel jünger ist.[11] Aufgrund dieser Gegebenheit ist möglicherweise mit einer mehr-phasigen altsteinzeitlichen Besiedlung zu rechnen, die jedoch aufgrund der mangelnden Auflösung möglicher einzelner Schichten nicht mehr differenziert werden kann.

## Die Jägerhaushöhle und die Untergliederung des südwestdeutschen Mesolithikums (Mittelsteinzeit)

Die Jägerhaushöhle liegt zwischen Beuron und Fridingen 70–80 m oberhalb der Donau auf der rechten Talseite am Fuß eines Weißjura-Felsens (Abb. 4). Es war Wolfgang Taute, der 1964 die von den Bürgern der Gegend lediglich als Fel-senloch bezeichnete Höhle nach dem im Tal unterhalb gelegenen Jägerhaus – einem heute noch beliebten Ausflugsziel – benannte. Aus dem Nachlass von Eduard Peters ist ersichtlich, dass dieser bereits 1931 eine Testgrabung in der Jägerhaushöhle, die von ihm noch als Untere Bronnenhöhle bezeichnet wor-den war, durchgeführt hatte.[12] Seine Ausgrabungen erbrachten jedoch keine

Abb. 3: Steinwerkzeug aus der Beilsteinhöhle, gefunden während der Arbeiten von E. Fraas im 19. Jahrhundert. (Staatliches Museum für Naturkunde Stuttgart, Y. Tafelmaier).

Abb. 4: Panoramaaufnahme der Jägerhaushöhle im Jahr 2023. (Landesamt für Denkmalpflege im Regierungspräsidium Stuttgart, Y. Tafelmaier).

steinzeitlichen Funde, weshalb er von weiteren Grabungskampagnen abließ. Als steinzeitlicher Fundplatz entdeckt wurde die Jägerhaushöhle erst 1964: Bei Arbeiten am Weg neben der Höhle waren Fundschichten angeschnitten worden. Studierende, die auf Tautes Grabung in der Falkensteinhöhle mitarbeiteten und am Wochenende einen Ausflug machten, hatten zufällig verbrannte Tierknochen und ein Steinwerkzeug entdeckt. Daraufhin führte Wolfgang Taute im April 1964 eine Probegrabung durch, bei welcher er mehrere mesolithische Schichten dokumentieren konnte (Abb. 5). Aufgrund dieser vielversprechenden Ergebnisse führte er in den Jahren 1964–1967 weitere Feldkampagnen durch[13] und grub den kleinen Höhlenraum in einer 80 m² umfassenden Grabungsfläche nahezu komplett aus.

Abgesehen von den jüngeren, nur noch in Teilen erhaltenen oberen Schichten, die beispielsweise mittelalterliche und römische Befunde enthielten, umfassten die darunterliegenden Schichten eine Abfolge verschiedener mesolithischer Horizonte. Die Kulturschichten mit Hinterlassenschaften mittelsteinzeitlicher Jäger-und-Sammler-Gruppen grenzten sich zumeist aufgrund ihrer dunklen Färbung ab, die durch kleinste Holzkohlepartikel entstanden war. Sie ließen sich gut von den umgebenden, oftmals fundleeren, hellgefärbten geologischen Horizonten trennen. Die teilweise als regelrechte Linsen ausgebildeten archäologischen Schichten 6 bis 13 enthielten allesamt mittelsteinzeitliche Siedlungsreste. Dabei waren sowohl Schichten aus dem Präboreal (ca. 11.650– 10.700 v. h.) – der ersten Phase des Holozäns – dem Boreal (Dr. 10.700– 9.000 v. h.) und dem Älteren Atlantikum (ca. 9.000–8.200 v. h.) erhalten. Diese Klimastufen sind jeweils durch eine charakteristische Pflanzengemeinschaft in den Pollenprofilen erkennbar. Alle drei Phasen spiegeln die rasche Klimaerwärmung wider, die zu einer Wiederbewaldung zunächst mit Kiefern und später Hasel hin zu Eichenmischwäldern führte.

Die mittelsteinzeitlichen Inventare unterschieden sich hinsichtlich der darin enthaltenen Tierknochen, vor allem aber im Hinblick auf die Form und Herstellungsweise der Steinwerkzeuge. Diese Unterschiede und die gut dokumentierte relative Abfolge der Inventare nutzte Taute zur Erstellung einer Gliederung des süddeutschen Frühmesolithikums, das er »Beuronien« nannte. Neben den Schichten der Jägerhaushöhle flossen auch Ergebnisse seiner Untersuchungen am Zigeunerfels und am Felsdach Lautereck (beide Lkr. Sigmaringen) in seine synthetische Betrachtung ein.[14]

Das Herzstück aber bildeten die Schichten der Jägerhaushöhle: In den ältesten mesolithischen Schichten (Schicht 13) waren unter den Mikrolithen Mikrospitzen mit dorso-ventraler (beidseitiger) Basisretusche und gleichschenklig

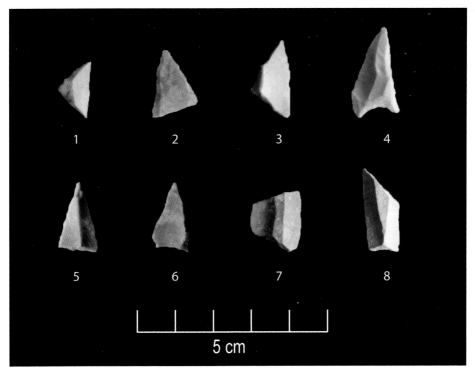

Abb. 5 Mikrolithen aus der Jägerhaushöhle: 1–6 (Beuronien/Frühmesolithikum) und 7–8 Spätme-solithikum. (Museum Oberes Donautal Fridingen, Y. Tafelmaier).

stumpfwinklige Mikrolithen besonders häufig (Abb. 6). Sie sind nach Tautes Glie-derung typisch für die älteste Phase, das Beuronien A. Im borealen Beuronien B (Schichten 12–10) sind dagegen spitzwinklig gleichschenklige Dreiecke und Mi-krospitzen mit variabler Basisretusche häufig. Die Schichten 9–8 ordnete Taute dem Beuronien C zu, welches sich durch besonders kleine und schlanke Formen unter den Werkzeugen und dabei auffallend ungleichschenklige Dreiecksmikro-lithen auszeichnet. Das Spätmesolithikum des Atlantikums, das in den Schichten 7–6 vorlag, ist durch das Auftreten viereckiger Mikrolithen, sogenannter Trapeze, charakterisiert. Diese ähneln bereits den Formen, die von Menschen der Jung-steinzeit benutzt wurden. Außerdem zeigt sich ein Wechsel in der Produktions-weise der Klingen hin zu besonders geraden, regelmäßigen Exemplaren.

Auch den Übergang vom Paläolithikum hin zum Mesolithikum sah Taute in den Schichten 15 bzw. 14 repräsentiert. Schicht 15 ordnete er aufgrund des Vor-liegens von Rückenmessern und einem Stichelfragment dem Spätpaläolithikum zu, da diese nicht oder eher selten in mesolithischen Inventaren auftreten.

Die Sequenz der Jägerhaushöhle repräsentiert die vollständigste Abfolge mittelsteinzeitlicher Inventare Süddeutschlands. Tautes Gliederung ist auch heute noch größtenteils gültig, was sich im umfassenden Gebrauch der von ihm entwickelten Nomenklatur zeigt.[15]

## Sehr schön, aber selten

Altsteinzeitliche Fundstellen sind rare und daher besonders schützenswerte Kulturdenkmale. Im Landkreis Tuttlingen liegt mit der Buttentalhöhle ein bedeutendes Denkmal spätglazialer Jäger- und Sammlergruppen, welches zusammen mit benachbarten Fundstellen dieser Zeit, wie beispielsweise den im Engener Brudertal gelegenen Fundstellen Petersfels[16] und Drexlerhöhle[17], die Region als wichtige Siedlungskammer dieser Zeit ausweist. Für die Mittelsteinzeit kommt insbesondere der Jägerhaushöhle aus forschungsgeschichtlicher Sicht, aber auch aufgrund der langen, untergliederbaren Schichtenfolge dieser Epoche eine besondere Bedeutung zu. (Abb. 6) In einem nächsten Schritt sollte die von Taute dokumentierte Schichtenfolge einer Neubearbeitung unterzogen werden, um sie vor dem Hintergrund aktueller Daten zum Mesolithikum zu reflektieren. Darüber hinaus wäre es überaus wünschenswert, sich mit mesolithischen Fundplätzen im Freiland zu beschäftigen, die anderenorts sehr gut dokumentiert sind. Allerdings ist auch diesbezüglich aus dem Landkreis Tuttlingen wenig bekannt. Einzig von der Flur Schröten südöstlich von Trossingen sind mesolithische Steinwerkzeuge durch Oberflächensammlungen der 1950er und 1960er Jahren sicher belegt.[18]

Abb. 6: Jägerhaushöhle. Profil 2 der Grabungen von Wolfgang Taute. (Landesamt für Denkmalpflege im Regierungspräsidium Stuttgart, W. Taute).

1   Z. B. C.-J. Kind, Die letzten Jäger und
    Sammler. Das Mesolithikum in Baden-
    Württemberg. Denkmalpflege in Baden-
    Württemberg – Nachrichtenblatt der
    Landesdenkmalpflege 35/1, 2006, 10–17. –
    C.-J. Kind, Jenseits des Flusses … Mesolithi-
    sche Lagerplätze in Siebenlinden 3, 4 und
    5 (Rottenburg am Neckar, Lkr. Tübingen).
    Archäologisches Korrespondenzblatt 40,
    2010, 467–486. – Eiszeit. Kunst und Kultur.
    Begleitband zur Großen Landesausstel-
    lung im Kunstgebäude Stuttgart, hrsg. v.
    Archäologischen Landesmuseum Baden-
    Württemberg und der Abteilung für Ältere
    Urgeschichte und Quartärökologie der
    Eberhard Karls Universität Tübingen (Ost-
    fildern 2009).

2   G. Wieland, Höhlennutzung im oberen
    Donautal. In: H. Küster/A, Lang/P. Schauer
    (Hrsg.), Archäologische Forschungen in
    urgeschichtlichen Siedlungslandschaf-
    ten. Festschrift für Georg Kossack zum
    75. Geburtstag (Regensburg 1998) 407. –
    G. Wieland, Spätlatènezeit in Württemberg.
    Forschungen und Berichte zur Vor- und
    Frühgeschichte in Baden-Württemberg 63
    (Stuttgart 1996) 291.

3   E. Fraas, Die Beilsteinhöhle auf dem Heu-
    berg bei Spaichingen. Fundberichte aus
    Schwaben 3, 1895, 18–28.

4   E. Peters, Die altsteinzeitliche Kulturstätte
    Petersfels (Augsburg 1930).

5   E. Peters, Die Buttentalhöhle an der Donau,
    eine neue Magdalénienstation. Badische
    Fundberichte 3, 1936, 13–19, bes. 13.

6   J. Hahn, Die Buttentalhöhle – Eine spät-
    jungpaläolithische Abristation im Oberen
    Donautal. Fundberichte aus Baden-Würt-
    temberg 20, 1995, 13–158, bes. 24.

7   Peters 1936 (wie Anm. 5).

8   Hahn 1995 (wie Anm. 6).

9   Hahn 1995 (wie Anm. 6) 59 ff.

10  Hahn 1995 (wie Anm. 6).

11  Hahn 1995 (wie Anm. 6). – C. Pasda, Versuch
    einer zeitlichen Ordnung des Magdaléniens
    in Südwestdeutschland. In: M. Baales/
    C. Pasda (Hrsg.) »All der holden Hügel ist

keiner mir fremd …«. Festschrift zum 65.
Geburtstag von Claus-Joachim Kind. Universitätsforschungen zur prähistorischen
Archäologie 327 (Bonn 2019) 259–278, bes.
269 ff.

12  E. Peters. Urgeschichtliche Untersuchungen
    an der Oberen Donau, ungedrucktes Manu-
    skript (1931) 7 f.

13  W. Taute, Grabungen zur mittleren Stein-
    zeit in Höhlen und unter Felsdächern der
    Schwäbischen Alb, 1961–1965. Fundberichte
    aus Schwaben. N. F. 18/I, 1967, 14–21.

14  W. Taute, Untersuchungen zum Meso-
    lithikum und zum Spätpaläolithikum im
    südlichen Mitteleuropa. Band 1: Chronolo-
    gie Süddeutschlands. Unpubl. Habilitations-
    schrift Universität Tübingen (1971). – W. Tau-
    te, Neue Forschungen zur Chronologie von
    Spätpaläolithikum und Mesolithikum in
    Süddeutschland. Archäologische Informa-
    tionen 2/3, 1973/1974, 59–66.

15  C.-J. Kind/T. Beutelspacher/E. David/E.
    Stephan, Das Mesolithikum in der Talaue
    des Neckars 2. Die Fundstreuungen von
    Siebenlinden 3, 4 und 5. Forschungen und
    Berichte zur Vor- und Frühgeschichte in
    Baden-Württemberg 125 (Stuttgart 2012).

16  G. Albrecht, Magdalénien-Inventare vom
    Petersfels. Siedlungsarchäologische Er-
    gebnisse der Ausgrabungen 1974–1976.
    Archaeologica Venatoria (Tübingen 1979).

17  Y. Tafelmaier/O. Bubenzer/Th. Beutels-
    pacher/M. Engel/St. Hecht/G. Toniato, Vor
    verschlossener Tür – Eingang zu Drexler-
    höhle und Drexlerloch entdeckt. Archäo-
    logische Ausgrabungen in Baden-Württem-
    berg 2023 (2024) 75–80.

18  R. Ströbel, Trossingen (Kr. Tuttlingen).
    Fundberichte aus Schwaben 18/II, 1967,
    17. – R. Ströbel, Trossingen (Kr. Tuttlingen).
    Fundberichte aus Schwaben 14, 1957, 161.

# Die ersten Bauern an der oberen Donau

Thomas Link

Vor rund 12.000 Jahren, unmittelbar nach dem Ende der letzten Eiszeit, setzte die wahrscheinlich folgenschwerste Entwicklung in der Geschichte der Menschheit ein: die »Neolithische Revolution«. Im sogenannten »Fruchtbaren Halbmond« – einer Region, die sich vom heutigen Israel über den Libanon und Westsyrien bis in den Südosten der Türkei und den westlichen Iran erstreckt – begannen die Menschen, Wildgetreide gezielt anzupflanzen und wenig später auch Schafe, Ziegen, Schweine und Rinder zu halten. Von umherstreifenden Jägern und Sammlern wurden sie zu sesshaften Ackerbauern und Viehzüchtern, die ersten festen Häuser und Dörfer entstanden. Weitere neue Technologien folgten, wie etwa die Herstellung von Keramik-Gefäßen aus gebranntem Ton. Die neue Epoche wird in der Archäologie als Jungsteinzeit oder »Neolithikum« bezeichnet.

Die sesshafte, bäuerliche Lebensweise ermöglichte ein zuvor undenkbares Bevölkerungswachstum. Dies setzte einen dynamischen Prozess in Gang: Vom Fruchtbaren Halbmond ausgehend breitete sich die neolithische Lebensweise zunächst im Vorderen Orient und ab dem 7. Jahrtausend v. Chr. in mehreren Wellen über den östlichen Mittelmeerraum und Südosteuropa aus. Mitteleuropa erreichte sie erst etwas später, um die Mitte des 6. Jahrtausends v. Chr.[1] Im Laufe des 5. und beginnenden 4. Jahrtausends v. Chr. wurden schließlich auch das südliche Skandinavien und die britischen Inseln neolithisiert.

Die Jungsteinzeit endete in Mitteleuropa um 2200 v. Chr. mit dem Aufkommen der Bronze, einer Legierung aus Kupfer und Zinn. Die ersten Gegenstände aus reinem Kupfer stammen allerdings schon aus dem späten 5. und frühen 4. Jahrtausend v. Chr. – auch die Metallverarbeitung ist also eine Innovation des Neolithikums, ebenso wie das Rad, das im späten 4. Jahrtausend v. Chr. erfunden wurde.

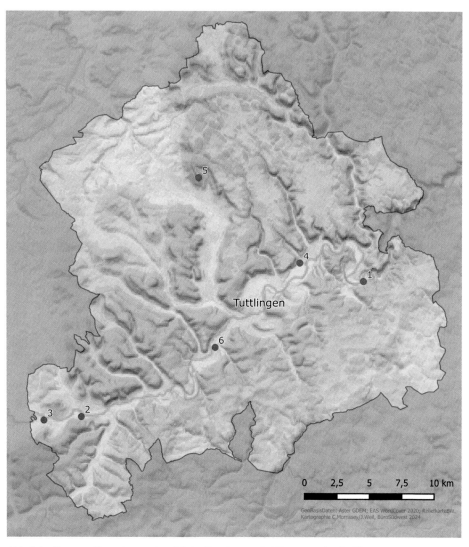

Abb. 1: Im Text erwähnte jungsteinzeitliche Fundorte: 1 Fridingen »Lehenbühl«. – 2 Geisingen. – 3 Geisingen-Gutmadingen. – 4 Mühlheim a. d. Donau-Stetten. – 5 Spaichingen »Dreifaltigkeitsberg«. – 6 Tuttlingen-Möhringen. (Ch. Morrissey).

# Einwanderer und Pioniere: älteres und mittleres Neolithikum (5400–4400 v. Chr.)

Um die Mitte des 6. Jahrtausends v. Chr. entstand in Transdanubien, dem Westen des heutigen Ungarn, eine archäologische Kulturgruppe, die aufgrund der charakteristischen Verzierungsweise ihrer Gefäße als »Bandkeramik« bezeichnet wird. Sie verbreitete sich in einer erstaunlich kurzen Zeit über weite Teile Mitteleuropas, bis ins Pariser Becken im Westen und die Ukraine im Osten. Genetische Daten zeigen, dass dabei große Teile der Bevölkerung aus den Ursprungsgebieten der Bandkeramik einwanderten. Auch ihre Haustiere – Rinder, Schweine, Schafe und Ziegen – und Kulturpflanzen brauchten die Einwanderer aus dem Südosten Europas mit.

Die ältesten bandkeramischen Fundorte in Südwestdeutschland stammen aus der Zeit um 5400 v. Chr. Die frühen Bauern siedelten sich gezielt in Gegenden mit fruchtbaren Böden und mildem Klima an, etwa in den lössbedeckten Landschaften am Neckar oder im Hegau. Ihre Siedlungen bestanden aus mehreren Einzelgehöften, die in einigem Abstand zueinander standen und jeweils autarke Wirtschaftseinheiten waren. Besonders bemerkenswert sind die Langhäuser der neolithischen Siedler, die sehr massiv aus dicken Eichenpfosten gebaut waren und Längen von mehr als 30 m erreichen konnten (Abb. 2).

Die naturräumlichen Voraussetzungen auf der hochgelegenen Baar und erst recht auf der sprichwörtlich »rauhen Alb« waren für eine landwirtschaftliche Nutzung während der Pionierphase der ersten Jahrhunderte des Neolithikums noch nicht attraktiv. Die Region an der oberen Donau blieb lange Zeit ein Randgebiet der Entwicklung, war aber eine wichtige Durchgangszone zwischen den Siedlungskammern am Neckar und im Hegau.

Die ältesten neolithischen Funde aus dem Landkreis Tuttlingen (Abb. 1) stammen aus der Zeit um 5000 v. Chr.: Beim Bau der B31 wurden bei Geisingen 1967 und 1968 zwei Gruben mit Keramik aus der Übergangsphase vom älteren zum mittleren Neolithikum aufgedeckt.[2] Der Fundkomplex steht allerdings in weiter Umgebung alleine da, sodass kaum von einer flächendeckenden Besiedlung, sondern nur von vereinzelten Niederlassungen in der Region der oberen Donau auszugehen ist.

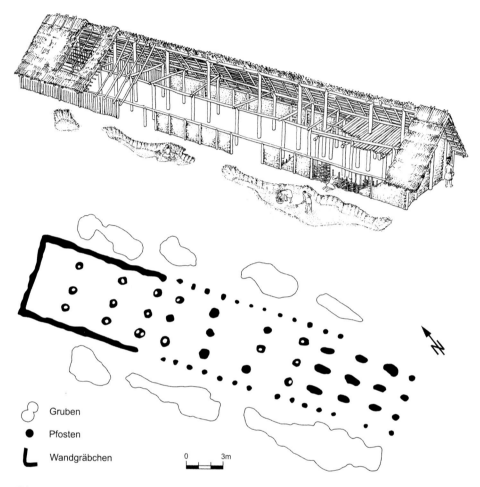

Gruben

Pfosten

Wandgräbchen

0    3m

Abb. 2: Die ersten Bauern Mitteleuropas errichteten massive Langhäuser, die über 30 m groß sein konnten. Die dicken Eichenpfosten haben im Boden deutliche Spuren mit charakteristischen Grundrissen hinterlassen. (U. Seidel in: 4.000 Jahre Pfahlbauten. Begleitband zur Großen Landesausstellung Baden-Württemberg 2016 [Ostfildern 2016] 55 Abb 49. – Grafik Landesamt für Denkmalpflege im Regierungspräsidium Stuttgart, A. Kalkowski / U. Seidel).

# Höhensiedlungen, Pfahlbauten und Grubenhäuser: jüngeres und spätes Neolithikum (4400–2800 v. Chr.)

Im Laufe des Jungneolithikums, ab dem ausgehenden 5. und vor allem während des 4. Jahrtausends v. Chr., kam es in vielen Regionen zu einer Ausweitung des Siedlungsraums auf Gebiete außerhalb der fruchtbaren Lösslandschaften. Ermöglicht wurde dies durch neue landwirtschaftliche Techniken und eine Intensivierung der Viehzucht. Vermehrt wurden nun auch exponierte Lagen auf Anhöhen aufgesucht. Diese Höhensiedlungen wurden oft mit Wällen und Gräben befestigt, was ein gewisses Schutzbedürfnis widerspiegelt, aber wohl auch repräsentative Zwecke hatte.

Auch die Bauweise der Häuser änderte sich grundlegend. Auf trockenen Böden blieben kaum Spuren von ihnen erhalten, sie scheinen daher weniger massiv gebaut gewesen zu sein als zuvor. In den Seeufer- und Moorsiedlungen am Bodensee und Federsee blieben dagegen unter Luftabschluss organische Materialien und die Hölzer der Bauwerke hervorragend konserviert. Die typischen Häuser waren mit rund 8 m x 5 m vergleichsweise klein. Sie standen eng beieinander und bildeten im Gegensatz zu den weilerartigen Streusiedlungen des Alt- und Mittelneolithikums dicht bebaute Dörfer.

Auch im Landkreis Tuttlingen finden sich nun Hinweise auf eine dauerhafte, wenn auch nach wie vor nicht sehr dichte Besiedlung. Am Albrand und im Donautal entstanden einige Höhensiedlungen (vgl. Beitrag Morrissey), für die offenbar eine gute Überblicks- und Verteidigungslage an verkehrsgeografisch wichtiger Position ausschlaggebend war. Funde von Keramik und Steingeräten aus dem späten 4. Jahrtausend v. Chr. vom Dreifaltigkeitsberg bei Spaichingen zeigen, dass der weithin sichtbare, fast 1000 m Meereshöhe erreichende Berg am Albtrauf bereits zu dieser Zeit genutzt wurde.[3] Möglicherweise war sogar bereits ein Teil des Plateaus mit einem Abschnittswall befestigt. Auch vom Lehenbühl bei Fridingen stammen Lesefunde von Keramik sowie Stein- und Hirschgeweihgeräten, die sich ins späte 4. und beginnende 3. Jahrtausend v. Chr. datieren lassen.[4] Dieser Bergsporn bot nur eine kleine Siedlungsfläche von ca. 0,3 ha, aber eine strategisch bedeutende Lage im engen Tal des Donaudurchbruchs.

In dieselbe Zeit datiert ein überregional bedeutender Befund aus Mühlheim an der Donau-Stetten »Bachäcker«: ein rund 3,6–3,8 m großes und 0,8 m in den Boden eingetieftes, quadratisches Grubenhaus (Abb. 3).[5] Es gehört zu den seltenen Baubefunden aus der Zeit um 3000 v. Chr. außerhalb der Seeufersiedlungen. Grubenhäuser wie dieses waren aber sehr wahrscheinlich keine Wohnbauten, sondern Wirtschaftsgebäude.

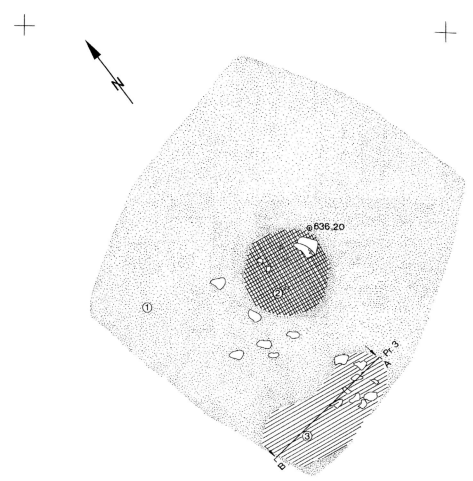

Abb. 3: Mühlheim an der Donau-Stetten. Das annähernd quadratische Grubenhaus mit einer flachen, runden Grube in der Mitte stammt aus der Zeit um 3000 v. Chr. (Hietkamp/ Hanöffner [wie Anm. 5] 64 Abb. 16; Landesamt für Denkmalpflege im Regierungspräsidium Stuttgart).

# Becher, Bögen und Äxte:
# Endneolithikum (2800–2200 v. Chr.)

Das Endneolithikum ist geprägt von zwei überregionalen kulturellen Phänomenen, die in weiten Teilen Deutschlands mit zeitlicher Überlappung nebeneinander bestehen: die Schnurkeramik (ca. 2800–2300 v. Chr.), die ihren Schwerpunkt im östlichen Mitteleuropa hat, und die Glockenbecher-Kultur (ca. 2500–2200 v. Chr.), die über weite Teile Westeuropas bis auf die Iberische Halbinsel verbreitet ist. Die beiden aufgrund charakteristischer Keramikgefäße so genannten »Becher-Kulturen« sind vor allem durch Grabfunde bekannt, Siedlungen sind in den meisten Regionen selten. Beide bestatteten ihre Toten in »Hockerlage«, d. h. auf der Seite liegend mit angezogenen Beinen, wobei Männer und Frauen im Grab jeweils gegensätzlich ausgerichtet waren. Trotz dieser Gemeinsamkeiten unterschieden sich Schnurkeramik und Glockenbecher in der Orientierung der Toten im Grab, dem Grabbau – nur in der Schnurkeramik wurden kleine Grabhügel angelegt – und vor allem in den Grabbeigaben. Typische Beigaben der Schnurkeramik waren neben den namengebenden schnurverzierten Bechern steinerne Streitäxte. Die Glockenbecher-Kultur dagegen zeichnete sich durch einstich- oder stempelverzierte Gefäße sowie Bogenschützen-Ausrüstung aus, fassbar durch Pfeilspitzen und Armschutzplatten; hinzu kamen gelegentlich kleine Dolche aus Kupfer. Auch beim Schmuck lassen sich jeweils spezifische Formen der beiden Gruppen unterscheiden.

Im Landkreis Tuttlingen sind beide Becherkulturen mit mehreren Grabfunden vertreten. Eine überregional bedeutende Fundgruppe stammt aus Mühlheim an der Donau-Stetten. Dort wurden bereits Ende des 19. Jh. beim Bau der Bahnlinie zwei Glockenbecher-Gräber aufgedeckt, vier weitere endneolithische Gräber folgten bei einer großen Ausgrabung im Gewerbegebiet »Bachäcker« zwischen 1987 und 1990.[6] Die Bestattung einer rund 30-jährigen Frau, die ihr neugeborenes Kind im Arm hält, gibt einen ganz besonderen Einblick in die Lebenswelt der ausgehenden Jungsteinzeit (Abb. 4). Ein schnurverzierter Becher datiert das Grab in die Schnurkeramik. Die anderen Gräber gehören der Glockenbecher-Kultur an und enthielten einige qualitätvolle Beigaben wie eine verzierte Nadel und Knöpfe aus Knochen.

Weitere Funde der Glockenbecher-Kultur traten bei der Erschließung des Gewerbegebiets Tuttlingen-Möhringen »Unter Haßlen 1« zutage:[7] Scherben mit der charakteristischen Kammstempelverzierung und eine Feuer-

Abb. 4: Mühlheim an der Donau-Stetten. Doppelbestattung einer rund 30-jährigen Frau und eines neugeborenen Kindes aus der Zeit der Schnurkeramik (2800–2300 v. Chr.). (Landesamt für Denkmalpflege im Regierungspräsidium Stuttgart).

stein-Pfeilspitze mit eingezogener Basis. Der Fundkontext ist allerdings unklar – die Funde stammen aus einer Schwemmschicht und sind verlagert. Sollte es sich um Siedlungsreste handeln, wäre dies bemerkenswert, da diese im mitteleuropäischen Verbreitungsgebiet der Glockenbecherkultur nach wie vor eine Seltenheit sind. Wahrscheinlicher ist, dass die Funde aus erodierten Gräbern stammen. Endneolithische Hausgrundrisse ließen sich entgegen einer zunächst geäußerten Vermutung jedenfalls nicht fassen.

Beim Bau eines Regenrückhaltebeckens wurde 2021 im Neubaugebiet »Westäcker« in Geisingen-Gutmadingen neben zahlreichen vorgeschichtlichen Siedlungsbefunden ein schnurkeramisches Grab aufgedeckt.[8] Ein Kreisgraben mit einem Durchmesser von 4,5 m weist darauf hin, dass es ursprünglich von einem kleinen Hügel überdeckt war. Vom Skelett waren nur noch einige Zähne und Schädelreste erhalten, dennoch ist nachvollziehbar, dass der Leichnam Ost-West ausgerichtet auf der rechten Seite bestattet wurde – die klassische Lage für Männer in der Schnurkeramik. Auch die Streitaxt aus hellem Stein und die 12 cm lange Feuersteinklinge sind typische Männerbeigaben (Abb. 5 und 6).

Die Gräber und Siedlungsfunde der »Becher-Kulturen« im Landkreis Tuttlingen gehören zu den wichtigsten endneolithischen Fundplätzen in Baden-Württemberg. Spätestens im 3. Jahrtausend v. Chr. ist die Region auf der Baar und an der oberen Donau trotz ihrer für jungsteinzeitliche Bauernkulturen schwierigen naturräumlichen Lage voll erschlossen und Teil der überregionalen kulturellen Netzwerke. Die hochgelegenen Gebiete der Albhochfläche sollten allerdings erst ab der mittleren Bronzezeit in größerem Umfang aufgesiedelt werden.

In der ab ca. 2200 v. Chr. anschließenden Frühbronzezeit lebten zahlreiche Elemente der Glockenbecher-Kultur fort. Sowohl die Bestattungssitten als auch die (seltenen) Siedlungsbefunde zeigen eine klare Kontinuität. Das Ende des Neolithikums ist somit ein wesentlich weniger »revolutionärer« Einschnitt in der Menschheitsgeschichte als sein Beginn.

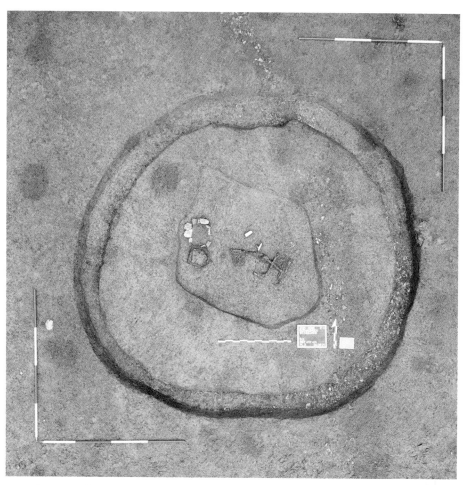

Abb. 5 (linke Seite): Geisingen-Gutmadingen. Der Kreisgraben um ein schnurkeramisches Grab weist auf einen ehemaligen Grabhügel hin. Das Skelett war nur schlecht erhalten. (Landesamt für Denkmalpflege im Regierungspräsidium Stuttgart).

Abb. 6: Geisingen-Gutmadingen. Der schnurverzierte Becher datiert das Grab in die Schnurkeramik (2800–2300 v. Chr.). Steinerne Streitaxt und Feuersteinklinge sind typische Männerbeigaben. (Landesamt für Denkmalpflege im Regierungspräsidium Stuttgart, Y. Mühleis).

1    Einführende Werke zur Jungsteinzeit in Baden-Württemberg: E. Keefer, Steinzeit. Sammlungen des Württembergischen Landesmuseums 1 (Stuttgart 1993) 77–172. – Jungsteinzeit im Umbruch. Die »Michelsberger Kultur« und Mitteleuropa vor 6000 Jahren. Katalog zur Ausstellung im Badischen Landesmuseum Schloss Karlsruhe, 20.11.2010–15.5.2011 (Darmstadt 2010). – R. Krauß / J. Bofinger (Hrsg.), Gold im Ammertal. Das Ende der Steinzeit im Raum Tübingen. Schriften des Museums der Universität Tübingen 27 (Tübingen 2023).

2    W. Meier-Arendt, Die Hinkelstein-Gruppe. Der Übergang vom Früh- zum Mittelneolithikum in Südwestdeutschland. Römisch-Germanische Forschungen 35 (Mainz 1975) 165.

3    J. Biel, Vorgeschichtliche Höhensiedlungen in Südwürttemberg-Hohenzollern. Forschungen und Berichte zur Vor- und Frühgeschichte in Baden-Württemberg 24 (Stuttgart 1987) 317–323; – D. Müller / V. Nübling, Vor- und frühgeschichtliche Befestigungen 21. Die Befestigungen auf dem Dreifaltigkeitsberg bei Spaichingen (Landkreis Tuttlingen). Atlas Archäologischer Geländedenkmäler in Baden-Württemberg 2/21 (Stuttgart 2010) 54–56.

4    Biel (wie Anm. 3) 31–33; 238–247; Taf. 6–13.

5    K. Hietkamp / A. Hanöffner, Mühlheim an der Donau-Stetten (Lkr. Tuttlingen). Fundberichte aus Baden-Württemberg 28, 2, 2005, 61–67.

6    R. Dehn, Neue Grabfunde der Schnurkeramik und der Glockenbecherkultur von Stetten a. d. Donau, Krs. Tuttlingen. Archäologische Nachrichten aus Baden 45, 1991, 3–12. – J. Wahl / R. Dehn / M. Kokabi, Eine Doppelbestattung der Schnurkeramik aus Stetten an der Donau, Lkr. Tuttlingen. Fundberichte aus Baden-Württemberg 15, 1990, 175–211.

7    A. Gutekunst / G. Kuhnle, Eine Siedlung der jüngeren Latènezeit und Siedlungsspuren der Glockenbecherkultur an der Donau bei Tuttlingen. Archäologische Ausgrabungen in Baden-Württemberg 2020 (2021) 153–156.

8    A. Haasis-Berner / G. Häußler, Ein vorgeschichtlicher (?) Siedlungsplatz über einem schnurkeramischen Grabhügel an der Donau bei Gutmadingen. Archäologische Ausgrabungen in Baden-Württemberg 2021 (2022) 44–47.

# Die Metallzeiten – ein Kontinent wächst zusammen

Katalin Puster

Die Metallzeiten umfassen die Bronze- (2200–800 v. Chr.) und Eisenzeit (800–15 v. Chr.), die im Landkreis Tuttlingen durch viele archäologische Fundstellen nachgewiesen sind (Abb. 1 und Tab. 1).[1] Das Fundmaterial gibt Aufschluss über die zeitliche Einordnung und ermöglicht es, die damaligen Menschen und ihr Leben, Arbeiten sowie ihre Vorstellungswelt besser zu verstehen.[2]

Bereits während des jüngeren Neolithikums im 4. und 3. Jahrtausend v. Chr. gelangte das Wissen um die Metallverarbeitung, zunächst von Kupfer, aus dem Vorderen Orient und Südosteuropa bis nach Mitteleuropa.[3] Mit der Bronzezeit gewinnt die namengebende Kupferlegierung Bronze an Bedeutung. Durch den hohen Bedarf an Rohmaterialien und deren regional unterschiedlicher Verfügbarkeit entwickelten sich neue wirtschaftliche und gesellschaftliche Strukturen, die in ganz Europa einen tiefgreifenden Wandel auslösten. Gerät, Waffen und Trachtbestandteile wurden nun aus diesem Material hergestellt. Ein neuer Wirtschaftszweig, bestehend aus intensivem Bergbau, Metallhandwerk und Handel, die Arbeitsteilung und Spezialisierung erfordern, bildete sich. Überregionale Handelsnetzwerke entstanden und ermöglichten einen intensiveren materiellen und geistigen Austausch mit weiträumigen Kontakten. Status und Macht wurden nun zunehmend durch Prestigeobjekte aus Bronze ausgedrückt und prägten die Gesellschaft maßgeblich. Sie waren ein wichtiger Teil des Lebens und der Jenseitsvorstellungen, wie zahlreiche bronzene Grabbeigaben zeigen. Eine besondere Rolle spielen Metallgegenstände auch in einer neuen und für die Bronzezeit besonders kennzeichnenden Befundgattung – den sogenannten Hortfunden. Dabei kann es sich um profane Materialdepots von Händlern oder aber um sakrale Opferungen handeln.[4]

| Nr. | Fundort | Fundplatz |
|---|---|---|
| 1 | Balgheim | Gräberfeld |
| 2 | Tuttlingen-Möhringen »Unter Haßlen I-III« | Siedlung |
| 3 | Tuttlingen-Möhringen »Hinter dem Kirchle« | Siedlung |
| 4 | Bubsheim »Steintaler Bühl« | Gräberfeld/Siedlung |
| 5 | Kolbingen | Gräberfeld |
| 6 | Dürbheim | Gräberfelder |
| 7 | Balgheim | Gräberfelder |
| 8 | Buchheim | Gräberfelder |
| 9 | Fridingen an der Donau | Gräberfelder |
| 10 | Ippingen | Gräberfelder |
| 11 | Königsheim | Gräberfelder |
| 12 | Mahlstetten | Gräberfeld |
| 13 | Mühlheim | Gräberfeld |
| 14 | Worndorf | Gräberfeld |
| 15 | Tuttlingen-Nendingen | Gräberfeld |
| 16 | Wurmlingen | Gräberfelder |
| 17 | Egesheim | Gräberfeld |
| 18 | Emmingen ab Egg | Gräberfeld |
| 19 | Hausen ob Verena | Gräberfeld |
| 20 | Neuhausen ob Eck | Gräberfeld |
| 21 | Schwandorf | Gräberfeld |
| 22 | Reichenbach | Gräberfeld |
| 23 | Renquishausen | Gräberfelder |
| 24 | Böttingen | Gräberfeld |
| 25 | Geisingen | Gräberfeld |
| 26 | Mühlheim an der Donau | Gräberfeld |
| 27 | Rietheim-Weilheim | Gräberfeld |
| 28 | »Oberburg« bei Egesheim | Höhensiedlung |
| 29 | »Lupfen« bei Talheim | Höhensiedlung |
| 30 | »Dreifaltigkeitsberg« bei Spaichingen | Höhensiedlung |
| 31 | Schachthöhle »Eulenloch« | Ritualplatz |
| 32 | Mauenheim | Gräberfeld |
| 33 | »Lehenbühl« bei Fridingen | Höhensiedlung |
| 34 | »Rockenbusch« bei Buchheim | Höhensiedlung/Ritualplatz |
| 35 | »Scheuerlebühl« bei Buchheim | Höhensiedlung |
| 36 | Grabhügel um Gosheim | Gräber |
| 37 | »Lemberg« bei Gosheim | Höhensiedlung |
| 38 | Aldingen | Siedlung |
| 39 | Fridingen | Siedlung |
| 40 | Dürbheim | Siedlung |

Tab. 1: Aufschlüsselung der nummerierten Fundstellen aus Abb. 1. (K. Puster).

| 41 | Aixheim | Viereckschanze |
|---|---|---|
| 42 | Aldingen / Spaichingen | 2 Viereckschanzen in ca. 600 m Entfernung voneinander |
| 43 | Trossingen | Viereckschanze |
| 44 | »Franzosenloch« | Siedlungsplatz/Ritualplatz |
| 45 | »Burgstallhöhle« | Siedlungsplatz/Ritualplatz |
| 46 | »Jägerhaushöhle« | Siedlungsplatz/Ritualplatz |
| 47 | »Sperberloch« | Siedlungsplatz/Ritualplatz |
| 48 | »Bronnenhöhle I« | Siedlungsplatz/Ritualplatz |
| 49 | »Höhlenburg« bei der »Ziegelhöhle« | Siedlungsplatz/Ritualplatz |
| 50 | »Heidentor« | Ritualplatz |
| 51 | »Scheuerlesfels« | Ritualplatz |

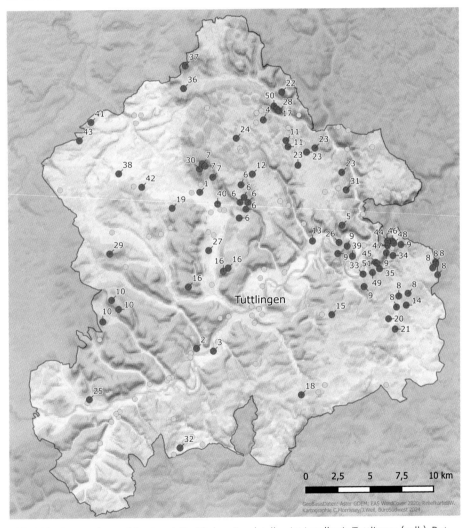

Abb. 1: Kartierung der gesichert metallzeitlichen Fundstellen im Landkreis Tuttlingen (gelb). Rot markiert sind die im Text genannten Fundstellen (vgl. Tab. 1). (Kartierung K. Puster, Grafik Ch. Morrissey; Datengrundlage: Landesamt für Denkmalpflege im Regierungspräsidium Stuttgart).

# In jungsteinzeitlicher Tradition – die frühe Bronzezeit

Die Frühbronzezeit (Phase Bz A von 2200–1550 v. Chr.) zeichnet sich noch in neolithischer Tradition durch einzelne Flachgräber in geschlechtsdifferenzierter Hockerlage mit geschlechtsspezifischen Grabbeigaben aus (Abb. 2).[5] Das bisher nur als allgemein bronzezeitlich datierte Gräberfeld in Balgheim könnte einige dieser frühen Flachgräber auch im Kreis Tuttlingen beherbergen.[6] Schon in dieser frühen Phase der Bronzezeit treten aber auch Hügelgräber auf, die Hinweise auf die sich ausbauenden sozialen Unterschiede innerhalb der Bevölkerung liefern.

Für die nun größer werdenden Siedlungen[7] ist die 2020 entdeckte Mineralbodensiedlung aus Tuttlingen-Möhringen »Unter Haßlen II« ein herausragendes Beispiel. Sie wurde von der frühen bis in die mittlere Bronzezeit genutzt (vgl. Beitrag Spatzier).[8] Außerdem konnten Teile einer Siedlung in Möhringen »Hinter dem Kirchle« nachgewiesen werden. In einer oval angelegten Grube fand sich dort eine Rollenkopfnadel, die in die ausgehende Frühbronzezeit bis früheste Mittelbronzezeit datiert.[9] Neben weiteren Gruben und Grubenhäusern erhielten sich auch mindestens drei Gebäudegrundrisse mit spärlichen Hinweisen auf eine zeitgleiche Datierung.[10] Auf Pfahlbausiedlungen, wie sie zu dieser Zeit in Feuchtgebieten und an Seeufern im Alpenvorland errichtet wurden, gibt es im Kreis Tuttlingen keine Hinweise.[11]

# Zeit der Hügelgräber – die mittlere Bronzezeit

Die Mittelbronzezeit (Phasen Bz B–C von 1550–1300 v. Chr.) wird auch Hügelgräberbronzezeit genannt und tritt, neben weiterhin angelegten Flachgräbern,[12] vor allem in Form von Grabhügeln in Erscheinung. Die einfach oder mehrfach belegten Hügel treten allein oder in Gruppen auf. Die Bestattungen erfolgten nun in gestreckter Rückenlage. Neben eher ärmlichen, treten immer wieder sehr reich ausgestattete Gräber auf, die vermutlich gesellschaftlich einflussreiche Frauen und Männer repräsentieren (Abb. 3).[13] Vereinzelt werden in der Mittelbronzezeit auch Brandgräber dokumentiert, die aber weit hinter den Körpergräbern zurückstehen. Die Menschen zog es nun, neben Flachlandsiedlungen, vermehrt auf Anhöhen, wo befestigte Höhensiedlungen angelegt wurden (vgl. Beitrag von Christoph Morrissey). Ein für die mittlere

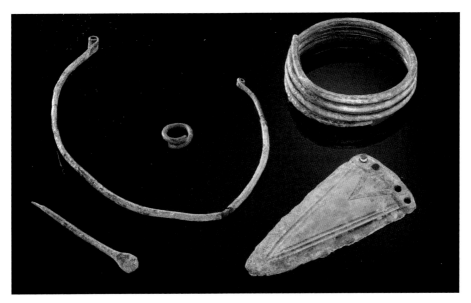

Abb 2: Beispielhafte Grabbeigaben eines Männergrabes aus der Frühbronzezeit (Gräberfeld »Hinter Hof III«, Singen-Bohlingen, Lkr. Konstanz). (Landesamt für Denkmalpflege im Regierungspräsidium Stuttgart, Y. Mühleis).

Abb. 3: Beispielhafte Grabfunde aus der Mittelbronzezeit (Grab 25 aus Gewann Mooshalde, Radolfzell-Güttingen, Lkr. Konstanz). (Landesamt für Denkmalpflege im Regierungspräsidium Stuttgart, Y. Mühleis).

Abb. 4: Luftbild eines Grabhügelfeldes aus Buchheim. Die Grabhügel sind als helle Verfärbungen in der Ackerfläche erkennbar. (Landesamt für Denkmalpflege im Regierungspräsidium Stuttgart, O. Braasch, L8118-018-02_4840-05).

Bronzezeit wichtiger Fundplatz im Kreis Tuttlingen ist Bubsheim »Steintaler Bühl«. Neben einer mittelbronzezeitlichen Siedlung finden sich in Bubsheim auch Grabhügel aus der mittleren Bronzezeit, die 800 Jahre später in der frühen Eisenzeit erneut als Bestattungsort genutzt wurden (vgl. Beitrag Puster zum »Steintaler Bühl«).[14]

Grabhügel in größeren oder kleineren Gruppen sind im Kreis Tuttlingen immer wieder zu finden. Meist sind diese jedoch unerforscht und daher nicht genau datiert. Wichtige metallzeitliche Grabhügelfelder finden sich mit mehreren Hundert Hügeln auf den Gemarkungen Kolbingen und Dürbheim. Zu den kleineren Gruppen gehören unter anderem Nekropolen in Balgheim, Buchheim, Fridingen an der Donau, Ippingen, Königsheim, Mahlstetten, Mühlheim, Worndorf, Nendingen, Wurmlingen, Egesheim, Emmingen ab Egg, Hausen ob Verena, Neuhausen ob Eck, Schwandorf, Reichenbach und Renquishausen (Abb. 4).[15]

# Ein tiefgreifender Wandel – die späte Bronzezeit

Mit der Spätbronzezeit (Phasen Bz D und Ha A–B von 1300–800 v. Chr.) begann ein großer gesellschaftlicher Wandel, der sich deutlich im Bestattungswesen niederschlug. Mit der in weiten Teilen Mitteleuropas verbreiteten Urnenfelderkultur wurde die Verbrennung der Toten nun flächendeckend praktiziert.[16] Die Bestattungen erfolgten in großen Gräberfeldern, den sogenannten »Urnenfeldern« – wenngleich nicht alle Gräber eine Urne enthalten, sondern oft der Leichenbrand auch ohne Gefäß in den Boden gelangte. Im Landkreis Tuttlingen sind Urnenfelder aus Böttingen,[17] Geisingen[18] und Mühlheim an der Donau[19] bekannt. In den Jahren 2022 bis 2023 wurde außerdem das Gräberfeld von Rietheim-Weilheim ausgegraben. Dabei konnten 15 bis 22 urnenfelderzeitliche Gräber (Phase Ha A) sowie sechs weitere Bestattungen aus der Phase Bz D geborgen werden (Abb. 5).[20] In der Urnenfelderzeit etablierten sich zudem neue, weitverbreitete Symbole mit mutmaßlich sakralem Hintergrund, die zusammen mit den neuen Bestattungssitten Hinweise auf einen radikalen Wandel in der Glaubenswelt und Jenseitsvorstellung der Menschen geben. Die Eliten zeigten ihren Wohlstand und ihre gesellschaftliche Position nun weniger in den Gräbern und soziale Unterschiede sind im Vergleich zur vorangegangenen Früh- und Mittelbronzezeit dadurch schwieriger nachzuvollziehen.[21] Insgesamt zeigt sich ein wirtschaftlicher Aufschwung mit technischen Weiterentwicklungen beim Metallhandwerk.[22] Die Bevölkerung wuchs und ließ sich erneut in großen Seeufer- oder in oft befestigten Höhensiedlungen nieder.[23] Beispiele für letztere finden sich im Landkreis Tuttlingen auf dem »Lupfen« bei Talheim, dem »Lemberg« bei Gosheim oder dem »Dreifaltigkeitsberg« bei Spaichingen (Abb. 6).[24] Ein außergewöhnlicher Fundplatz ist außerdem die Schachthöhle »Eulenloch« im Bäratal bei Kolbingen. Dort wurden neben den Knochen von Haustieren wie Katze, Pferd und Hund sieben menschliche Individuen in einer Tiefe von 27 m geborgen (Abb. 7). Die Radiokarbondatierungen weisen in die Urnenfelderzeit und belegen, dass neben den regulären Bestattungsbräuchen immer wieder auch Sonderbestattungen oder sogar Opferrituale stattfanden.[25] Weitere urnenfelderzeitliche Ritualplätze finden sich am »Scheuerlefels« sowie am »Rockenbusch« bei Buchheim.[26]

Abb. 5: Brandschüttungsgrab mit Grabbeigaben aus dem Gräberfeld von Rietheim-Weilheim. (ArchaeoTask, Foto G. Häußler; Plan G. Häußler und D. Heutz-Della Vite).

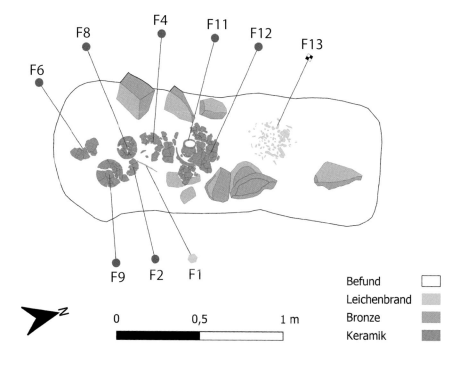

Abb. 6: Der »Dreifaltigkeitsberg« bei Spaichingen. (Landesamt für Denkmalpflege im Regierungspräsidium Stuttgart, O. Braasch, L7918-012-01_3333-30).

Abb. 7: Die Bergung der Skelettreste aus dem »Eulenloch« im Jahr 2017. (Landesamt für Denkmalpflege im Regierungspräsidium Stuttgart, Ch. Steffen).

# Die Kelten und das Eisenhandwerk

Ab 800 v. Chr. beginnt die Eisenzeit, in der das neue Metall Eisen die Bronze, vor allem bei Geräten und Waffen, verdrängte. Alte Handelsrouten zu Zinn- oder Kupferlagerstätten versiegten oder wurden verlagert, um Handelsrouten für den Eisenbedarf Platz zu machen. Dadurch entstand ein weiterer Zweig des Metallhandwerks und das wirtschaftliche und soziale Gefüge ordnete sich neu.[27]

## »Prunkgräber« und »Fürstensitze« – die ältere Eisenzeit

Die ältere Eisenzeit (Phasen Ha C–D von 800–450 v. Chr.) wird nach dem Fundort »Hallstatt« in Österreich auch als Hallstattzeit bezeichnet. Am Ende der Epoche finden sich erstmals schriftliche Aufzeichnungen über »Keltoi«, also die Kelten, die aus dem griechischen Raum von Hekataios und Herodot als »Bevölkerung nördlich der Alpen« beschrieben werden.[28] Im Bestattungswesen fand eine Rückkehr zur Anlage von (Groß-)Grabhügeln statt,[29] die oft von kleineren Flachgräbern umgeben sind. Die Beisetzung erfolgte zunächst noch in Brandgräbern, wobei sich die Körperbestattung mit der Zeit wieder durchsetzte.[30] Beispiele aus dem Landkreis Tuttlingen sind die hallstattzeitlichen Gräber um Gosheim sowie die aus 26 Grabhügeln bestehende Nekropole in Mauenheim, die von der älteren bis in die jüngere Hallstattzeit belegt wurde. In der Hügelmitte fanden sich Brandgräber und am Rand jeweils Körperbestattungen aus jüngerer Zeit.[31] Die soziale Hierarchisierung wird nun wieder deutlich sichtbar – beispielsweise finden sich im Zentrum der bedeutendsten Hügel reich ausgestattete Kammern oder ganze Wagen mit Pferdegeschirr; sie sind als »Prunk- oder Fürstengräber« bekannt und zeigen die machtvolle gesellschaftliche Rolle der Bestatteten an.[32] Die Menschen pflegten weite Kontakte mit dem mediterranen Raum. Der rege Austausch lässt sich auch in Form von Importgütern in Gräbern oder Siedlungen nachweisen.[33] Mit den sogenannten »Fürstensitzen«, wie der Heuneburg an der oberen Donau, entstanden wichtige Zentralorte, die politische, kultische und ökonomische Zwecke erfüllten.[34] Die Siedlungshierarchie wird durch zahlreiche weitere, kleinere Höhensiedlungen ergänzt. Für den Landkreis Tuttlingen kann beispielsweise der »Lehenbühl« bei Fridingen und die »Oberburg« bei Egesheim angeführt werden. 2020 konnte zudem eine

Abb. 8: Das »Heidentor« bei Egesheim. (Landesamt für Denkmalpflege im Regierungspräsidium Stuttgart, Ch. Steffen).

späthallstattzeitliche Flachlandsiedlung in Tuttlingen-Möhringen »Unter Haßlen III« ausgegraben werden.[35] Weitere Siedlungshinweise finden sich im gesamten Kreisgebiet, beispielsweise bei Aldingen, bei Fridingen sowie in Dürbheim, wo Reste von mehreren Gebäuden und Abfallgruben aus jener Zeit entdeckt wurden.[36] Zuletzt sind einige als »Naturheilige Plätze«[37] ansprechbare Fundstellen der älteren Eisenzeit aus dem Landkreis Tuttlingen zu nennen, an denen das Fundmaterial auf rituelle Aktivitäten wie Opfergaben hinweist. Dazu gehört zum Beispiel das »Heidentor« bei Egesheim (Abb. 8).[38]

## Die ersten »Städte« nördlich der Alpen – die jüngere Eisenzeit

Mit der Latènezeit (Phasen LT A–D von 450–15 v. Chr.), benannt nach dem Fundplatz »La Tène« in der Zentralschweiz, schließt sich die jüngere Eisenzeit an. Die Kelten werden nun im römischen und griechischen Raum in verschiedenen Schriften beschrieben und vor allem mit kriegerischen Aktivitäten in Verbin-

500 m

Datengrundlage:
Landesdenkmalpflege Baden-Württemberg
Geobasisdaten © LGL, www.lgl-bw.de, Az.: 2851.9-1/19 Stand der Geobasisinformationen: 05/2024
Ausdruckdatum: 13.05.2024

Abb. 9: LiDAR-Scan der Viereckschanze von Aixheim. (Geobasisdaten LGL, www.lgl-bw.de. Data licence Germany – attribution – Version 2.0. https://opengeodata.lgl-bw.de).

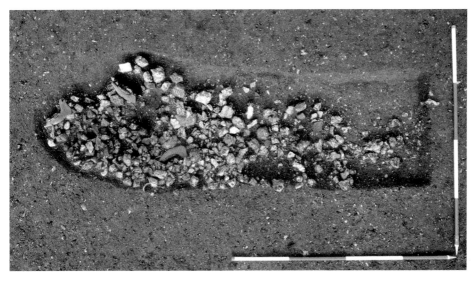

Abb. 10: Der latènezeitliche Grabenkopf aus Tuttlingen-Möhringen »Unter Haßlen I« mit deponierten Tierunterkiefern. (ArchaeoTask, J. Ehrle).

dung gebracht, beispielsweise in »*De bello Gallico*« von Caesar. Das Verbreitungsgebiet der Kelten soll vom heutigen Spanien bis nach Kleinasien gereicht haben, der römische Keltenbegriff hatte aber wohl wenig mit den tatsächlichen ethnischen Gruppierungen zu tun.[39]

Die machtvollen Zentren der Hallstattkultur wurden von neuen Zentralorten der Latènekultur abgelöst. Dazu zählen die sogenannten »Viereckschanzen«,[40] wie beispielsweise die Anlagen bei Aixheim (Abb. 9), Aldingen , Spaichingen und Trossingen.[41] Im Landkreis Tuttlingen nicht nachweisbar sind die spätlatènezeitlichen Oppida, die ersten stadtartigen Siedlungen in Mitteleuropa, die wichtige Zentren für Wirtschaft und Handel darstellten, aber auch eine administrative Rolle einnahmen.[42] Im Jahr 2020 hingegen wurde in Tuttlingen-Möhringen »Unter Haßlen I« eine mehrphasige ländliche Siedlung der jüngeren Latènezeit ausgegraben, die hauptsächlich aus einer mit tierischen Unterkiefern verfüllten Grabenanlage bisher unbekannter Funktion (Abb. 10) und Bauten mit auffällig großen Pfostengruben besteht.[43] Bezeichnend für diese Zeit ist außerdem der Beginn des Münzwesens in Mitteleuropa (Abb. 11), das vermutlich zu Beginn der Latènezeit aus dem Mittelmeerraum übernommen wurde.[44] Das Bestattungswesen orientiert sich zunächst noch am vorangegangenen Grabhügelbrauch.[45] Später wurden jedoch wieder Flachgräber angelegt, mit der Zeit setzte sich erneut die Brandbestattung durch und die Elite drückte sich in der Grabausstattung bescheidener aus als zuvor.[46] Hinweise auf sakrale[47] oder

Abb. 11: Latènezeitliche »Regenbogenschüsselchen« aus Silber. (Flur Bühl, ICE-/A8-Trasse Wendlingen – Ulm; Landesamt für Denkmalpflege im Regierungspräsidium Stuttgart, Y. Mühleis).

auch profane Handlungen dieser Zeit finden sich in erstaunlich vielen Höhlen bei Buchheim im Buttental und um Fridingen. Hier können das »Franzosenloch«, die »Burgstallhöhle«, die »Jägerhaushöhle«, das »Sperberloch«, die »Bronnenhöhle I« sowie die »Höhlenburg« bei der »Ziegelhöhle« genannt werden.[48]

Gegen Ende der Spätlatènezeit finden kriegerische Auseinandersetzungen der keltischen Bevölkerung mit den Römern und Germanen statt. Außerdem zeigt sich eine Siedlungsunterbrechung bis zum Beginn der römischen Niederlassung. Diese Phase wird auch als »Helvetiereinöde« beschrieben.[49] Schließlich endet um 15 v. Chr. die jüngere Eisenzeit mit dem römischen Alpenfeldzug unter Tiberius und die römische Kaiserzeit beginnt.

1   J. Klug-Treppe, Archäologische Kulturdenkmale im Landkreis Tuttlingen. Ein Überblick mit Highlights. In: Landkreis Tuttlingen – Geschichte, Gegenwart, Chancen (2002) 92–113.

2   S. von Schnurbein/B. Hänsel, Atlas der Vorgeschichte. Europa von den ersten Menschen bis Christi Geburt (Stuttgart 2009).

3   R. Krause, Der Beginn der Metallzeiten. In: D. Planck (Hrsg.), Archäologie in Württemberg. Ergebnisse und Perspektiven archäologischer Forschung von der Altsteinzeit bis zur Neuzeit (Stuttgart 1988) 111–130 bes. 111.

4   A. Hänsel/B. Hänsel (Hrsg.), Gaben an die Götter. Schätze der Bronzezeit Europas. Staatliche Museen zu Berlin Preußischer Kulturbesitz Bestandskataloge 4 (1997).

5   Krause (wie Anm. 3) 116; 120.

6   R. Ströbel, Balgheim (Kr. Tuttlingen). Fundberichte aus Schwaben, Neue Folge 16, 1962, 226.

7   M. Schefzig, Siedlungen der Frühbronzezeit in Mitteleuropa – Eine Gegenüberstellung der Hausformen Süddeutschlands und des Aunjetitzer Bereiches. In: H. Meller/F. Bertemes (Hrsg.), Der Griff nach den Sternen. Wie Europas Eliten zu Macht und Reichtum kamen. Internationales Symposium in Halle (Saale) 16.–21. Februar 2005. Tagungen Landesmuseum für Vorgeschichte Halle 5 (Halle [Saale] 2010) 333–349.

8   J. Armingeon/G. Kuhnle, Seltenheitswert – eine Mineralbodensiedlung der Früh- bis Mittelbronzezeit bei Tuttlingen. Archäologische Ausgrabungen in Baden-Württemberg 2020 (Darmstadt 2021) 110–113.

9   A. Girod/G. Kuhnle/D. Tschocke, Hinterm Kirchle von Möhringen an der oberen Donau – Inmitten eines Siedlungsareals der Bronze- und Eisenzeit. Archäologische Ausgrabungen in Baden-Württemberg 2021 (Darmstadt 2022) 134–137. Siehe Beitrag Spatzier, Abb. 7.

10  Girod u. a. (wie Anm. 9) 134–136.

11  »4000 Jahre Pfahlbauten«. Begleitband zur Großen Landesausstellung Baden-Württemberg 2016 »4000 Jahre Pfahlbauten« (Ostfildern 2016).

12  H. Reim, Die mittlere Bronzezeit in Württemberg. In: D. Planck (Hrsg.), Archäologie in Württemberg. Ergebnisse und Perspektiven archäologischer Forschung von der Altsteinzeit bis zur Neuzeit (Stuttgart 1988) 141–169.

13  U. Wels-Weyrauch, Zu hügelgräberzeitlichen Bestattungssitten auf der Schwäbischen Alb. Jahresbericht des Instituts für Vorgeschichte der Universität Frankfurt am Main, 1978/79, 45–126. – W. Torbrügge, Zum Übergang von der frühen zur mittleren Bronzezeit in Süddeutschland. Archäologisches Korrespondenzblatt 9, 1979, 23–34. – R. Pirling, Die Mittlere Bronzezeit in Württemberg (1954).

14  A. Gutekunst/G. Kuhnle, Eine Grabhügelgruppe der mittleren Bronze- und der frühen Eisenzeit auf dem »Steintaler Bühl« bei Bubsheim. Archäologische Ausgrabungen in Baden-Württemberg 2020 (Darmstadt 2021) 120–124.

15  Klug-Treppe (wie Anm. 1) 97–98.

16  R. Kreutle, Spätbronzezeit und Urnenfelderzeit in Württemberg. In: D. Planck (Hrsg.), Archäologie in Württemberg. Ergebnisse und Perspektiven archäologischer Forschung von der Altsteinzeit bis zur Neuzeit (Stuttgart 1988) 171–197. – F. Falkenstein, Zum Wandel der Bestattungssitten von der Hügelgräber- zur Urnenfelderkultur in Süddeutschland. In: D. Brandherm/B. Nessel (Hrsg.), Phasenübergänge und Umbrüche im bronzezeitlichen Europa Beiträge zur Sitzung der Arbeitsgemeinschaft Bronzezeit auf der 80. Jahrestagung des Nordwestdeutschen Verbandes für Altertumsforschung. Universitätsforschungen zur prähistorischen Archäologie 297 (Bonn 2017) 77–96.

17  Z. B. Fundberichte aus Schwaben, Neue Folge 3, 1926, 40. – Tuttlinger Heimatblätter, Neue Folge 17/18, 1960, 25.

18  Z. B. Badische Fundberichte 19, 1951, 143, 160. – Badische Fundberichte 20, 1952/53, 205.

19  Z. B. Fundberichte aus Schwaben, Neue Folge 11, 1951, 58 f. – Tuttlinger Heimatblätter, Neue Folge 17/18, 1960, 25.

20 G. Häußler, Unveröffentlichte Grabungsdokumentation zur Maßnahme 2022_0628 (2022) und Bosch/D. Heutz, Unveröffentlichte Grabungsdokumentation zur Maßnahme 2023_0477 (2023), Landesamt für Denkmalpflege im Regierungspräsidium Stuttgart – S. Bosch/D. Heutz-Della Vite/A. Haasis-Berner, Bestattungen aus der frühen Merowingerzeit und der späten Bronzezeit in Rietheim. Archäologische Ausgrabungen in Baden-Württemberg 2023 (Stuttgart 2024) 222–225.

21 A. Jockenhövel, Germany in the Bronze Age. In: H. Fokkens/A. Harding (Hrsg.), The Oxford Handbook of the European Bronze Age (Oxford 2012) 723–745.

22 Kreutle (wie Anm. 16) 179.

23 »4000 Jahre Pfahlbauten« (wie Anm. 11). – Kreutle (wie Anm. 16) 187. – A. Jockenhövel, Zu den befestigten Siedlungen der Urnenfelderzeit aus Süddeutschland. Fundberichte aus Hessen 14, 1974, 19–62.

24 Klug-Treppe (wie Anm. 1) 99–100.

25 Klug-Treppe (wie Anm. 1) 94. – Ch. Steffen/G. Wieland/M. Steffen, Caves2web – 3D-Dokumentation von archäologischen Höhlenfundstellen in Baden-Württemberg. Archäologische Ausgrabungen in Baden-Württemberg 2020 (Darmstadt 2021) 16–19.

26 Klug-Treppe (wie Anm. 1) 94.

27 R.-M. Weiss, Die Hallstattzeit in Europa. In: W. Menghin (Hrsg.), Hallstattzeit. Die Altertümer im Museum für Vor- und Frühgeschichte 2 (Mainz 1999) 7–22.

28 M. Fernández-Götz, Wer waren die Kelten? Mythen und Realitäten. In: D. Krausse/I. Kretschmer/L. Hansen/ M. Fernández-Götz (Hrsg.), Die Heuneburg – keltischer Fürstensitz an der oberen Donau. Führer zu archäologischen Denkmälern in Baden-Württemberg 28 (Stuttgart 2017) 54–55.

29 D. Krausse/N. Ebinger-Rist, Das Geheimnis der Keltenfürstin. Der sensationelle Fund von der Heuneburg (2021). – K. Spindler, Der Magdalenenberg bei Villingen im Schwarzwald: Bilanz nach dreißig Jahren. In: B. Hänsel (Hrsg.), Parerga Praehistorica. Ju

biläumsschrift zur Prähistorischen Archäologie. 15 Jahre UPA. Universitätsforschungen zur prähistorischen Archäologie 100 (Bonn 2004) 135–160.

30 S. Kurz, Bestattungsbrauch in der westlichen Hallstattkultur (Südwestdeutschland, Ostfrankreich, Nordwestschweiz). Tübinger Schriften zur ur- und frühgeschichtlichen Archäologie 2 (Münster 1997).

31 Klug-Treppe (wie Anm. 1) 98–99. – L. Wamser, Mauenheim und Bargen. Zwei Grabhügelfelder der Hallstatt- und Frühlatènezeit aus dem nördlichen Hegau. Forschungen und Berichte zur Archäologie in Baden-Württemberg 2 (2016).

32 M. K. H. Eggert, Riesentumuli und Sozialorganisation. Vergleichende Betrachtungen zu den sogenannten »Fürstenhügeln« der späten Hallstattzeit. Archäologisches Korrespondenzblatt 18/3, 1988, 263–274. – J. Biel, Der Keltenfürst von Hochdorf (1985).

33 L. Hansen, Griechische Keramik nördlich der Alpen. In: D. Krausse/I. Kretschmer/L. Hansen/M. Fernández-Götz (Hrsg.), Die Heuneburg – keltischer Fürstensitz an der oberen Donau. Führer zu archäologischen Denkmälern in Baden-Württemberg 28 (Stuttgart 2017) 100–101. F. Fischer. Bemerkungen zur kulturgeschichtlichen Interpretation des sogenannten Südimports in der späten Hallstatt- und frühen Latène-Kultur des westlichen Mitteleuropa. Germania 51, 1973, 436–459.

34 D. Krausse/D. Beilharz (Hrsg.), »Fürstensitze« und Zentralorte der frühen Kelten. Forschungen und Berichte der Vor- und Frühgeschichte in Baden-Württemberg 120/1 (Stuttgart 2010).

35 G. Kuhnle/J. Kitzberger/P. Knötzele/R. Vogt/D. Tschocke, Ein sehr beliebter Siedlungsplatz im geplanten Gewerbepark südlich der Donau bei Tuttlingen – auch in der späten Hallstattzeit. Archäologische Ausgrabungen in Baden-Württemberg 2021 (Darmstadt 2022) 153–155.

36 Klug-Treppe (wie Anm. 1) 100.

37 J. Miera, In Dubio pro Deo? Ein paar Gedanken über prähistorische Naturheiligtümer. In:

Pearls, Politics and Pistachios. Essays in Anthropology and Memories on the Occasion of Susan Pollock's 65th Birthday, 2021, 453–476. DOI: 10.11588/propylaeum.837.c10760.

38 Klug-Treppe (wie Anm. 1) 94.

39 M. Fernández-Götz, Der Keltenbegriff – Deutungen, Irrtümer, Realität. In: Der Heidengraben – Ein keltisches Oppidum auf der Schwäbischen Alb. Führer zu archäologischen Denkmälern in Baden-Württemberg 27 (Stuttgart 2013) 16–18.

40 G. Wieland (Hrsg.), Keltische Viereckschanzen. Einem Rätsel auf der Spur (1999). – K. Bittel/S. Schiek/D. Müller, Die keltischen Viereckschanzen. Atlas archäologischer Geländedenkmäler in Baden-Württemberg 1 (Stuttgart 1990) 230–234.

41 Klug-Treppe (wie Anm. 1) 102–103.

42 J. Bofinger/G. Stegmaier, Die spätkeltische Siedlungslandschaft und die Bedeutung der Oppida in Südwestdeutschland. In: J. Bofinger/G. Stegmaier (Hrsg.), Städte der Kelten. Urbane Zentren der späten Eisenzeit. Archäologische Informationen aus Baden-Württemberg 86 (Esslingen 2023) 10–43.

43 G. Kuhnle u. a. (wie Anm. 35) 153. – A. Gutekunst/G. Kuhnle, Eine Siedlung der jüngeren Latènezeit und Siedlungsspuren der Glockenbecherkultur an der Donau bei Tuttlingen. Archäologische Ausgrabungen in Baden-Württemberg 2020 (Darmstadt 2021) 153–156.

44 M. Nick, Gabe, Opfer, Zahlungsmittel. Strukturen keltischen Münzgebrauchs im westlichen Mitteleuropa. Freiburger Beiträge zur Archäologie und Geschichte des ersten Jahrtausends 12/1 (Rahden/Westf. 2006).

45 Z. B. G. Bardelli (Hrsg.), Das Prunkgrab von Bad Dürkheim 150 Jahre nach der Entdeckung. Monographien des Römisch-Germanischen Zentralmuseums 137 (2017). – R. Echt, Das Fürstinnengrab von Reinheim. Studien zur Kulturgeschichte der Früh-La-Tène-Zeit. Saarbrücker Beiträge zur Altertumskunde 69 (Bliesbruck-Reinheim 1999).

46 F. Fischer, Die Kelten und ihre Geschichte. In: K. Bittel/W. Kimmig/E. Schiek (Hrsg.), Die Kelten in Baden-Württemberg (Stuttgart 1981) bes. 73. – A. Haffner (Hrsg.), Gräber – Spiegel des Lebens. Zum Totenbrauchtum der Kelten und Römer am Beispiel des Treverer-Gräberfeldes Wederath-Belginum. Schriftenreihe des Rheinischen Landesmuseums Trier 2 (Mainz 1989). – P. Jud, Bestattungssitten in der Schweiz und am südlichen Oberrhein in der Latène- und Römerzeit. Kontinuität und Wandel. In: A. Faber/P. Fasold/M. Struck/M. Witteyer (Hrsg.), Körpergräber des 1.–3. Jahrhunderts in der römischen Welt. Internationales Kolloquium Frankfurt am Main 19.–20. November 2004. Schriften des Archäologischen Museums Frankfurt 21 (Regensburg 2007) 341–349.

47 A. Haffner (Hrsg.), Heiligtümer und Opferkultur der Kelten. Sonderheft Archäologie in Deutschland 1995.

48 Klug-Treppe (wie Anm. 1) 103.

49 A. Willmy, Rätselhaftes Schicksal – das Ende des Oppidums. In: D. Ade/A. Willmy/G. Stegmaier, Der Heidengraben. Ein keltisches Oppidum auf der Schwäbischen Alb. Führer zu archäologischen Denkmälern in Baden-Württemberg 27 (Stuttgart 2013) 106–110. – S. Rieckhoff, Süddeutschland im Spannungsfeld von Kelten, Germanen und Römern. Trierer Zeitschrift für Geschichte und Kunst des Trierer Landes und seiner Nachbargebiete, Beiheft 19 (Trier 1995).

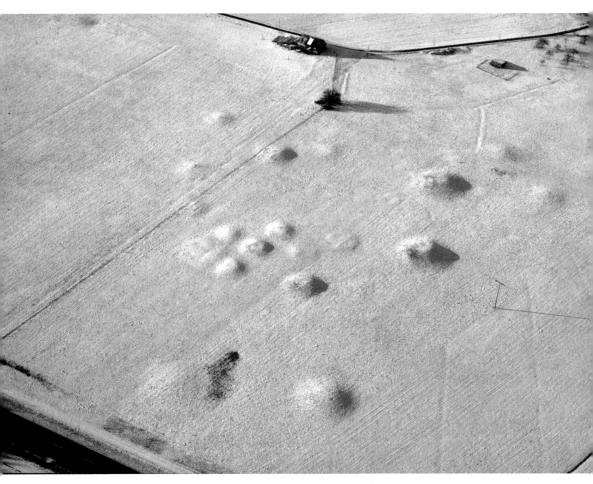

Neuhausen ob Eck, Grabhügelfeld in den »Hätzgerwiesen«. (Landesamt für Denkmalpflege, O. Braasch, L8118-033-01_2631-28).

# Eine bedeutende Siedlung der Früh- bis Mittelbronzezeit in Tuttlingen-Möhringen

André Spatzier

## Einleitung

Die Bronzezeit Südwestdeutschlands ist durch Gräber aus dieser Epoche seit langem gut bekannt.[1] Wo die Menschen im zweiten Jahrtausend v. Chr. lebten, wie ihre Siedlungen und die Wohn- und Wirtschaftsgebäude aussahen, blieb – abseits der Seeufersiedlungen – lange unklar. In anderen Regionen Mitteleuropas hat sich der Kenntnisstand durch Ausgrabungen in den letzten ca. 25 Jahren deutlich verbessert. In jüngster Zeit wurde in Tuttlingen-Möhringen ein Fundplatz entdeckt, der sich als die bedeutendste frühbronzezeitliche Mineralboden-Siedlung Baden-Württembergs zu erweisen beginnt.

## Die Fundstelle und ihre Lage

Die Fundstelle Tuttlingen-Möhringen »Unter Haßlen« liegt in der Donauaue, etwa 350 m südlich der Donau und nahe dem prähistorischen Flussverlauf (Abb. 1). Sie befindet sich im tiefsten Bereich des Tals auf ca. 650 m ü. NN. Etwa 150 Meter südlich und südsüdwestlich steigt das Gelände deutlich an, zunächst bis auf 800 m Höhe und weiter auf den umliegenden Höhenzügen bis etwa 900 m.

Im Zuge der Erschließung des Gewerbegebietes »Gänsäcker« fanden 2019 zunächst Sondagegrabungen statt, gefolgt von flächigen archäologischen Untersuchungen ab 2020. Die von der Firma ArchaeoConnect durchgeführten Ausgrabungen erfassten eine Fläche von etwa 165 × 125 m und führten zur Entdeckung einer Siedlung der Früh- bis Mittelbronzezeit

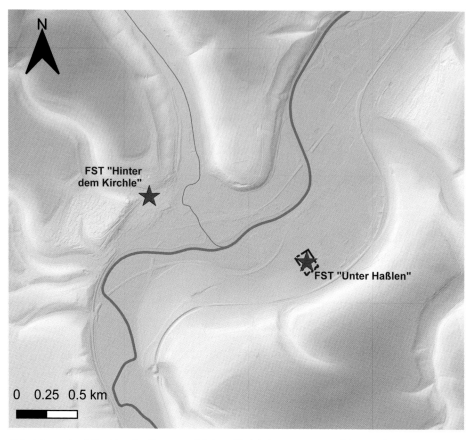

Abb. 1: Lage der früh- bis mittelbronzezeitlichen Siedelplätze »Unter Haßlen« und »Hinter dem Kirchle« im Donautal bei Tuttlingen. (Landesamt für Denkmalpflege im Regierungspräsidium Stuttgart, A. Spatzier).

(Abb. 2).[2] Ein dabei ebenfalls nachgewiesener Altarm der Donau war bereits vor Siedlungsbeginn verlandet. Im Bereich der Grabungen steigt das Gelände heute um etwa 0,6 bis 1,0 m an. Dies könnte der Grund dafür sein, dass im südlichen Teil keine Hausgrundrisse oder Pfostenstrukturen, sondern nur einige Gruben erhalten geblieben sind. Der Untergrund, in dem die Befunde lagen, besteht im nördlichen Teil der Fläche aus Flussablagerungen, nach Süden hin werden sie von Kolluvien, d. h. von den südlich anschließenden Hangbereichen angeschwemmten Bodenschichten, überlagert.

Die Ausgräber erkannten zunächst zehn Pfostenbauten.[3] Die genauere Untersuchung des Grabungsplanes und der Befunde führte jedoch zur Identifikation der Reste von insgesamt 15 Pfostenbauten (Abb. 2). Davon können

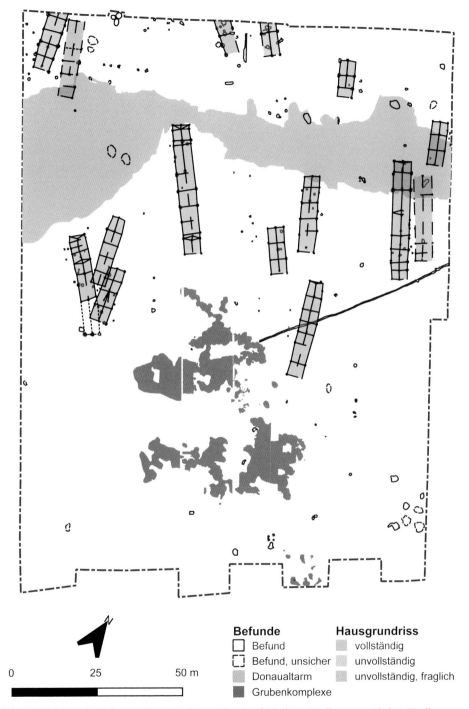

**Befunde**

☐ Befund
⸢_⸣ Befund, unsicher
▨ Donaualtarm
▨ Grubenkomplexe

**Hausgrundriss**

▨ vollständig
▨ unvollständig
▨ unvollständig, fraglich

0      25      50 m

Abb. 2: Tuttlingen-Möhringen »Unter Haßlen«. Plan der früh- bis mittelbronzezeitlichen Siedlung mit insgesamt 15 entdeckten Hausgrundrissen. (Landesamt für Denkmalpflege im Regierungspräsidium Stuttgart, A. Spatzier).

zwölf eindeutig als Hausgrundrisse angesprochen werden, bei drei weiteren bleibt die Ansprache unsicher, da jeweils nur wenige Pfosten erhalten waren. Mindestens zehn dieser Grundrisse sind wohl vollständig und drei nur teilweise am nördlichen Rand der Grabungsfläche erfasst. Darüber hinaus wurden einige Gruben ergraben, die den Großteil der Funde, vor allem Keramik, enthielten. Weitere Strukturen sind möglicherweise geologischen Ursprungs; die Ausgräber vermuten jedoch, dass es sich dabei auch um Gruben handeln könnte, die so dicht beisammen liegen, dass sie als zusammengehörige Befundkomplexe erscheinen.[4]

## Gebäudespuren und Siedlungsgruben

Die Hausgrundrisse sind SO-NW bis SSO-NNW ausgerichtet und fast immer langrechteckig. Die Abmessungen der kleineren Langbauten beginnen bei 15,9 × 4,5/4,8 m, was etwa 80 m² Fläche entspricht. Die größeren Langbauten erreichen bis zu 36,9 × 5,3 m bzw. bis zu 187 m² Grundfläche. Gegenüberliegende Pfosten entlang der Langseiten lassen eine Gliederung der Gebäudestruktur in Joche erkennen. Außerdem gibt es einige kleinere rechteckige Bauten mit etwa 46–60 m² Grundfläche.

Die Grundrisse sind durch die mittig in Längsrichtung verlaufenden Firstpfostenreihen zweischiffig (Abb. 3). In einigen Fällen sind die Firstpfosten nur im nordwestlichen Teil des Gebäudes regelmäßig angeordnet, wäh-

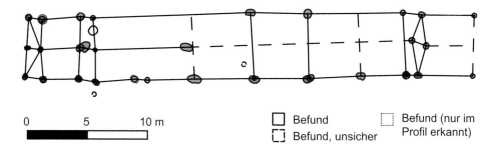

Abb. 3: Tuttlingen-Möhringen »Unter Haßlen«. Grundriss von Langhaus 4, der zusammen mit einem weiteren die größten Gebäude der Siedlung repräsentiert. Beide können in die Frühbronzezeit datiert werden. (Landesamt für Denkmalpflege im Regierungspräsidium Stuttgart, A. Spatzier).

rend im südlichen Bereich keine durchgehende Reihung erkennbar ist. Dies könnte eine Unterteilung in einen einst zweischiffigen Bereich im Norden und einen einschiffigen Bereich im Süden andeuten, was aufgrund der geringen Hausbreiten architektonisch plausibel erscheint. Die Giebelseiten im Süd-/Südsüdwesten wirken oft »offen« aufgrund fehlender oder nach innen versetzter Mittel-/Firstpfosten; teils sind die Mittelpfosten bündig zur Wandflucht angeordnet. Die nordwestlichen Schmalseiten wirken dagegen eher »geschlossen«, da die Gruben der Mittel-/Firstpfosten in der Wandflucht liegen; der im Nordwesten trapezförmig verjüngte Abschluss zweier Grundrisse bestätigt diesen Eindruck. Die beiden größten Langbauten besitzen Doppelpfostenstellungen entlang der Langseiten (Abb. 3), die auf besondere Tragwerkskonstruktionen und mögliche Eingänge hinweisen.

Die zweischiffigen Langbauten entsprechen dem Grundschema frühbronzezeitlicher Häuser in Mitteleuropa, wie sie etwa in Süddeutschland,[5] in der Aunjetitzer Kultur Mitteldeutschlands oder Böhmens[6] sowie aus dem Elsass[7] bekannt sind. Zwar lassen sich die Tuttlinger Bauten keinem bestimmten Haustyp zuordnen, ähneln aber dem in Südbayern verbreiteten Typ Eching/Öberau.[8] Dies zeigen z. B. die weit stehenden und nicht mit den joch-scheidenden Wandpfostenpaaren korrelierenden Firstpfosten. Entlang der Langseiten haben sie nur einfache Pfostenreihen, im Gegensatz zu den beim Typ Eching/Öberau vorkommenden, neuerdings aber nicht mehr als definierend angesehen Doppelpfostenreihen.[9]

Von besonderer Bedeutung sind einige Gruben, da aus ihnen die meisten Funde zur relativen Datierung der Tuttlinger Siedlung stammen. Die trichter- oder kesselförmigen Gruben waren mit Durchmessern von 0,6–0,8 m und 0,3–0,6 m Tiefe recht klein, nur vereinzelt erreichten sie bis etwa 1,4 m Weite. Sie befanden sich in unmittelbarer Nähe der Pfostenbauten, teilweise überschnitten sie sich mit diesen. Nach derzeitigem Kenntnisstand können Haus und Grube jedoch nur in einem Fall miteinander in Verbindung gebracht werden: Die Grube enthielt unter anderem Fragmente eines Gefäßes mit einem sehr markanten Halsabsatz (Abb. 4.3); in einer Pfostengrube des Langbaus, dessen Südwestecke nur 3,5 m westlich lag, fand sich eine gleichartige Scherbe (Abb. 4.9).

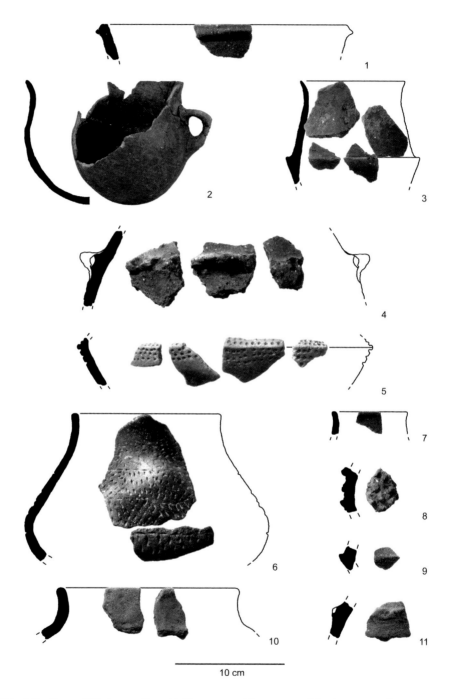

Abb. 4: Tuttlingen-Möhringen »Unter Haßlen«. Auswahl von Keramikfunden aus Siedlungsgruben (1–6) und Pfostengruben der Hausgrundrisse (7–11). (Landesamt für Denkmalpflege im Regierungspräsidium Stuttgart, A. Spatzier).

# Fundspektrum der Siedlung

Die Funde der Siedlung von Tuttlingen-Möhringen spiegeln das typische Fundspektrum bronzezeitlicher Siedlungen auf trockenen, mineralischen Böden wider. Es handelt sich zumeist um stark fragmentierte Keramik, von den Gefäßen sind oft nur einzelne oder wenige Scherben erhalten. Häufiger als Feinkeramik ist Gebrauchsware, die durch ihre gröbere Machart oder die für die Bronzezeit typischen Fingertupfenleisten erkennbar ist. Repräsentiert sind Tassen, Krüge, becherartige Formen sowie Vorratsgefäße (Abb. 4), letztere oft mit Fingertupfenleisten und Bandhenkeln. Auf die Keramikfunde wird weiter unten im Abschnitt zur Chronologie der Siedlung näher eingegangen.

Eine Besonderheit ist ein großes, walzenförmiges Webgewicht mit ringförmig um die Lochung angeordneten Fingereindrücken (Abb. 5). Vergleichbare Stücke sind aus der frühbronzezeitlichen Seeufersiedlung von Meilen-Schellen (Schweiz) bekannt.[10] Dazu kommen ein spitzkegeliges Webgewicht und Fragmente von mindestens zwei weiteren kegelförmigen Webgewichten.

Abgeflacht kugelartige Klopf- und Poliersteine, Schleifsteinfragmente und das Bruchstück eines Läufers, also des Oberteils, einer Reibemühle, repräsentieren die wenigen Steingeräte. Silices sind häufiger und zeigen eine recht einfache, zweckorientierte Herstellungsweise. Die durch einfaches Aufeinanderschlagen erzeugten scharfkantigen Stücke sind meist unmodifiziert. Daraus wurden auch die wenigen in Tuttlingen gefundenen Kratzer und Spitzen gefertigt. Hinzu kommen trianguläre Pfeilspitzen mit Schaftdorn und Bohrer.[11] Eine möglicherweise unvollendete Spitze und einzelne Abschläge bezeugen, dass man Artefakte aber mitunter auch in Abschlagtechnik anfertigte. Unveränderte Silices mit Gebrauchsretuschen belegen zudem die Verwendung von *ad hoc*-Geräten, d. h. Stücken, die ohne weitere Überarbeitung benutzt wurden.

Bezüglich der Tierknochenreste sei auf den Beitrag von S. Trixl in diesem Band verwiesen.

# Chronologie und Laufzeit der Siedlung

Die relativchronologische Datierung lässt sich anhand einiger charakteristischer Keramikfunde aus den Siedlungsgruben aufzeigen: Zwei Randscherben mit glatter Randleiste (Abb. 4.1) weisen auf eine älteste Phase im späten Endneo-

Abb. 5: Tuttlingen-Möhringen »Unter Haßlen«. Verziertes Webgewicht aus einer Siedlungsgrube. (Landesamt für Denkmalpflege im Regierungspräsidium Stuttgart, Y. Mühleis).

lithikum oder am Beginn der Frühbronzezeit hin. Sie zeigen Bezüge zur Siedlungskeramik der westlichen Glockenbechergruppen.[12] Eine rundbodige Tasse mit abgesetztem Halsbereich (Abb. 4.2) ähnelt den Bechern der am Bodensee verbreiteten Bodmaner Fazies, benannt nach Funden aus Schicht A von Bodman »Schachen I«, die wohl ins 19. Jahrhundert v. Chr. datiert.[13] Vergleichbare rundbodige Tassen ohne Halsabsatz aus Schicht 10 von Ludwigshafen »Seehalde« könnten noch zwei Jahrhunderte älter sein.[14] In die jüngere Frühbronzezeit gehört ein Gefäß mit markant abgesetztem Kegelhals (Abb. 4.3). Es ähnelt Keramik mit abgesetztem Oberteil, wie sie in Bayern zwischen ca. 1650–1550 v. Chr. vorkommt,[15] sowie Tassen mit deutlichem Halsabsatz der entwickelten Frühbronzezeit in der Schweiz.[16] Ein $^{14}$C-Datum (1739–1616 v. Chr. mit einer Wahrscheinlichkeit von 95,4%) für die Grube, aus der das Tuttlinger Gefäß stammt, untermauert diese Datierung. Sie ist auch für das neben der Grube gelegene Haus annehmbar, aus dem eine Scherbe mit gleichem Halsabsatz stammt.

Abb. 6: Tuttlingen-Möhringen »Unter Haßlen«. Lebensbild eines frühbronzezeitlichen Einzelgehöftes, rekonstruiert auf Grundlage der entdeckten Hausgrundrisse. (Landesamt für Denkmalpflege im Regierungspräsidium Stuttgart, Grafik Faber Courtial).

Reich verzierte Keramik der späten Frühbronzezeit Süddeutschlands[17] fehlt in der Tuttlinger Siedlung. Bereits in die Mittelbronzezeit und um / nach 1500 v. Chr. gehört eine Grube, die unter anderem Scherben von Gefäßen mit flächiger Kornstich- bzw. Punkt- / Zylinderstempelzier enthielt (Abb. 4.5,6). Dies ergibt sich aus der Datierung beider Zierweisen in Bayern und Württemberg.[18]

Die Keramikfunde erschließen somit eine Laufzeit zwischen 2300–1650 v. Chr. und erneut um bzw. nach 1500 v. Chr. Darüber hinaus belegen mehrere [14]C-Daten eine langfristige Besiedlung in der Zeitspanne 2296–1625 v. Cr. (68,3% Wahrscheinlichkeit; bzw. 2398–1616 v. Chr., 95,4%) und eventuell einen Schwerpunkt um und nach 2000 v. Chr. Zusammenfassend ergibt sich für die Siedlung »Unter Haßlen« eine Datierungsspanne von der ältesten (Übergang vom Endneolithikum) bis in die jüngere Frühbronzezeit. Danach zeichnet sich eine Unterbrechung zwischen etwa 1650/1600

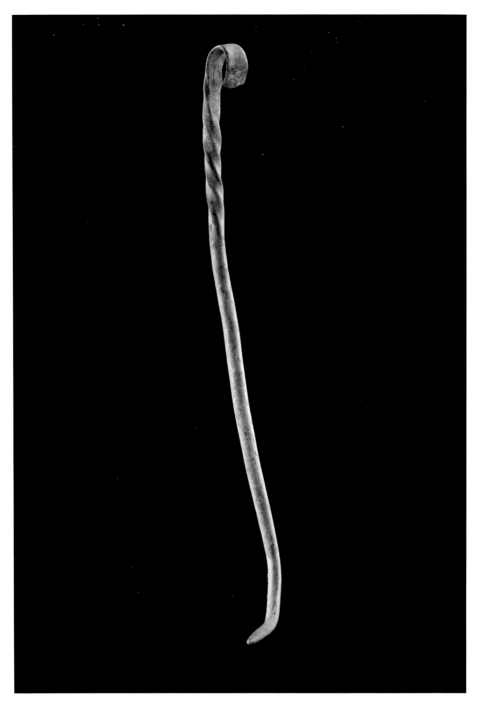

Abb. 7: Tuttlingen-Möhringen »Hinter dem Kirchle«. Nadel der ausgehenden Frühbronzezeit aus einer Siedlungsgrube. (Landesamt für Denkmalpflege im Regierungspräsidium Stuttgart, Y. Mühleis).

bis 1500 v. Chr. und eine erneute Besiedlung in der Mittelbronzezeit (erste Hälfte des 16. Jahrhunderts v. Chr.) ab. Zudem zeigt ein auf 1201–1016 v. Chr. (95,4 % Wahrscheinlichkeit) datierter Nutzpflanzenrest eine Nutzung des Areals in der Urnenfelderzeit an.[19]

## Siedlungsphasen

Die kleinteilig zerscherbte Keramik – meist unverzierte Wandscherben – aus den Pfostengruben der Gebäude erlaubt keine Unterscheidung von Siedlungsphasen. Ausschwingende Randscherben und wenige Fingertupfenleisten (Abb. 4.7,11) lassen sich in die (frühe) Bronzezeit einordnen, sind aber chronologisch wenig aussagekräftig. Dies gilt auch für auffälligere Einzelstücke, wie den Rand eines enghalsigen Gefäßes (Abb. 4.10) oder eine Scherbe mit flächiger Warzenzier (Abb. 4.8) aus zwei verschiedenen Häusern. Ähnliches Material findet sich zwar in der süddeutschen Frühbronzezeit,[20] wegen der geringen Größe und der wenig spezifischen oder »archaischer« wirkenden Merkmale der Tuttlinger Scherben bietet es aber kaum belastbare Anhaltspunkte für die Feindatierung. Nur das schon besprochene Stück mit markantem Halsabsatz (Abb. 4.9) aus einem weiteren Haus erlaubt eine Einordnung in die jüngere Frühbronzezeit.

Interessanterweise liefert die Überlagerung eben dieses Gebäudes mit zwei anderen Hausgrundrissen (Abb. 2) den bisher einzigen Hinweis auf drei Siedlungsphasen. Die Zusammenschau mit der langen Gesamtlaufzeit zwischen 2300/2200 und 1650 v. Chr. und der Wiederbelegung um/nach 1500 v. Chr. lässt vermuten, dass auf der Fundstelle mehrere Weiler (wenige Bauten in lockerer Anordnung) oder eher Einzelgehöfte (Haupt- und evtl. ein bis zwei Nebengebäude) nacheinander bestanden (Abb. 6).

## Weitere Fundstellen um Tuttlingen

Tuttlingen-Möhringen »Unter Haßlen« ist die derzeit bedeutendste Mineralbodensiedlung der Frühbronzezeit Südwestdeutschlands. Unmittelbar westlich wurden zudem Glockenbecherfunde entdeckt (vgl. Beitrag Link zum Neolithikum).[21] Sie weisen auf die in der ersten Hälfte des dritten Jahrtausends v. Chr.

einsetzende Bedeutung des Ortes hin – auch wenn eine Neubeurteilung der Fund- und Befundlage nahelegt, dass es sich eher um verlagerte Reste von Gräbern handelt.

Hinzu kommt ein mehrphasiger Siedelplatz in Tuttlingen-Möhringen »Hinter dem Kirchle«,[22] etwa 1,3 km nordwestlich und auf der nördlichen Talseite gelegen (Abb. 1). Eines von zwei Grubenhäusern wird anhand der Funde der Bronzezeit zugeordnet. Ein Pfostenbau mit apsidenförmigem Abschluss datiert aufgrund vergleichbarer Hausbefunde[23] und seiner – gegenüber den frühbronzezeitlichen Langhäusern – geringen Größe wohl in die Mittelbronzezeit. Besondere Bedeutung hat eine Nadel mit rollenartig gebogenem Kopf und tordiertem Hals (Abb. 7). Sie datiert wahrscheinlich in die ausgehende Frühbronzezeit,[24] wenngleich solche Nadeln in Gräbern Süddeutschlands noch etwas später vorkommen können.[25]

Welche Erkenntnisse sich aus dem Verhältnis der beiden bronzezeitlichen Fundstellen in Tuttlingen ergeben, sollen weitere Forschungen klären. Bemerkenswert ist bereits jetzt zum einen die lange, mehrphasige Besiedlung in »Unter Haßlen« im Zeitraum 2300 / 2200–1450 v. Chr. und zum anderen, dass während einer dort anzunehmenden Unterbrechung zwischen ca. 1650 und 1500 v. Chr. auf der gegenüberliegenden Talseite in »Hinter dem Kirchle« wohl eine Siedlung bestand. Beides hängt sicherlich mit der günstigen Lage an einem für das zweite Jahrtausend v. Chr. zu vermutenden Kommunikationsweg entlang der oberen Donau zusammen.

1 U.a. R. Krause, Der Beginn der Metallzeiten. Vom Kupfer zur Bronze. In: D. Planck (Hrsg.), Archäologie in Württemberg (Stuttgart 1988) 111–140.

2 J. Armingeon / G. Kuhnle, Seltenheitswert – eine Mineralbodensiedlung der Früh- bis Mittelbronzezeit bei Tuttlingen. Archäologische Ausgrabungen in Baden-Württemberg 2020 (2021) 110–113.

3 Vgl. Armingeon / Kuhnle 2021 (wie Anm. 2).

4 Grabungsbericht 2020_0297 Tuttlingen »Unter Haßlen«-Abschnitt 2.

5 M. Schefzik, Pfostenbauten des Endneolithikums und der Frühbronzezeit in Süddeutschland. Eine aktuelle Bestandsaufnahme. In: H. Meller / S. Friederich / M. Küßner / H. Stäuble / R. Risch (Hrsg.), Siedlungsarchäologie des Endneolithikums und der frühen Bronzezeit. Late Neolithic and Early Bronze Age Settlement Archaeology. 11. Mitteldeutscher Archäologentag vom 18. bis 20. Oktober 2018 in Halle (Saale). Tagungen des Landsmuseums für Vorgeschichte Halle 20 / II (Halle / Saale 2019) 679–699.

6 M. Ernée / M. Dobeš / M. Langová / P. Limburský, Spätkupferzeitliche und frühbronzezeitliche Siedlungen und Siedlungsbauten in Böhmen. In: H. Meller / S. Friederich / M. Küßner / H. Stäuble / R. Risch (Hrsg.), Siedlungsarchäologie des Endneolithikums und

der frühen Bronzezeit. Late Neolithic and Early Bronze Age Settlement Archaeology. 11. Mitteldeutscher Archäologentag vom 18. bis 20. Oktober 2018 in Halle (Saale). Tagungen des Landsmuseums für Vorgeschichte Halle 20/I–II (Halle/Saale 2019) 761–805. – T. Schunke/H. Stäuble, Zum Verständnis der Aunjetitzer Langhäuser und der Versuch einer Typologie. In: H. Meller/S. Friederich/M. Küßner/H. Stäuble/R. Risch (Hrsg.), Siedlungsarchäologie des Endneolithikums und der frühen Bronzezeit. Late Neolithic and Early Bronze Age Settlement Archaeology. 11. Mitteldeutscher Archäologentag vom 18. bis 20. Oktober 2018 in Halle (Saale). Tagungen des Landsmuseums für Vorgeschichte Halle 20/I (Halle/Saale 2019) 393–417.

7   S. Goepfert, Marckolsheim »Schlettstadterfeld«, fouille 2015. Une occupation protohistorique organisée dans le Ried alsacien. Bulletin de l'APRAB 16, 2018, 39–49.

8   Schefzik 2019 (wie Anm. 5) 686. – M. Schefzik, Siedlungen der Frühbronzezeit in Mitteleuropa. Eine Gegenüberstellung der Hausformen Süddeutschlands und des Aunjetitzer Bereiches. In: H. Meller/F. Bertemes (Hrsg.), Der Griff nach den Sternen. Wie Europas Eliten zu Macht und Reichtum kamen. Internationales Symposium in Halle (Saale) 16.–21. Februar 2005. Tagungen des Landsmuseums für Vorgeschichte Halle/5 (Halle/Saale 2010) 333–349, bes. 333.

9   Vgl. Schefzik 2019 (wie Anm. 5) 686.

10  A.-C. Conscience, Wädenswil-Vorder Au: Eine Seeufersiedlung am Übergang vom 17. zum 16. Jh. v. Chr. im Rahmen der Frühbronzezeit am Zürichsee. Unter besonderer Berücksichtigung der frühbronzezeitlichen Funde und Befunde von Meilen-Schellen. Zürcher Archäologie Seeufersiedlungen 19 (Zürich 2005) Taf. 43.

11  Es handelt sich nicht um Dickenbännli-Bohrer, bei zwei Stücken, die in der Erstpublikation der Grabung dargestellt sind, sogar nur um unmodifizierte Absplisse (Vgl. Armingeon/Kuhnle 2021 (wie Anm. 2) Abb. 77.3,8–10).

12  M. Besse, L'Europe du 3e millénaire avant notre ère. Les céramiques communes au Campaniforme. Cahiers d'archéologie romande 94 (Lausanne 2003) https://www.e-periodica.ch/digbib/view?pid=car-001%3A2003%3A94 (12. Juli 2024); 101, Fig. 73–74. – V. Heyd, Überregionale Verbindungen der süddeutschen Glockenbecherkultur anhand der Siedlungen. Siedlungen der Glockenbecherkultur in Süddeutschland und Mitteleuropa 17, 2004, 181–202; 189–192. – A. Spatzier, Das endneolithisch-frühbronzezeitliche Rondell von Pömmelte-Zackmünde, Salzlandkreis, und das Rondell-Phänomen des 4.-1. Jt. v. Chr. in Mitteleuropa. Forschungsberichte des Landesmuseums für Vorgeschichte Halle 10/I–II (Halle/Saale 2017); bes. 90.

13  J. Köninger, Die frühbronzezeitlichen Ufersiedlungen von Bodman-Schachen I. Befunde und Funde aus den Tauchsondagen 1982–84 und 1986. Siedlungsarchäologie im Alpenvorland VIII. Forschungen und Berichte zur Vor- und Frühgeschichte in Baden-Württemberg 85 (Stuttgart 2006) 128; 270.

14  J. Köninger, Frühbronzezeitliche Ufersiedlungen am Bodensee. Neue Funde und Befunde aus Tauchsondagen und Nachforschungen in neuen und alten Sammlungsbeständen. In: B. Eberschweiler/J. Köninger/H. Schlichtherle/C. Strahm (Hrsg.), Aktuelles zur Frühbronzezeit und frühen Mittelbronzezeit im nördlichen Alpenvorland. Rundgespräch Hemmenhofen 6. Mai 2000. Hemmenhofener Skripte 2 (Freiburg i. Br. 2001) 93–116; Abb. 8.2,5. – Köninger 2006 (wie Anm. 13) 251; 270.

15  S. Möslein, Die Straubinger Gruppe der donauländischen Frühbronzezeit. Frühbronzezeitliche Keramik aus Südostbayern und ihre Bedeutung für die chronologische und regionale Gliederung der frühen Bronzezeit in Südbayern. Bericht der bayerischen Bodendenkmalpflege 38, 1998, 37–106, bes. 48. – P. Honig, Studien zur bronzezeitlichen Keramikentwicklung am Beispiel der Siedlungskeramik der Windsheimer Bucht und des süddeutschen Donauraumes.

Arbeiten zur Archäologie Süddeutschlands 22 (Büchenbach 2008) 195; Abb. 122; Beil. 7–8.

16  Z. B. A. Hafner, Die frühe Bronzezeit in der Westschweiz: Befunde und Funde aus Siedlungen, Gräbern und Horten der entwickelten Frühbronzezeit. Ufersiedlungen am Bieler See 5 (Bern 1995) Taf. 7.5,6, 16, 17, 21, 26.

17  U. a. Köninger 2006 (wie Anm. 13) 252 f. – Honig 2008 (wie Anm. 15) 240–242.

18  J. Krumland, Die bronzezeitliche Siedlungskeramik zwischen Elsaß und Böhmen. Studien zur Formenkunde und Rekonstruktion der Besiedlungsgeschichte in Nord- und Südwürttemberg. Internationale Archäologie 49 (Rahden/Westf. 1998) 39; 105. – Honig 2008 (wie Anm. 15) 114 f.; 188.

19  Für diese Zeit gibt es keine weiteren Funde aus der Siedlung. Zudem zeigen zwei weitere $^{14}$C-Daten eindeutig, dass älteres und jüngeres Material in die Befunde verlagert wurde.

20  Vgl. Köninger 2001 (wie Anm. 14) 9.9. – Krumland 1998 (wie Anm. 18), 56–57, 105. – Honig 2008 (wie Anm. 15) 96, 109.

21  A. Girod/G. Kuhnle/D. Tschocke, Hinterm Kirchle von Möhringen an der oberen Donau – Inmitten eines Siedlungsareals der Bronze- und Eisenzeit. Arch. Ausgr. Baden-Württemberg 2021, 2022, 134–138; 155, Abb. 111.

22  Girod 2022 (wie Anm. 21) 134–138.

23  B. Höpfer/K. Deckers/S. Scherer/T. Scholten/P. Kühn/T. Knopf, Mittelbronzezeitliche Siedlungsfunde aus Engen-Anselfingen (Lkr. Konstanz, Baden-Württemberg). Einblicke in Struktur und Organisation der Siedlung. In: K.-H. Willroth (Hrsg.), Elemente bronzezeitlicher Siedlungslandschaften. Beiträge des Workshops vom 9. bis 10. November 2018 in Rendsburg. Studien zur nordeuropäischen Bronzezeit 5 (Kiel, Hamburg 2024) 7–32; Abb. 5.A, C. – Vgl. Schefzik 2010 (wie Anm. 8) 336.

24  Vgl. M. David-Elbiali, Dérive chronologique ou changement de paradigme? Le cas du Bronze ancien en Europe centrale. In: D. Brandherm (Hrsg.), Metal Ages/Âges des métaux. Proceedings of the XIX UISPP World Congress (2–7 September 2021, Meknes, Morocco) Volume 2, General Session 5 (Oxford 2023) bes. 45. – M. David-Elbiali/W. David, À la suite de Jacques-Pierre Millotte, l'actualité des recherches en typologie sur l'âge du Bronze. Le Bronze ancien et le début du Bronze moyen: cadre chronologique et liens culturels entre l'Europe nord-alpine occidentale, le monde danubien e l'Italie du Nord. In: A. Richard/P. Barral/A. Daubigney/G. Kaenel/C. Mordant/J.-F. Piningre (Hrsg.), L'isthme européen Rhin-Saône-Rhône dans la Protohistoire: approches nouvelles en hommage à Jacques-Pierre Millotte actes du colloque de Besançon, 16–18 octobre 2006. Série Environnement, sociétés et archéologie 13 (Besançon 2009) 311–340 ; bes. 324; 326.

25  P. W. Stockhammer/K. Massy/C. Knipper/R. Friedrich/B. Kromer/S. Lindauer/J. Radosavljevic/F. Wittenborn/J. Krause, Rewriting the Central European Early Bronze Age Chronology: Evidence from Large-Scale Radiocarbon Dating. PLoS ONE 10/10, 2015, e0139705. https://doi.org/10.1371/journal.pone.0139705, Fig. 6.

# Bubsheim »Steintaler Bühl« – Ein mittelbronze- und früh- eisenzeitlicher Fundplatz

Katalin Puster

## Lage

Die Gemeinde Bubsheim im Landkreis Tuttlingen liegt auf dem Plateau des Gro-ßen Heubergs, der zur Schwäbischen Alb gehört (vgl. Abb. 1 im Beitrag »Einfüh-rung in die Metallzeiten«). Im Süden des Ortes (Abb. 1), im Gewann »Steintaler Bühl«, befanden sich einige weithin sichtbare Steinhügel, die schon lange den Verdacht auf prähistorische Grabhügel nahelegten. Vor der Erschließung für ein Industriegebiet wurde das Gelände als Weideland genutzt, blieb somit vom Ackerbau verschont und die Hügel wurden nicht, wie so viele andere, durch den Pflug eingeebnet.[1]

## Grabungsbeginn

Schon im Zuge der Erschließung des Industriegeländes im Jahre 1998 wurde einer der Hügel nahezu vollständig zerstört. Da 2019 eine Bebauung des Areals anstand, sollte der Denkmalcharakter der Steinhügel vorab geklärt werden. Deshalb wurde eine Sondierung des Hügelumfelds angeordnet. Die Gemein-de Bubsheim beauftragte dafür die Grabungsfirma ArchaeoTask GmbH, die die Untersuchungen Ende 2019 und von März bis August 2020 auf rund 1300 m$^2$ unter der Leitung von Andreas Gutekunst durchführte (Abb. 2).[2] Schon zu Be-ginn bestätigte sich durch prähistorische Funde und die Freilegung eines Brand-grubengrabs zwischen den Steinhügeln der Denkmalcharakter der Fundstelle, weshalb das Areal um die Hügel bauvorgreifend flächig untersucht wurde. Da-bei traten weitere Bestattungen (Abb. 3) in und um die Hügel sowie Siedlungs-befunde zutage (Abb. 4).

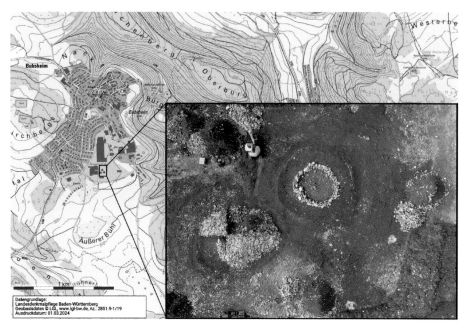

Abb. 1: Die Ausgrabungsfläche im Bubsheimer Industriegelände. (K. Puster / ArchaeoTask, S. Rottler).

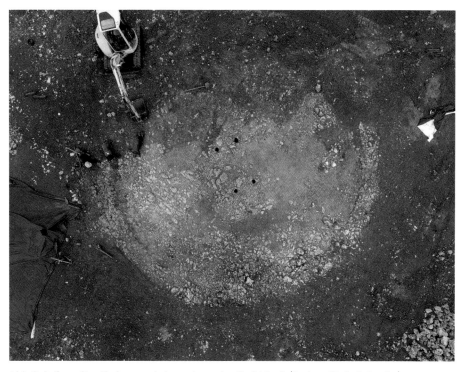

Abb. 2: Aufwendige Grabungsarbeit an einem der Grabhügel. (ArchaeoTask, S. Rottler).

Abb. 3: Vorsichtige Freilegung eines in Rückenlage bestatteten Skeletts. (ArchaeoTask, A. Girod).

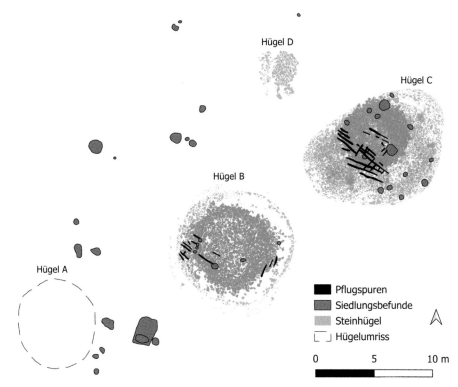

Abb. 4: Übersichtsplan der Bubsheimer Grabungsbefunde bestehend aus Siedlungsresten, Pflug-spuren und Grabhügelumrissen. (K. Puster).

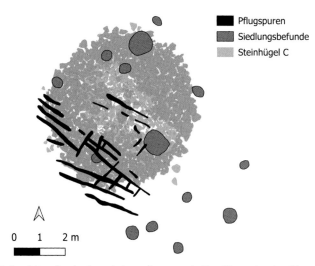

Abb. 5. Befundsituation in der mittleren Bronzezeit. Der Plan zeigt den überpflügten Hausgrund-riss unter der Steinhügelschüttung C. (K. Puster).

# Siedlung

Hinweise auf einstige Siedlungen zeigen sich im archäologischen Kontext vor allem durch Spuren von Bauwerken oder Gruben, die beispielsweise zur Vorratshaltung dienten und in den Boden eingriffen.[3] In Bubsheim war bei den meisten Siedlungsresten allerdings nicht zu sagen, in welcher Verbindung sie zueinander standen und welche Funktion sie ehemals erfüllten. Vor äußeren Einflüssen geschützt, konnte unter Grabhügel C jedoch der vollständige Grundriss eines zweischiffigen Hauses entdeckt werden (Abb. 5).[4] Das Pfostengebäude war 6,5 m x 5 m groß und NNW-SSO ausgerichtet. Die acht noch erhaltenen Pfostengruben belegen, dass das Gebäude auf Basis von drei Quergebinden sowie an den Schmalseiten mittels jeweils einem Firstpfosten errichtet wurde. Zwei Pfostengruben vor der südöstlichen Hausseite könnten auf ein Vordach hinweisen. Außerdem fanden sich im Zentrum des Innenraums eine Herdstelle sowie in der nördlichen Gebäudeecke eine mögliche Vorratsgrube.

Das Fundmaterial stammt einheitlich aus der Mittelbronzezeit (1550–1300 v. Chr.). Allerdings legen einige Funde nahe, dass die Siedlung im »Steintaler Bühl« schon in deren frühester Phase oder sogar am Übergang von der frühen zur mittleren Bronzezeit begann.

Nach dem Abbruch des Gebäudes wurde der Hausgrundriss unter Hügel C (Abb. 5) sowie der Bereich unter Hügel B überpflügt (Abb. 4). In verschieden großen Bündeln kreuzen sich die dort erhaltenen Pflugspuren. Ähnliche Befunde traten bisher vor allem in der norddeutschen Bronzezeit auf und werden auch als »rituelles Pflügen« vor dem Bau eines Grabhügels interpretiert.[5]

# Nekropole

Tatsächlich liegt eine rituelle Bedeutung des Pflügens nahe. Denn direkt auf den überpflügten Bereichen wurden kurz darauf Tumuli errichtet. Die Ausgrabung lieferte den Nachweis für mindestens vier ebenfalls mittelbronzezeitliche Grabhügel (A bis D).[6]

Alle vier Hügelkörper bestanden einst aus verwitterten gelbbräunlichen Kalksteinen, die mit hellweißen Kalksteinplatten belegt wurden. Daraus entstanden Steinhügel mit einem Durchmesser von sechs bis sieben Metern. Im

Zentrum der Tumuli befanden sich ehemals Holzkammern, die durch vier Pfostengruben[7] nachweisbar waren und jeweils eine Körperbestattung mit Grabbeigaben enthielten.

Rund 800 Jahre später, in der Hallstattzeit (800–450 v. Chr.), wurde der Bestattungsplatz von den frühen Kelten wieder genutzt. Die Grabhügel B und C wurden dafür architektonisch stark erweitert. Dabei erfolgten umfangreiche Stein- und Erdanschüttungen, wofür die Erbauer das Material direkt um die Grabhügel herum abgruben.[8] Die dadurch noch höher erscheinenden Tumuli verblendeten sie anschließend erneut mit weißen Kalksteinplatten.[9] Die einzelnen Bauphasen lassen sich in Abb. 4 anhand der Hügelschüttungen noch erkennen. In der Eisenzeit hatte Hügel B vermutlich einen Durchmesser von 13 m, wohingegen der oval geformte Hügel C Ausmaße von ca. 13,3 m x 10,4 m aufwies.[10]

Im erweiterten Hügelkörper B waren sieben zusätzliche Individuen begraben, fünf Körper- und zwei Brandbestattungen. Hügel C wurde für weitere sieben Brand- und zwölf Körpergräber ausgebaut, die teilweise Mehrfachbestattungen innerhalb eines Grabes enthielten. Insgesamt stammen mindestens 38 Individuen in Tumuli B und C aus der frühen Eisenzeit. Weitere vier Bestattungen fanden sich zwischen den Grabhügeln.

Das Fundmaterial reicht von mittelbronzezeitlichen ritzverzierten oder grobwandigen Trichterhalsgefäßen, kleinen Bernsteinperlen, bronzenen Nadeln und Fingerringen – das Highlight sogar aus geripptem Goldblech (Abb. 7) – bis hin zu typischen früheisenzeitlichen Urnen im aufwendig hergestellten Alb-Hegau-Stil, feinen Gagatperlen und bronzenen Kopfschmuckringen. Fibeln, die einen festen Bestandteil eines Grabinventars der Hallstattzeit bilden und vor allem zur feinchronologischen Datierung herangezogen werden können,[11] fehlen gänzlich.

## Besondere Grabbefunde

*Das mittelbronzezeitliche Zentralgrab aus Hügel B*
Auf der überpflügten Erdoberfläche wurde in der Mittelbronzezeit eine 2,3 m x 1,1 m große, NW–SO ausgerichtete Grabkammer aus Holz errichtet (Abb. 6). Erhalten waren die Reste einer beraubten Körperbestattung mit wenigen Bronzebeigaben. Darunter befanden sich eine gestielte Pfeilspitze und ein Niet, der von der Griffplatte eines Dolchs oder Schwerts stammen könnte. Die Funde deuten auf ein Männergrab mit Waffenausstattung hin. Aufgrund fehlender

Skelettreste konnte keine anthropologische Untersuchung des Verstorbenen erfolgen. Hervorzuheben ist allerdings der beigegebene gerippte Fingerring aus Goldblech[12] (Abb. 7). Das Stück kann in die Stufe Bz C (1550–1300 v. Chr.)[13] der Mittelbronzezeit datiert werden und ist einer Gruppe von weiteren bandförmigen Goldfingerringen in der Region zuzuordnen.[14] Diese Beigabenkombination spricht dafür, dass der Verstorbene eine höhere Bedeutung für die damalige Gesellschaft, möglicherweise als Teil einer bewaffneten »Elite«,[15] innehatte.

## Ein Brandgrab aus Hügel C

Die späthallstattzeitliche Brandbestattung aus Grab 2 in Hügel C (Abb. 8) fällt besonders ins Auge, da sie eine prachtvoll verzierte Urne enthielt. Neben Brandresten lag im Zentrum des Grabs ein zerdrücktes Kragenrandgefäß im Alb-Hegau-Stil (Abb. 9). Dieser Keramikstil tritt vor allem auf der Schwäbischen Alb, im Hegau und westlich des Bodensees auf.[16] Zeitlich gehört das vermutlich speziell für den Grabkontext[17] hergestellte Gefäß in die Hallstattzeit (Stufe Ha C–D1 von 800–530 v. Chr.).[18] Die Bubsheimer Urne wurde final mit einer geglätteten Schale abgedeckt. Die anthropologische Untersuchung des Leichenbrands ergab, dass das Grab für einen ungefähr 30 bis 50 Jahre alten Mann angelegt wurde.

## Eine Dreifachbestattung aus Hügel C

Die früheisenzeitliche Bubsheimer Nekropole zeigt mit 48% einen unerwartet hohen Anteil an Jugend- und Kinderbestattungen. Hier ist vor allem Grab 14 aus Hügel C zu erwähnen (Abb. 10). Die SW-NO orientierte Dreifachbestattung wurde ohne Grabgrube über dem mittelbronzezeitlichen Primärhügel in die eisenzeitliche Hügelerweiterung eingebracht. Ein Mann im Alter von ungefähr 30 bis 40 Jahren wurde dabei in Rückenlage mit zwei Kindern im rechten (ca. 5–7 Jahre) und linken Arm (ca. 3–4 Jahre) beigesetzt. Alle Beigaben der Mehrfachbestattung können dem in linksseitiger Hockerlage bestatteten Kind im rechten Arm des Mannes zugeordnet werden (Abb. 10, gelb eingefärbt). Dazu zählen insgesamt zwölf bronzene Drahtringe und eine tiefschwarze Perle aus Gagat (fossiles Holz) oder Sapropelit (Faulschlammsediment), die allesamt im Kopfbereich entdeckt wurden und vermutlich von einer Haar- oder Haubentracht stammen.[19]

Die anthropologische Geschlechtsbestimmung fällt bei Kindern schwieriger aus,[20] dennoch deutet sich an, dass es sich bei dem reich ausgestatteten Individuum um ein Mädchen und bei dem Kind ohne Beigaben um einen Jungen handelt.

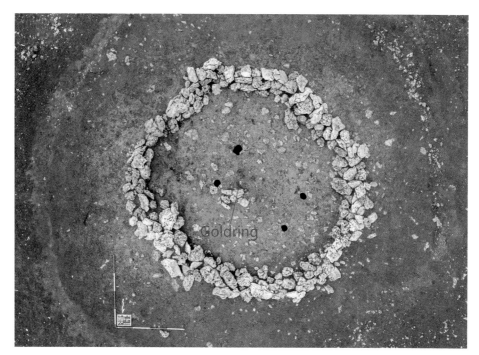

Abb. 6: Befundsituation des mittelbronzezeitlichen Grabs 1 aus Hügel B. Sichtbar sind die schwarz markierten Pfostengruben für die Kammerkonstruktion sowie die Lage des Goldfingerrings. (ArchaeoTask, S. Rottler, modifiziert durch K. Puster).

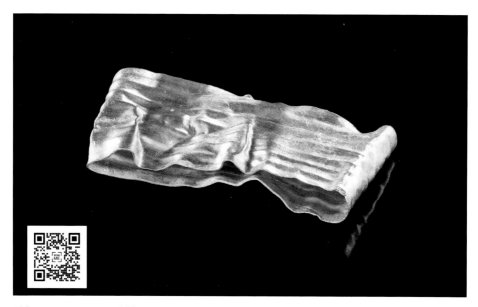

Abb. 7: Der gerippte Goldfingerring aus dem mittelbronzezeitlichen Grab 1 in Hügel B. Der QR-Code führt zu einem 3D-Modell des Goldrings. (Landesamt für Denkmalpflege im Regierungspräsidium Stuttgart, Foto Y. Mühleis, 3D-Modell Ch. Steffen).

Abb. 8: Befundsituation des hallstattzeitlichen Brandgrabs 2 aus Hügel C mit zerscherbter Urne. (ArchaeoTask, S. Rottler).

Abb. 9: Das restaurierte Kragenrandgefäß aus Grab 2 in Hügel C im aufwendig ritz- und stempel-verzierten sowie bemalten Alb-Hegau-Stil. Der QR-Code führt zu einem 3D-Modell des Gefäßes. (Landesamt für Denkmalpflege im Regierungspräsidium Stuttgart, Foto A. M. Loew, Montage K. Puster, 3D-Modell Ch. Steffen).

Abb. 10 (rechte Seite): Befundsituation der hallstattzeitlichen Dreifachbestattung des Grabs 14 aus Hügel C. (ArchaeoTask, S. Rottler, Umzeichnung A. Gutekunst, Montage K. Puster).

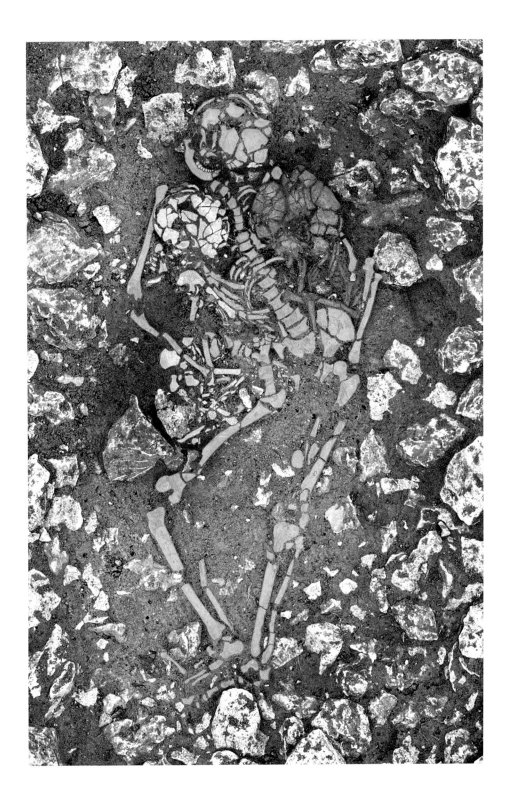

# Schlusswort

Festzuhalten ist, dass die Bubsheimer Fundstelle im »Steintaler Bühl« diverse Aspekte für weitere wissenschaftliche Untersuchungen bietet. Herauszustellen ist vor allem die dreiphasige Fundplatznutzung über mehrere Jahrhunderte hinweg. Das Siedeln, das Überpflügen und das Erbauen von Grabhügeln direkt darüber fanden allesamt in der Mittelbronzezeit statt und lassen darauf schließen, dass eine intentionelle Verbindung zwischen den Nutzungsphasen des Areals besteht. Die Gründe für die Weiternutzung der Nekropole nach der Mittelbronzezeit könnten profaner oder aber sakraler Natur sein. Möglicherweise wurden die mittelbronzezeitlichen Steinhügel wegen des geringeren Arbeitsaufwands aufgrund des schon aufgeschütteten Steinmaterials von den frühen Kelten ausgewählt.[21] Eine andere Interpretationsmöglichkeit ist die bewusste Besinnung auf ältere Traditionen und das intentionelle Aufsuchen von rituellen Plätzen, die im kollektiven Gedächtnis überliefert oder für die kulturelle Identität von Bedeutung waren.[22]

Schließlich ist das gänzliche Fehlen von Fibeln bei der Trachtausstattung der späthallstattzeitlichen Körperbestattungen herauszustellen. Möglicherweise könnte hier ein Zusammenhang mit dem nahegelegenen Opferplatz »Heidentor« bei Egesheim vorliegen. Denn in dem nur 1,4 km entfernten »naturheiligen« Platz wurden vor allem Fibelreste unterhalb des »Tors« entdeckt.[23] Möglicherweise lässt sich hier ein lokaler Opferritus fassen,[24] der das ungewöhnliche Fehlen der Gewandschließen im Bubsheimer Grabkontext erklären könnte.

1 J. Klug-Treppe, Steinhügel in Bubsheim, Kreis Tuttlingen. Archäologische Ausgrabungen in Baden-Württemberg 1998, 138–141.

2 A. Gutekunst/G. Kuhnle, Eine Grabhügel-gruppe der mittleren Bronze- und der frühen Eisenzeit auf dem »Steintaler Bühl« bei Bubsheim. Archäologische Ausgrabungen in Baden-Württemberg 2020, 120–124.

3 M. K. H. Eggert, Prähistorische Archäologie. Konzepte und Methoden (Tübingen 2012).

4 P. Donat, Häuser der Bronze und Eisenzeit im mittleren Europa. Eine vergleichende Untersuchung. Weimarer Monographien zur Ur- und Frühgeschichte 43 (Langenweissbach 2018).

5 Vgl. U. Tegtmeier, Neolithische und bronzezeitliche Pflugspuren in Norddeutschland und den Niederlanden. Archäologische Berichte 3 (Bonn 1993). – J. Pätzold, Rituelles Pflügen beim vorgeschichtlichen Totenkult – ein alter indogermanischer Bestattungsbrauch? Prähistorische Zeitschrift 38, 1960, 189–239.

6 Gutekunst/Kuhnle (wie Anm. 2) 120.

7 Gutekunst/Kuhnle (wie Anm. 2) 121.

8 Gutekunst/Kuhnle (wie Anm. 2) 121.

9 Vgl. G. Wesselkamp, Die bronze- und hallstattzeitlichen Grabhügel von Oberlauchringen, Kr. Waldshut. Materialhefte zur Vor- u. Frühgeschichte in Baden-Württemberg 17 (Stuttgart 1993) für kombiniert mittelbronze- und früheisenzeitliche Grabhügel.

10 Gutekunst/Kuhnle (wie Anm. 2) 121–122.

11 Vgl. G. Mansfeld, Die Fibeln der Heuneburg 1950–1970. Ein Beitrag zur Geschichte der Späthallstattfibel. Heuneburgstudien 2. Römisch-Germanische Forschungen 33 (Berlin 1973).

12 Vgl. Ch. J. Raub/R. Dennochweiler, Technische Untersuchungen an bandförmigen Goldfingerringen der Bronzezeit aus Baden-Württemberg. Fundberichte aus Baden-Württemberg 20, 1995, 359–376.

13 S. Oberrath, Bandförmige Goldfingerringe der Bronzezeit aus Baden-Württemberg. Fundberichte aus Baden-Württemberg 20, 1995, 329–357.

14 Oberrath 1995 (wie Anm. 13) 342 Abb. 12.

15 W. David, Von Raisting bis Deggendorf-Fischerdorf – Zur Bewaffnung der Früh- und Mittelbronzezeit in Bayern. In: L. Husty/W. Irlinger/J. Pechtl (Hrsg.), »... und es hat doch was gebracht!« Festschrift für Karl Schmotz zum 65. Geburtstag. Internationale Archäologie. Studia honoraria 35 (Rahden/Westf. 2014) 187–206. – S. Oberrath, Tod und Bestattung in der Bronzezeit. Untersuchungen zum Bestattungsbrauchtum der mittleren und späten Bronzezeit in Südwürttemberg. Traditionen und Veränderungen (Tübingen 2003). – A. Jockenhövel, Bauern und Krieger, Künstler und Händler – Bronzezeitliche Gesellschaft. In: A. Jockenhövel/W. Kubach (Hrsg.), Bronzezeit in Deutschland (Stuttgart 1994) 45–47. – I. Kubach-Richter, Nadel, Schwert und Lanze – Tracht und Bewaffnung des Mannes. In: A. Jockenhövel/W. Kubach (Hrsg.), Bronzezeit in Deutschland (Stuttgart 1994) 54–58.

16 G. Stegmaier, La céramique décorée hallstattienne en Bade-Wurtemberg. Chorologie et chronologie des phases Ha C et Ha D1. In: La céramique hallstattienne approches typologique et chrono-culturelle. Sous la direction de Bruno Chaume. Actes du colloque international de Dijon 21–22 novembre 2006 (Dijon 2009) 541–557. – Ch. Pare, Ein zweites Fürstengrab von Apremont – »La Motte aux Fées« (Apr. Vesoul, Dép. Haute-Saône). Untersuchungen zur Späthallstattkultur im ostfranzösischen Raum. Jahrbuch des Römisch-Germanischen Zentralmuseums Mainz 39/2, 1989, 411–472. – J. Keller, Die Alb-Hegau-Keramik der älteren Eisenzeit. Tübinger Forschungen zur Archäologie und Kunstgeschichte 18 (Reutlingen 1939).

17 G. Stegmaier, Keramik, Kunst und Identität: Regionale Verzierungsmuster der südwestdeutschen Alb-Hegau-Keramik als Zeichen der Kommunikation und Gemeinschaftsbildung. In: R. Karl/J. Leskovar (Hrsg.), Interpretierte Eisenzeiten. Fallstudien, Methoden, Theorie. Tagungsbeiträge der 6. Linzer Gespräche zur interpretativen Eisenzeitarchäologie. Studien zur Kulturgeschichte

von Oberösterreich, Folge 43 (Linz 2015) 119–130. – H. Zürn, Grabfunde. Hallstattzeitliche Grabfunde in Württemberg und Hohenzollern. Forschungen und Berichte zur Vor- u. Frühgeschichte in Baden-Württemberg 25 (Stuttgart 1987). – Keller (wie Anm. 16) 40–53.

18 Vgl. Stegmaier (wie Anm. 17). – G. Stegmaier, Zur chronologischen Stellung von Brandgrab IX aus dem Hohmichele und zur Datierung stempelverzierter Alb-Hegau-Keramik. Fundberichte aus Baden-Württemberg 28, 2005, 81–92. – H. Zürn, Katalog Zainingen. Ein hallstattzeitliches Grabhügelfeld. Veröffentlichungen des Staatlichen Amtes für Denkmalpflege Stuttgart A 4 (Stuttgart 1957). – Keller (wie Anm. 16).

19 Vgl. M. Lenerz-de Wilde, Überlegungen zur Frauentracht der Späthallstattzeit an der Oberen Donau. Fundberichte aus Baden-Württemberg 14, 1989, 251–272. – H. Polenz, Reicher Trachtschmuck aus südhessischen Späthallstattgräbern. Nassauische Annalen 87, 1967, 1–25.

20 G. Grupe / M. Harbeck / G. C. McGlynn, Prähistorische Anthropologie (Heidelberg 2015), bes. 255.

21 Oberrath (wie Anm. 15) 24–25.

22 Vgl. J. Assmann, Unsichtbare Religion und Kulturelles Gedächtnis. In: W. M. Sprondel (Hrsg.), Die Objektivität der Ordnungen und ihre kommunikative Konstruktion (Frankfurt 1994) 404–421.

23 R. Dehn, Das »Heidentor«, ein Kultplatz aus keltischer Zeit. In: E. Sangmeister (Hrsg.), Zeitspuren – Archäologisches aus Baden. Archäologische Nachrichten aus Baden 50 (Freiburg 1993) 104 f. – R. Dehn / J. Klug-Treppe, Fortführung der Grabungen am »Heidentor« bei Egesheim, Kreis Tuttlingen. Archäologische Ausgrabungen in Baden-Württemberg 1992, 99–103. – H. Reim, Ein bronze- und hallstattzeitlicher Opferplatz im ,Laubbacher Holz' bei Ostrach-Laubbach, Kreis Sigmaringen. Fundberichte aus Baden-Württemberg 38, 2018, 37–80.

24 G. Kurz, Tracht und Kleidung – die Gaben der Frauen? Anmerkungen zur Geschlechtsdifferenzierung vorrömischer Opfergaben aus dem Raum nördlich der Alpen. Fundberichte aus Baden-Württemberg 23, 1999, 95–108.

# Der Kreis Tuttlingen als Teil des Imperium Romanum

Klaus Kortüm

Der erste Römer, der das Gebiet des heutigen Landkreises Tuttlingen betreten hat, war möglicherweise Tiberius Claudius, 26-jähriger Stiefsohn des Kaisers Augustus und General einer römischen Armee. Sie sollte das Alpenvorland unter die Kontrolle Roms bringen. Von Westen kommend zog Tiberius 15 v. Chr. zunächst an den Bodensee, wo es zu einem ersten Gefecht mit der einheimischen Stammesgruppe der *Vindelici* kam. Dann rückte er einen Tagesmarsch weiter nach Norden vor und erblickte, wie es beim Geografen Strabon heißt, die Quellen der Donau, bevor das Heer weiter Richtung Osten zog. Was man Tiberius als Ursprung der Donau präsentiert hat, wissen wir nicht. Strabons kurze Notiz lässt jedoch eher z. B. an die Donauversickerungen bei Tuttlingen denken als an das weiter im Westen liegende Quellgebiet bei Donaueschingen.[1] Die Gegend nördlich des Bodensees galt jedenfalls seitdem als Teil des *Imperium Romanum*. Der Abstecher zu den Donauquellen hatte sicher keine militärischen Gründe, sondern war Tiberius' Neugier zu verdanken. Das Erreichen des berühmten Flusses konnte propagandistisch gleichwohl als großer Erfolg gefeiert werden.[2]

Welche konkreten Auswirkungen die damaligen Ereignisse auf die einheimische Bevölkerung hatte, wissen wir nicht. Im Grunde fehlt es bis heute an Nachweisen, wo und wie diese in den Jahren um die Zeitenwende lebte. Grundsätzlich kann man davon ausgehen, dass Rom mit einheimischen Stämmen, soweit denn vorhanden, »Bündnisverträge« geschlossen hatte. In der Hauptstadt scheint man sich aber für mindestens zwei Generationen nicht wirklich für den Oberlauf der Donau interessiert zu haben. Größere Militäreinheiten lagen weit entfernt am Hochrhein und dem Südufer des Bodensees, Soldaten patrouillierten aber wohl regelmäßig auch im Norden. Als Teil eines Gebietes, das durch den Tiberius-Feldzug dem Reich einverleibt worden war, müsste unser Raum zum neu geschaffenen Amtsbezirk *Vindelicia et Raetia* gehört haben (Abb. 1).

Eine einschneidende Veränderung trat ein, als um 50 n. Chr. die Verwaltung der Provinz intensiviert und die Donau zur militärisch gesicherten Grenze ausgebaut wurde. Entlang des Flusses entstand nun eine Kette von Kastellen.

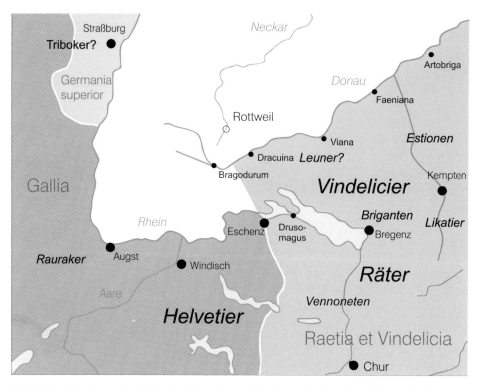

Abb. 1: Ungefähre Lage der römischen Verwaltungseinheiten zwischen Oberrhein und Lech nach Abschluss der Eroberungen des Alpenvorlandes unter Kaiser Augustus. Der Kreis Tuttlingen war davon zunächst nur randlich tangiert. (Verändert und ergänzt nach https://commons.wikimedia.org/wiki/File:Römische_Provinzen_im_Alpenraum_ca_14_n_Chr.png, M. Zanoldi).

Es wird vermutet, dass damals auch in Tuttlingen ein Militärlager errichtet wurde. Die archäologischen Aufschlüsse belegen bisher jedoch nur die Existenz einer Ansiedlung dieser Zeit im heutigen Stadtgebiet. Sie ist soweit bisher bekannt die früheste bekannte römische Fundstelle im Kreisgebiet.[3]

Der antike Geograf Claudios Ptolemaios verzeichnet in seiner Weltbeschreibung entlang der oberen Donau eine Reihe von Orten, deren Nennung auf die Gründerjahre der Provinz zurückgehen dürfte. Die Plätze sind bis heute nicht eindeutig identifizierbar. Hinter *Dracuina* könnte sich jedoch ein Ort im Kreisgebiet verbergen, unter Umständen Tuttlingen selbst (Abb. 1).[4]

Ein wichtiges Element der römischen Herrschaft war der Bau von Straßen. Man vermutet, dass Tuttlingen Richtung Westen mit dem Kastell Hüfingen verbunden war. Bisher fehlt jedoch der archäologische Nachweis. Das trifft auch auf die Fortsetzung nach Osten über Neuhausen ob Eck zu. Dort traf die Straße auf die Verbindung vom Bodensee an die Donau. Kaum besser ist der For-

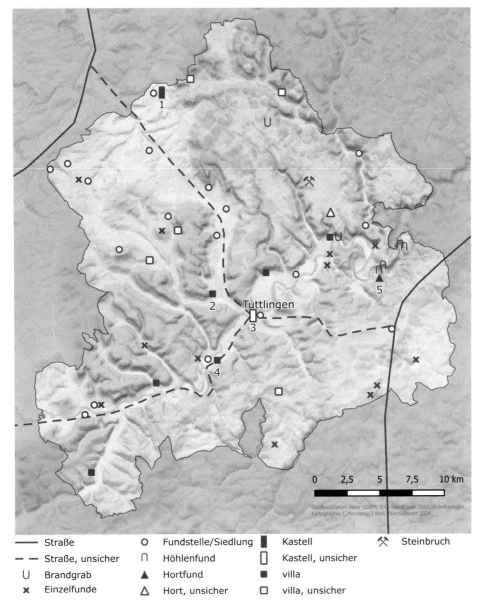

Abb. 2: Fundstellen der frühen und mittleren römischen Kaiserzeit im Kreisgebiet. Im Text erwähnt: 1 Frittlingen. – 2 Wurmlingen. – 3 Tuttlingen. – 4 Möhringen. – 5 Fridingen (Ch. Morrissey).

Abb. 3: Frittlingen. Entdeckung dank systematischer Luftbildprospektion. Das Holz-Erde-Kastell bei Frittlingen gibt sich durch den teilweise sichtbaren Grabenverlauf sowie die Pfosten eines Tores mit zwei Tortürmen auf der linken Seite zu erkennen. Mit einer Innengröße von ca. 0,4 ha könnte es eine Besatzung von etwa 80 Mann beherbergt haben. Aufnahme von 1990. (Landesamt für Denkmalpflege im Regierungspräsidium Stuttgart, O. Braasch, L7918-102-01_1509-09).

schungsstand zur zweiten Fernstraße im Kreisgebiet. Sie verlief von Tuttlingen über die Täler von Faulenbach und Prim Richtung Norden nach Rottweil. Auch ihren exakten Verlauf kennen wir nicht (Abb. 2). Diese Straße war Teil einer um 75 n. Chr. neu geschaffenen Fernverbindung von Straßburg an die Donau, die die Inbesitznahme neuer Provinzgebiete jenseits von Rhein und oberer Donau markiert. Die Truppen räumten die Standorte im Hinterland und bezogen neue Kastelle am oberen Neckar bzw. am Westrand der Schwäbischen Alb. Spätestens dadurch wurde auch das nördliche Kreisgebiet integraler Bestandteil des *Imperium Romanum*. Ein kleineres Kastell bei Frittlingen dürfte in diese militärische Phase gehören. Es blockiert den Zugang zur Primtalpforte von der Nordostseite (Abb. 3). Weitere Spuren in der Nähe deuten auf das Vorhandensein eines bescheidenen Kastelldorfes.[5]

Nach nur 30 Jahren zogen die Soldaten weiter vor in Richtung Limes. Damit wurde auch das Gebiet des heutigen Landkreises Tuttlingen zum rein zivilen

Raum. Spätestens damals verbreiteten sich die typischen römischen Gutshöfe, die *villae rusticae*. In der Art von Aussiedlerhöfen überzogen sie das Land. Sie gehörten wohl überwiegend vermögenden privaten Grundbesitzern. Zwar sind ungefähr 50 Örtlichkeiten mit römischen Funden in der Denkmaldatenbank des Landesamts für Denkmalpflege verzeichnet (Abb. 2), von kaum einer wissen wir jedoch, was genau dahintersteckt. Weniger als ein halbes Dutzend Fundstellen lassen sich bisher tatsächlich als *villae rusticae* ansprechen, z. B. die Villa von Wurmlingen (Abb. 4 und 5).[6] Umso wichtiger ist die neue Ausgrabung in Möhringen. Sie bietet die Chance, etwas mehr über die wirtschaftlichen Grundlagen und die zeitliche Entwicklung der römischen Besiedlung zu erfahren. Die beiden genannten Villen dürften um 100 n. Chr. entstanden sein.

Für das zweite typische Element der römischen Zeit, die kleinstädtischen sog. *vici,* gibt es aus dem Kreisgebiet noch keine Belege. In der Regel wird angenommen, dass das Territorium der römischen Stadt Rottweil, das m*unicipium ARAE FLAVIAE,* bis in unser Gebiet reichte. Ob das auch für die Landschaften südlich der Donau zutrifft, muss noch geklärt werden. Als Stadt mit römischem Stadtrecht besaßen seine Einwohner – zwischen Stadt und Land gab es vermutlich keine rechtlichen Unterschiede – eine privilegierte Stellung in der Provinz. In der Masse waren es wohl im Laufe der Zeit eingewanderte Gallo-Römer, also Nachfahren der »alten Kelten« westlich oder südlich des Rheins. Personen aus dem Mittelmeerraum verirrten sich normalerweise nur als staatliche Funktionäre in die Provinzen an Rhein und Donau. Da Rottweil zur Provinz Obergermanien gehörte, müsste es zu territorialen Veränderungen gekommen sein, wenn die oben geäußerte Vermutung zutrifft, dass das Gebiet um Tuttlingen ursprünglich ein Teil von Vindelizien bzw. Rätien war.

Eine archäologische Besonderheit des Kreises Tuttlingen sind die verschiedenen Fundstellen in und bei Höhlen, die im oberen Donautal nicht selten sind. Häufig liegen hier, neben Objekten anderer Epochen, auch römische Funde vor, ohne dass bisher ersichtlich ist, welche der möglichen Deutungen (profan, kultisch, Versteck) im Einzelfall zutrifft.

Aufgrund verschiedener innen- und außenpolitischer Entwicklungen geriet die Nordgrenze Roms nach 230 n. Chr. zunehmend unter militärischen Druck. Überfälle germanischer Scharen gefährdeten nicht nur die Gebiete an der Grenze. Hinzu traten reichsweite wirtschaftliche Schwierigkeiten. Die Aufgabe der Kastelle am Limes um 260 n. Chr. war sicher ein Schock für alle Bewohner jenseits von Rhein und Donau. Auf die eigene Armee war jedenfalls kein Verlass mehr. Wo war der Kaiser, wenn man ihn brauchte? Am anderen Ende des Reiches oder in Bürgerkriegen ums eigene Überleben kämpfend! Und die

Abb. 4: Wurmlingen. Rekonstruktionsversuch der 1993 bis 1995 ausgegrabenen Gebäude des Gutshofes bei Wurmlingen in einer späten Ausbauphase um 200 n. Chr. Hauptgebäude / Wohnhaus, Wirtschaftsgebäude und Bad (von rechts nach links). Möglicherweise existierten in der Umgebung noch weitere Bauten und eine Umfassungsmauer. (Imperium Romanum. Roms Grenzen an Neckar, Rhein und Donau [Darmstadt 2005] 465 Abb. 617).

Abb. 5: Wurmlingen: Eine ca. 34 × 57 cm große Steinplatte mit schmalen Durchlässen aus poliertem Weißjurakalk diente ehemals als Gullydeckel über dem zentralen Abflusskanal des Badegebäudes. (Landesamt für Denkmalpflege im Regierungspräsidium Stuttgart).

Generäle interessierte im Grunde nur die Beute, die man germanischen Plünderern abnehmen konnte. Kein Wunder also, dass die ungeschützten Gutshöfe über kurz oder lang aufgegeben wurden. In Wurmlingen zogen die Bewohner nach einem Brand zunächst noch für einige Jahre in ein Nebengebäude, bevor sie ihren Besitz bald nach 255 n. Chr. offenbar geordnet verließen. Ein anderes Schlaglicht auf die Situation wirft der Münzschatz von Fridingen. Die Reihe der 15 Silberdenare endet mit einer Prägung des Jahres 236 n. Chr. (Abb. 6). Der Besitzer hatte ihn offensichtlich nicht mehr bergen können.[7] Das Gebiet am Oberlauf der Donau gehörte somit für etwa 250 Jahre zum Imperium Romanum. Da die zivile Aufsiedlung aber offenbar recht zögerlich vonstatten ging, stammen die meisten römischen Hinterlassenschaften, die wir bisher aus dem behandelten Raum kennen, aus den letzten ca. 150 Jahren dieses Zeitraums.

Abb. 6: Die Silbermünzen (Denare) des Münzschatzes von Fridingen. Prägungen der Kaiser von Mark Aurel bis Maximinus Thrax, Prägedatum der Schlussmünze 236 n. Chr. (Archäologie, Kunst und Landschaft im Landkreis Tuttlingen [Sigmaringen 1988] 41 Abb. 26).

1 Zum Problemkreis Donauquelle aus geographischer und historischer Sicht vgl. H. Sumser, Mythos Donauquelle (Donaueschingen 2017). Zur römischen Zeit 78–87.

2 Literatur allgemein: W. Zanier, Der Alpenfeldzug 15 v. Chr. und die Eroberung Vindelikiens. Bayerische Vorgeschichtsblätter 64, 1999, 99–132. – Imperium Romanum. Roms Grenzen an Neckar, Rhein und Donau (Darmstadt 2005). – M. G. M. Meyer, Die ländliche Besiedlung von Oberschwaben zur Römerzeit. Materialhefte zur Archäologie in Baden-Württemberg 85 (Stuttgart 2010) 341–366. – S. Martin-Kilcher, Römer und gentes Alpinae im Konflikt – archäologische und historische Zeugnisse des 1. Jahrhunderts v. Chr. In: G. Moosbauer/R. Wiegels (Hrsg.), Fines imperii – imperium sine fine? Römische Okkupations- und Grenzpolitik im frühen Principat. Osnabrücker Forschungen zu Altertum und Antike-Rezeption 14 (Rahden/Westf. 2011) 27–62. – M. Kemkes, Das römische Donaukastell Rißtissen. Materialhefte zur Archäologie in Baden-Württemberg 101 (Darmstadt 2016) 233–253.

3 B. Jenisch/G. Waha, Tuttlingen. Archäologischer Stadtkataster Baden-Württemberg 11 (Stuttgart 2001) 18.

4 A. Kleineberg et al., Germania und die Insel Thule. Die Entschlüsselung von Ptolemaios´ »Atlas der Oikumene« (Darmstadt 2010) 82–92.

5 C. S. Sommer, Ein neu entdecktes römisches Kastell bei Frittlingen nahe Rottweil. Fundberichte aus Baden-Württemberg 17, 1992, 355–360.

6 M. Reuter, Die römisch-frühvölkerwanderungszeitliche Siedlung von Wurmlingen, Kreis Tuttlingen. Materialhefte zur Archäologie in Baden-Württemberg 71 (Stuttgart 2003). – Vgl. auch die großräumige Kartierung der Gutshöfe bei M. Reuter/J. Trumm, Pferdegeschirr-Beschläge und figürlicher Wagenaufsatz aus einem römischen Gutshof bei Wurmlingen (Ldkr. Tuttlingen). Archäologisches Korrespondenzblatt 26, 1996, 296 Abb. 1.

7 Fundberichte aus Schwaben. Neue Folge 12, 1938/51, 94.

Blick ins Schutzhaus Römisches Bad Wurmlingen. (Kreisarchiv Tuttlingen).

# Der römische Gutshof von Tuttlingen-Möhringen

Kevin Paul

Bei archäologischen Ausgrabungen konnte in den Jahren 2020 bis 2023 rechts der Donau im Gewann »Unter Haßlen«, am südlichen Rande des zukünftigen Industriegebietes, ein Teil eines größeren römischen Gutshofes freigelegt werden. Dass dieser in nur 5 km Entfernung von der Anlage in Tuttlingen-Wurmlingen »Burgsteig« liegt, dürfte kein Zufall sein, da die durch Tuttlingen laufenden Fernstraßen nach Straßburg über Rottweil sowie die Donausüdstraße einen lokalen und überregionalen Verkehrsknotenpunkt bildeten. Bezieht man noch die Existenz eines frühen Militärlagers im Stadtgebiet mit ein, unterstreicht dies die strategische und wirtschaftliche Bedeutung des Standortes an der Donau.[1]

In Tuttlingen-Wurmlingen ist die Anlage vergleichsweise klein. Bestehend aus einem rechteckigen Hauptgebäude mit U-förmig angeordneten Raumzeilen sowie einem Wirtschafts- und einem Badegebäude, fehlen auch einige typische Merkmale einer römischen *villa rustica*, wie beispielsweise eine Umfassungsmauer. Das Fundgut deutet jedoch auf eine durchaus prosperierende ländliche Siedlung der römischen Kaiserzeit hin.[2] Mit Baubeginn zum Anfang des 2. Jahrhunderts durchlief die Siedlungsstelle bis um 260/270 n. Chr. verschiedene Umbauphasen, bis schließlich die römischen (oder romanisierten) Bewohner die Siedlung aufgaben. Im Gegensatz zu vielen anderen Wüstungen der Zeit um die Limesaufgabe erfolgte in Wurmlingen jedoch schon kurz darauf eine Neubesiedelung, sehr wahrscheinlich durch zugewanderte Germanen, und die Reste des römischen Gutshofs sowie die umgebenden landwirtschaftlichen Flächen wurden weiter genutzt.[3]

# Klassisch ausgegraben und modern prospektiert

Die Anlage in Möhringen ist durch ihre Größe und Komplexität nur bedingt mit dem kleinen Gutshof in Wurmlingen zu vergleichen. Die römische Siedlung ist seit längerem bekannt und wurde durch unterschiedliche Prospektionsverfahren (Luftbilder, geophysikalische Messungen) bereits in den 2010er Jahren genauer untersucht. Daher war schon frühzeitig klar, dass die geplante Ausweitung des Industriegebietes eine Zerstörung der großen Anlage bedeutet. Um die gefährdeten Bereiche im Vorfeld der baulichen Maßnahmen und der damit verbundenen Zerstörung zu dokumentieren, wurde ein Teil der dortigen Wirtschaftsbereiche in den Jahren 2020 bis 2023 detailliert untersucht. Parallel dazu konnten in den Bereichen außerhalb des Baufeldes und somit der Grabungsgrenze durch geophysikalische Messungen (Geomagnetik, Geoelektrik, Georadar) weitere, zumeist steinerne Strukturen im Boden sichtbar gemacht werden (Abb. 1). Dabei zeigten sich mehrere Gebäude sowie eine umgebende Struktur, welche die mindestens 4 ha umfassende, bebaute Fläche einschließt.[4] Die kombinierte Betrachtung der archäologischen und geophysikalischen Untersuchungen zeigt eine Anlage von mittlerer Größe: Eine Hofmauer (Abb. 2, K) umsäumte mehrere (Wirtschafts-)Gebäude (A–J) sowie ein Haupthaus (M), ein Badegebäude (N) und einen Brunnen (L). Die exakte Größe kann nur noch in Ansätzen gefasst werden, da durch den Bau der Eisenbahntrasse zwischen Tuttlingen und Hattingen im Jahr 1934 der Südteil der Fundstelle stark in Mitleidenschaft gezogen wurde. Vor allem der südliche Bereich des Hauptgebäudes (M) sowie mehrere Steingebäude (D/E) wurde dabei fast vollständig undokumentiert abgetragen und somit unwiederbringlich zerstört. Allerdings lässt sich die grundlegende Struktur vieler Bauten zumindest in ihren Grundzügen aus den geophysikalischen Messungen rekonstruieren. Neben dem Hauptgebäude (M) ist auch das Badegebäude (N) aufgrund seiner charakteristischen Form gut zu identifizieren.

## Eine Villa mit Charakter

In Möhringen zeigt sich das Hauptgebäude (M) in der Form einer Porticusvilla mit Eckrisaliten.[5] Klar zu erkennen sind die hervorspringenden Gebäudeteile, die Risalite, gesäumt von einer halboffenen Säulenhalle, einer *porticus*,

Abb. 1: Übersicht über die Grabungsfläche mit Blick Richtung Nordosten. Im Vordergrund liegen die Gebäude A–C (ArchaeoTask, J. Kitzberger).

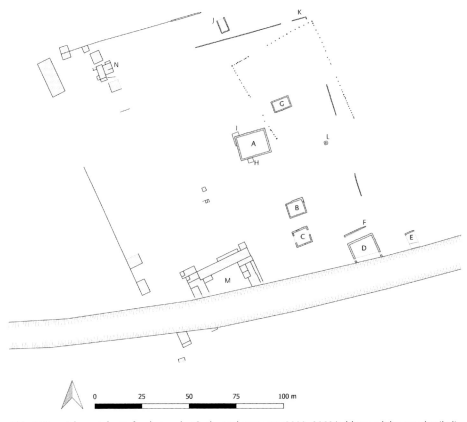

Abb. 2: Umzeichnung der Befunde aus der Grabungskampagne 2020–2023 in blau und der geophysikalischen Untersuchungen in rot. (Landesamt für Denkmalpflege im Regierungspräsidium Stuttgart, K. Paul).

Abb. 3: Rekonstruktion der *villa rustica* in Tuttlingen-Möhringen anhand der Geophysikalischen Untersuchungen. (Landesamt für Denkmalpflege im Regierungspräsidium Stuttgart, Grafik Faber Courtial).

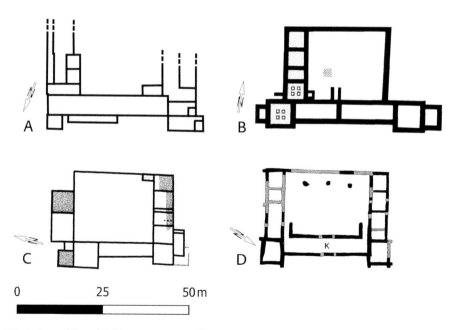

Abb. 4: Auswahl vergleichbarer »Porticusvillen« mit Eckrisaliten aus dem Raum Baden-Württemberg. A Tuttlingen-Möhringen. (Landesamt für Denkmalpflege im Regierungspräsidium Stuttgart, K. Paul). – B Bondorf (Gaubatz-Sattler [wie Anm. 6] Abb. 119). – C Riedlingen-Neufra. – D Inzigkofen (C und D: Meyer [wie Anm. 6] Abb. 28).

welche den Blick auf das repräsentative Haupthaus zogen. Die Ausrichtung des Gebäudes ist basierend auf den Informationen der Geophysik nicht abschließend zu klären. Die Hinweise deuten jedoch auf eine Ausrichtung nach Nordwesten mit Blick über das Donautal hin. (Abb. 3). Die Gebäudeform der Porticusvilla mit Eckrisaliten ist in den Nordwest-Provinzen des römischen Reiches weit verbreitet und findet sowohl regionale Vergleiche in anderen archäologischen Befunden, wie beispielsweise den Hauptgebäuden in Bondorf, Riedlingen-Neufra oder Inzigkofen (Abb. 4), als auch in zeitgenössischen Darstellungen und Schriftquellen.[6]

Im Inneren zeichnet sich in den geophysikalischen Messungen eine grobe Aufteilung ab, welche durch einen Innenhof im Zentrum dominiert wird. Den Innenhof umgeben mehrere Räume und Korridore, deren exakte Abgrenzung und Ansprache zum jetzigen Zeitpunkt noch unklar bleibt. Grund hierfür dürften wahrscheinlich noch erhaltene Stein- oder Estrichfußböden oder Hypokausten (Fußbodenheizungen) sein, bei denen eine Unterscheidung ohne archäologische Ausgrabung nicht möglich ist. Hinweise auf das Vorhandensein von steinernen Fußböden- oder Wandverkleidungen finden sich in den zahlreichen Bruchstücken von bearbeiteten und mit Mörtelresten versehenen Platten und Leisten, welche sich im Bereich des Hauptgebäudes finden (Abb. 5). Dieser in der Region häufig aus Plattenkalk bestehende Bauschmuck wurde als günstiger und einfach zu beschaffender Ersatz für Marmor verwendet. In dem vorliegenden Fall stammt das Baumaterial sehr wahrscheinlich aus dem in unmittelbarer Nähe liegenden Kolbingen, Lkr. Tuttlingen, wo schon in römischer Zeit ein Steinbruch betrieben und dieses Material gefördert wurde.[7]

Ebenso fanden sich während diverser Feldbegehungen immer wieder vereinzelte Hinweise auf die Existenz von Mosaiken in Form von monochromen Mosaiksteinen (Abb. 6). Diese können sowohl aus dem Hauptgebäude als auch aus einem der anderen Bauten wie dem Badegebäude stammen. Mosaiken finden sich in kaiserzeitlichen Gutshöfen der süddeutschen Region nicht regelhaft. Grund dafür sind zum einen die häufig schlechten Erhaltungsbedingungen. Mehrere Jahrhunderte der landwirtschaftlichen Überprägung, die Lage der Mosaiken auf Höhe des römischen Laufhorizontes sowie schlicht die Zusammensetzung aus vielen kleinen Einzelteilen sind nicht die besten Voraussetzungen für ein langes Überdauern. Zum anderen waren Mosaike zur römischen Kaiserzeit eine recht kostspielige Angelegenheit, sodass sich lediglich die Oberschicht solche leisten konnte.[8] Dass man trotzdem in diese repräsentative Grundgestaltung investierte, zeigt das Bedürfnis nach einem (gehobenen) Lebensstil in klassischer griechisch-römischer Tradition. In diesem Bedürfnis begründet sind

Abb. 5: 1 Boden- oder Wandplattenfragment aus Kolbinger Plattenkalk. Die Ränder sind leicht angeschrägt gearbeitet, die sichtbare Seite ist wie bei den Leisten glattpoliert. Auf der Rückseite finden sich Reste von *opus signinum*. – 2/3 Rundstege bzw. Leisten, ursprünglich im Kontext von Sockelleisten oder Einrahmungen. Die Oberkante weist die typische, halbrund geschliffene Kante auf, die Vorderseite ist glattpoliert, auch hier finden sich auf der Rückseite Reste von *opus signinum*. (Landesamt für Denkmalpflege im Regierungspräsidium Stuttgart, K. Paul).

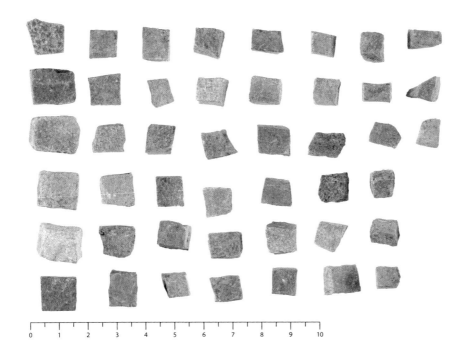

Abb. 6: Würfel- und stiftförmige, monochrome Mosaiksteine der Feldbegehungen der Jahre 2016–2019. Größe zwischen 0,5 × 0,7 und 1,6 × 1,6 cm. (Landesamt für Denkmalpflege im Regierungspräsidium Stuttgart, K. Paul).

auch die häufig in den römischen Gutshöfen anzutreffenden Badegebäude. Diese sind im archäologischen Kontext recht einfach durch ihre Hypokausten, also die unterhalb des Fußbodens oder in den Wänden verbauten Heizanlagen, sowie durch das Vorhandensein von Wasserbecken und ihre charakteristische Gliederung zu erkennen.

Die Badeanlage in Möhringen (Abb. 2, N) kann mit ihren geschätzten Außenmaßen von 10 m × 12 m zum sogenannten »Blocktyp« gezählt werden, welcher im Gegensatz zum »Reihentyp« aufgrund seiner kompakteren und geschlossenen Form zu definieren ist.[9] Die Abfolge der typischerweise zu einem römischen Bad gehörenden Räume erfolgt meist kreisförmig. Am Beginn findet sich das *frigidarium*, der Kaltbaderaum, welchem in der Raumabfolge das *tepidarium*, ein Laubaderaum mit milder Hitze, und im Anschluss das *caldarium*, der Heißbaderaum, mit einem Warmwasserbecken folgen. Ein unmittelbarer Vergleich aus der Region findet sich in Tuttlingen-Wurmlingen, wo ein Badegebäude ähnlicher Form und Struktur bei den Grabungen freigelegt wurde.[10]

Abb. 7: Gebäude A während der Grabung 2022 mit Blick nach Südost. Rechts unten in Form einer Pflasterung die Reste des Vorgängerbaus (I), im Zentrum die Dreschplätze, oben rechts an das Gebäude angesetzt die Darre. (S. Rottler).

# Die Wirtschaftsweise des Gutshofes

Die archäologischen Untersuchungen in Tuttlingen-Möhringen erbrachten die Überreste von insgesamt sieben Gebäuden aus Stein bzw. mit Steinsockel. Viele dieser Gebäude aus der römischen Siedlungsphase wurden über einen längeren Zeitraum intensiv genutzt. Davon zeugen diverse Umbaumaßnahmen in Form von Binnengliederungen, überlagernden Planierschichten sowie nachträglich eingebrachte Pfostenstellungen, welche die ursprünglichen Estrichböden durchschlugen. Für die Gebäude A und D ließen sich gar Vorgängerbauten (I, H und F) nachweisen, welche zu Gunsten von Neubauten im Verlauf der ersten Hälfte des 2. Jahrhunderts abgetragen beziehungsweise im Falle von Gebäude I wahrscheinlich durch ein Feuer zerstört wurden.[11] Für alle diese Strukturen gilt, dass sie höchst wahrscheinlich zur *pars rustica*, dem Wirtschaftsteil des Gutshofs, gehörten. Lässt sich zur Nutzung des Vorgängerbaus I kaum ein Rückschluss ziehen, so kann doch zumindest für die frühe Phase von Gebäude A aufgrund der beiden quadratischen Estrichböden die Funktion als Tenne mit doppeltem Dreschplatz angenommen werden (Abb. 7). Vergleichbare Konstruktionen finden sich in Kontexten von Gutshöfen der römischen Kaiserzeit häufiger.[12] Ein weiterer Hinweis auf die Verarbeitung von Getreide ist eine an die Nordmauer von Gebäude A angebaute Darre (H). Dort konnten Früchte sowie Getreide zur besseren Lagerung vorgetrocknet und somit haltbarer gemacht werden.[13] Damit kann zumindest für einige Zeit eine Verarbeitung und wahrscheinlich auch der Anbau von Feldfrüchten belegt werden. Ob dies allerdings im Sinne der Selbstversorgung geschah oder aber für den Weiterverkauf, beispielsweise an größere Ansiedlungen wie Rottweil, Hüfingen oder den nahegelegenen Kastellstandort, ist schwer zu belegen.

Wahrscheinlich auch für den Handel und durchaus lukrativ dürften die Viehwirtschaft und Viehzucht gewesen sein, für welche sich sowohl in den Baubefunden als auch im Fundmaterial Nachweise finden lassen. Die Pfostenkonstruktion (Abb. 2, zwischen A und G), die eine Innenfläche von 64 m × 60 m umschließt, kann als mögliche Einhegung interpretiert werden.[14]

Welche Tiere dort in römischer Zeit anzutreffen waren, zeigen die Knochenfunde aus dem zum Ende der Grabungsmaßnahmen komplett freigelegten Brunnen (Abb. 2, L; Abb. 8). Der noch mit 16,5 m Tiefe von der Brunnensohle bis zum ursprünglichen Laufhorizont erhaltene, trocken gemauerte Brunnen ohne Holzkastenkonstruktion erwies sich als wahre Zeitkapsel. Auf der Sohle konnte ein 124 / 125 n. Chr. in Rom geprägter Dupondius des Kaisers Hadrian

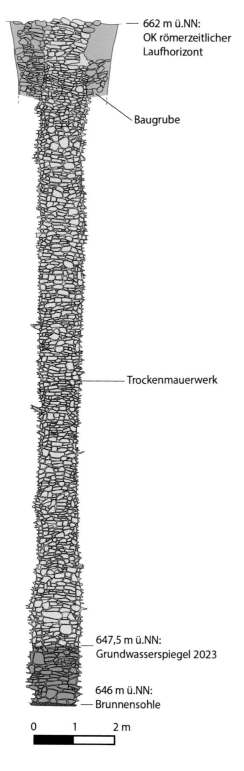

662 m ü.NN:
OK römerzeitlicher
Laufhorizont

Baugrube

Trockenmauerwerk

647,5 m ü.NN:
Grundwasserspiegel 2023

646 m ü.NN:
Brunnensohle

0    1    2 m

Abb. 8: Profilrekonstruktion des kaiserzeitlichen Brunnens L. (Landesamt für Denkmalpflege im Regierungspräsidium Stuttgart, K. Paul; Kuhnle u. a. 2024 [wie Anm. 4] Abb. 156).

0    1    2    3    4    5

Abb. 9: Auf der Brunnensohle geborgener Dupondius des Kaisers Hadrian mit leichten Umlaufspuren (RIC II,3 746). Auf der Rückseite Pegasus. (Landesamt für Denkmalpflege im Regierungspräsidium Stuttgart, Y. Mühleis; Kuhnle u. a. 2024 [wie Anm. 4] Abb. 157).

0    1    2    3    4    5

Abb. 10: Auf der Brunnensohle geborgene gleichseitige emailverzierte Scheibenfibel mit rhombischer Platte und stilisierten Tierköpfen des 2. Jahrhunderts. (Landesamt für Denkmalpflege im Regierungspräsidium Stuttgart, K. Paul).

mit leichten Umlaufspuren geborgen werden (Abb. 9).[15] Ebenso fand sich eine gleichseitige Scheibenfibel (Abb. 10).[16] Dies bedeutet, dass mit der Verfüllung des Brunnenschachtes nicht vor der Mitte des 2. Jahrhunderts begonnen wurde. Neben diesen Funden fanden sich große Mengen an Tierknochen, wodurch sich erste Rückschlüsse auf die praktizierte Viehhaltung ziehen lassen.[17] Die archäozoologischen Untersuchungen zeigen ein breites Spektrum unterschiedlicher Tierarten, dabei sind Tiere mit enger Verbindung zur Lebensmittelversorgung ebenso vertreten wie Nutztiere für andere wirtschaftliche oder persönliche Zwecke. Nachweise für Reittiere finden sich ebenso wie Hunde, welche zur Bewachung von Haus und Hof dienen können, in römischer Zeit aber auch zur Unterstützung bei der Jagd genutzt wurden. Indizien auf eine zumindest gelegentliche Jagdtätigkeit finden sich mit vereinzelt im Fundmaterial vertretenen Knochen von Wildtieren.[18] Das Knochenmaterial aus der Brunnenverfüllung gibt somit klare Hinweise auf einen Mischbetrieb mit externer Ergänzung der Speisen. Zwar kann zum jetzigen Zeitpunkt aufgrund der noch nicht erfolgten Auswertung aller restlichen Knochen der Fundstelle kein endgültiges Fazit gezogen werden, doch ist vor allem die große Menge an Überresten der Schweinezucht ein klares Indiz für einen gehobenen Lebensstil. Auch hier lassen sich wieder Verbindungen zum Gutshof von Wurmlingen fassen. Dort ließ sich ebenfalls ein geringerer Anteil an Rinderknochen gegenüber denen vom Schwein nachweisen.[19]

## Außergewöhnliche Funde für einen außergewöhnlichen Fundplatz

Während der archäologischen Ausgrabungen konnten noch zahlreiche andere Funde des ehemaligen Inventars geborgen werden. Das Spektrum reicht dabei von Gegenständen des alltäglichen Gebrauchs wie Gefäßkeramik, Münzen, Schlüsseln und Schreibgeräten über steinerne Handmühlen, bronzene Beschläge, eiserne Werkzeuge und vieles mehr. Zu den außergewöhnlicheren Funden gehören aber sicherlich die Fibeln. Die große Anzahl von mindestens 75 kaiserzeitlichen Fibeln aus dem 1. bis frühen 3. Jahrhundert n. Chr. stellt neben der guten Erhaltung eine Seltenheit dar (Abb. 11). Bis auf Einzelstücke stammen alle aus dem Bereich der Wirtschaftsgebäude A, B und C. Das Formenspektrum umfasst dabei mindestens 21 Varianten unterschiedlicher Typen, unter anderem Figuren- und Scharnierfibeln mit Emaille-Einla-

Abb. 11: Auswahl der Fibeln aus Buntmetall und Eisen der Fundstelle. (Landesamt für Denkmalpflege im Regierungspräsidium Stuttgart, Y. Mühleis).

ge (Abb.12).[20] Ebenso findet sich eine Variante einer Aucissafibel, die bereits erwähnte gleichseitige Scheibenfibel aus dem Brunnen (Abb. 10) sowie eine Trompetenkopffibel und eine Augenfibel der preußischen Serie (Abb. 13). Diese letzten beiden Typen sind mit ihrem Verbreitungsgebiet in Noricum und Pannonien sowie in Nordeuropa als mögliche Importe oder durch Zuwanderung mitgebrachte Einzelstücke zu deuten und weisen auf weitläufige Kontakte hin.[21]

Verglichen mit anderen ländlichen Siedlungen der römischen Kaiserzeit in Baden-Württemberg fällt die große Anzahl von Fibeln völlig aus dem Rahmen. Die Stückzahl bei großflächig ausgegrabenen Gutshöfen ist in der Regel weit niedriger und übersteigt selten den einstelligen Bereich. In Wurmlingen wurden beispielsweise acht,[22] in Bondorf eine, in Büßlingen neun[23] sowie in Grenzach-Wyhlen »Kapellenbach-Ost« 18 Fibeln gefunden.[24] Der hohe Fibelanteil lässt sich bislang nicht eindeutig erklären. Möglich wäre eine recht lange in Betrieb befindliche Werkstatt zur Buntmetallverarbeitung, die Reste der Gussform eines Beschlagteils weisen zumindest auf die Verarbeitung von Metallen vor Ort hin. Auch der Handel mit Fibeln oder einem mit diesen in Verbindung stehenden Gut wie Stoffen oder Mänteln könnte die große Anzahl von verloren gegangenen Fibeln erklären. Unwahrscheinlicher scheint ein umgelagerter Hort oder eine Deponierung, da die Fibeln aus diversen stratigrafischen Horizonten stammen und somit über einen langen Zeitraum in den Boden gelangten. Eine mögliche weitere Erklärung dürfte die Kombination von starker Frequentierung der drei Gebäude in römischer Zeit und die gute Befund- bzw. Funderhaltung darstellen: Vor allem die Feldwirtschaft ist sehr personalintensiv und von viel körperlicher Arbeit geprägt – möglich, dass in diesem Zusammenhang der Verlust einzelner Stücke verstärkt aufgetreten ist.

## Schlusswort

Der römische Gutshof von Tuttlingen-Möhringen zeugt mit seiner Größe von mindestens 4 ha, einer Porticusvilla mit Eckrisaliten und seiner bemerkenswerten Anzahl an Steingebäuden von großem wirtschaftlichen Erfolg. Der genaue Beginn der Besiedlung des Areals zu römischer Zeit muss zum jetzigen Zeitpunkt noch als ungeklärt angesehen werden, jedoch deuten viele Indizien auf eine Aufsiedlung im 1. Jahrhundert hin. Die Erkenntnisse der archäologischen Untersuchungen unterstreichen dabei den hervorgehobenen Charakter des Gutshofs. Dazu gehören beispielsweise die außergewöhnlich vielen Fibeln oder die Mosaiksteine sowie Befunde wie das Badegebäude. Diese zeigen uns einen prosperierenden Gutshof an der oberen Donau, der im Laufe des 2. Jahrhunderts seine uns bekannte Größe mit ausgedehntem Mischbetrieb erreichte. Nicht zu vergessen bleibt jedoch, dass noch viele Fragen ungeklärt sind, welche hoffentlich zukünftig bei weiteren Untersuchungen beantwortet werden können.[25]

Abb. 12: Auswahl der Figurenfibeln aus Tuttlingen-Möhringen. Links Schuhsohlenfibel mit Emaille-Einlage, in der Mitte eine Tierfibel mit verzinnter Oberfläche in Form eines Pfaus, rechts Tierfibel in Form eines Ebers. Maßstab 1:1. (Landesamt für Denkmalpflege im Regierungspräsidium Stuttgart, K. Paul).

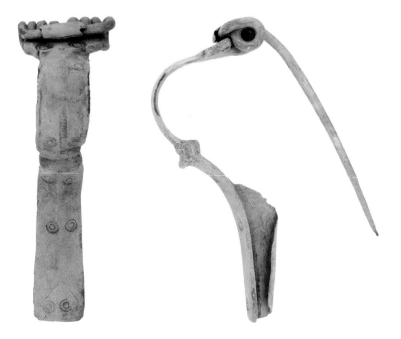

Abb. 13: Augenfibel der preußischen Serie. Gut zu erkennen sind die eingestempelten Doppel-kreisaugen auf dem Fibelfuß sowie dem Fibelkopf. Maßstab 1:1. (Landesamt für Denkmalpflege im Regierungspräsidium Stuttgart, K. Paul).

1    M. Reuter, Die römisch-frühvölkerwande-rungszeitliche Siedlung von Wurmlingen, Kreis Tuttlingen. Materialhefte zur Archäo-logie in Baden-Württemberg 71 (Stuttgart 2003) 15.

2    Reuter (wie Anm. 1) 22.

3    Reuter (wie Anm. 1) 107 f.

4    G. Kuhnle/P. Knötzele/J. Kitzberger/D. Tschocke, In schönster Hanglage südlich der Donau – der römische Gutshof von Tuttlin-gen-Möhringen. Archäologische Ausgra-bungen in Baden-Württemberg 2022 (2023) 207–221. – G. Kuhnle/ M. G. Meyer/K. Paul/S. Trixl, Tiefer Einblick und herausra-gende Funde aus dem römischen Gutshof von Tuttlingen-Möhringen. Archäologische Ausgrabungen in Baden-Württemberg 2023 (2024) 189–192.

5    M. Rind, Die römische Villa als Indikator provinzialer Wirtschafts- und Gesellschafts-strukturen (Oxford 2015) 245.

6    A. Gaubatz-Sattler, Die Villa rustica von Bondorf (Lkr. Böblingen). Forschungen und Berichte zur Vor- und Frühgeschichte in Baden-Württemberg 51 (Stuttgart 1994) 58; 113; Abb. 51. – M. G. M. Meyer, Die länd-liche Besiedlung von Oberschwaben zur Römerzeit. Materialhefte zur Archäologie in Baden-Württemberg 85 (Stuttgart 2010) Bd. 1, 102–104; Abb. 28. – Rind (wie Anm. 5) 245.

7    Meyer (wie Anm. 6) 147.

8    M. Meyer wies in seiner Arbeit zu den ländlichen Besiedlungen in Oberschwaben darauf hin, dass die Entfernung zu größeren Städten durchaus als ein weiterer Faktor

zu berücksichtigen ist. Meyer (wie Anm. 6) 141–144.

9 Definition nach H. Heinz, Römische Bäder in Baden-Württemberg. Typologische Untersuchungen (Tübingen 1979) 27 f.

10 Reuter (wie Anm. 1) 20 f.

11 J. Kitzberger / P. Knötzele, 2020-0298, Tuttlingen, Unter Haßlen III, Bericht über die vom 01.07.2020–16.12.2022 durchgeführte archäologische Maßnahme sowie eine vorläufige kulturhistorische Einordnung der Befunde und Funde (Unpubl. Manuskript 2023) 34.

12 S. F. Pfahl, Die römische und frühalamannische Besiedlung zwischen Donau, Brenz und Nau. Materialhefte zur Archäologie in Baden-Württemberg 48 (Stuttgart 1999) 117; Anm. 762. – Rind (wie Anm. 5) 137; U. Heimberg, Römische Villen an Rhein und Maas, Bonner Jahrbücher 202/203, 2002/2003, 57–148, 120.

13 Zu römischen Darren in Südwestdeutschland allgemein W. Czysz / U. Maier, Die römische Darre von Möttingen im Ries. Eine Studie zur landwirtschaftlichen Funktionsarchitektur in Raetien. Bericht der Bayerischen Bodendenkmalpflege 57, 2016, 195–223. Vgl. auch Dreisbusch in Fundberichte aus Baden-Württemberg 19/1, 1994, 181 205 oder Filgis in Fundberichte Baden-Württemberg 18, 1993, 71 82.

14 J. Kitzberger / P. Knötzele (wie Anm. 11) 26.

15 Die Bestimmung der Münze erfolgte freundlicherweise durch Dr. Marcus Meyer, Landesamt für Denkmalpflege im Regierungspräsidium Stuttgart.

16 Kuhnle u. a. 2024 (wie Anm. 4) 191.

17 Eine erste Bestimmung von Teilen des zoologischen Knochenmaterials wurde durch Dr. Simon Trixl vorgenommen. Siehe Beitrag Trixl in diesem Band. Dazu: G. Kuhnle / S. Trixl, »Schwein gehabt« im römischen Gutshof. Archäologie in Deutschland 05/2023, 50 f. – Kuhnle u. a. 2024 (wie Anm. 4) 190.

18 Siehe Anm. 17.

19 T. Becker, Die Tierknochenfunde aus dem römisch-frühvölkerwanderungszeitlichen Siedlungsplatz von Wurmlingen, Gewann »Burgsteig«, Kr. Tuttlingen. In: Reuter (wie Anm. 1) 199–268; bes. 223 u. Anm. 99.

20 Zur Bestimmung und Datierung allgemein E. Riha, Die römischen Fibeln aus August und Kaiseraugst. Die Neufunde seit 1975. Forschungen in August 18 (August 1994).

21 Zur Trompetenkopffibel Riha (wie Anm. 19) 73. – Zur Augenfibel ebd. 67. – Kuhnle u. a. 2024 (wie Anm. 4) 192.

22 Reuter (wie Anm. 1) 85. – Gaubatz-Sattler (wie Anm. 6) 167.

23 K. Heiligmann-Batsch, Der römische Gutshof von Büßlingen. Forschungen und Berichte zur Vor- und Frühgeschichte in Baden-Württemberg 65 (Stuttgart 1997) 59 f.

24 C. Danner / G. Kuhnle / D. Tschocke, *Contra Coloniam*. Die römische Ansiedlung von Grenzach-Wyhlen, »Kapellenbach-Ost« gegenüber von *Augusta Raurica*. Archäologische Ausgrabungen in Baden-Württemberg 2022 (2023) 190–194, bes. 194.

25 Mein besonderer Dank gilt allen an den Ausgrabungen Beteiligten, der Stadt Tuttlingen sowie allen Ehrenamtlichen und Interessierten, die die archäologischen Maßnahmen stets wohlwollend begleiten und auch aktuell weiter unterstützen.

# Römer und Alamannen: Die Zeit des 4. und 5. Jahrhunderts

Klaus Kortüm und Andreas Haasis-Berner

Eine neue Epoche leitete die Regierungszeit des Kaisers Diocletian und seiner Mitregenten ein. Sie stabilisierten das römische Reich, die Armee wurde reformiert, neue Grenzanlagen geplant. Zwischen etwa 285 und 300 n. Chr. entstand dabei unter anderem eine Befestigungslinie vom Hochrhein über den Bodensee bis Kempten und dann entlang der Iller nach Norden bis zur Donau. Somit war eigentlich klar, dass alle Landschaften nördlich davon nicht mehr als integraler Teil des Imperiums gelten konnten. Das heißt aber nicht, dass das Vorland aus dem Blickfeld Roms verschwand – eher im Gegenteil. Die historischen Quellen berichten in den folgenden fast einhundert Jahren wiederholt von Kämpfen mit den Bewohnern, die sich jenseits der neuen Grenzen niedergelassen hatten. Symptomatisch für die meist großspurige Sichtweise Roms auf diese Auseinandersetzung ist die Behauptung eines höfischen Lobredners, Diocletian habe – gemeint ist wohl sein Feldzug in Rätien 288 / 289 n. Chr. – die Grenzen wieder bis zum »Haupt der Donau« ausgedehnt. Ähnlich wie Tiberius könnte er jedenfalls mit bewaffneter Hand durch das Gebiet des heutigen Landkreises Tuttlingen gezogen sein.

Die neuen Bewohner des Landes waren überwiegend eingewanderte germanische Gruppen mit ihren eigenen kulturellen und wirtschaftlichen Traditionen. In den römischen Quellen tauchen sie meist nur unter ihrer Sammelbezeichnung »Alamannen« auf. Dahinter standen mehrere Stämme, die eigenständig handelten. Die Gegner nördlich des Bodensees bezeichneten die Römer als *Lentienses*, jenseits davon werden die *Raetovarii* lokalisiert. Ob die damaligen Bewohner des Kreisgebietes zu einem dieser Stämme zählten, wissen wir freilich nicht.[1]

Eine zentrale Fundstelle dieser Zeit ist bis heute die weit über das Kreisgebiet hinaus bekannte Ansiedlung in der Villa von Wurmlingen.[2] Die sorgfältige Notgrabung im Vorfeld einer Baumaßnahme hat ergeben, dass sich in den Ruinen des römischen Gutshofes nach 260 n. Chr. neue Siedler niederließen. Sie ergänzten die teilweise zerstörten Steinbauten mit hölzernen Konstruktio-

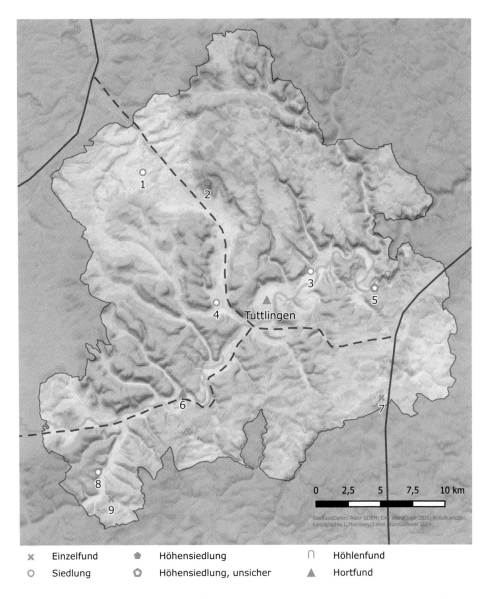

Abb. 1: Fundstellen der Spätantike und frühalamannischen Zeit im Kreisgebiet. Im Text erwähnt: 1 Aldingen. – 2 Dreifaltigkeitsberg. – 3 Stetten. – 4 Wurmlingen. – 5 Lehenbühl. – 6 Immendingen. – 7 Liptingen. – 8 Aulfingen. – 9 Leipferdingen. (Ch. Morrissey).

nen und nutzten sie für andere Zwecke (Abb. 2 und 3). Das mitgebrachte Sachgut weist wie bei den übrigen Alamannen starke Bezüge nach Mitteldeutschland auf. In diesen Bauten wohnten sie allerdings nicht, das dafür bei ihnen gebräuchliche hölzerne Wohnstallhaus lag vermutlich außerhalb des Grabungsareals. Die Neusiedler nutzten gerne die bereits gerodeten Feldfluren, übernahmen aber nicht die Wohnhäuser – Steinbauten waren und blieben ihnen fremd. Das betrifft auch Latein als Verwaltungssprache, das römische Recht, das Steuersystem, die Schriftlichkeit sowie die gallo-römische Religion. An die Stelle des früheren, breit gefächerten Handelsnetzes trat die Selbstversorgung. Dazu gehörte auch eine kleinräumige Verhüttung von Eisenerz. An Bronze gelangten die neuen Siedler dagegen fast ausschließlich über römische Altsachen oder Beutezüge. Auch das demonstriert die Wurmlinger Grabung.

Höchst unterschiedlich beurteilt wird die Bedeutung der römischen Münzen der Zeit von ca. 260 bis 350 n. Chr, die in Wurmlingen in germanischen Kontexten auftauchen. Belegen sie eine Abhängigkeit der Siedler von Rom (als Söldner?), handelt es sich um Beutestücke aus Überfällen ins Reichsgebiet oder bezeugen sie eine kulturelle Kontaktzone, deren konfliktfreie Zeiten in den Schriftquellen keinen Niederschlag fanden? Gerade von den Alamannen wissen wir, dass sie bis in hohe Ränge hinein beim römischen Heer gedient haben. Freund oder Feind? Die Unterscheidung war fließend. Weitere Fundstellen wie Wurmlingen könnten in Zukunft dazu beitragen, das komplexe Problem der gegenseitigen Beziehungen zwischen Rom und den Alamannen zu lösen.

Insgesamt bleiben die archäologischen Belege aus dem späten 3. und dem 4. Jahrhundert im Bereich des heutigen Baden-Württemberg im Gegensatz zu der Zeit vor 260 n. Chr. äußerst gering. Dies gilt auch für den Landkreis Tuttlingen, der aufgrund naturräumlicher Rahmenbedingungen (Höhenlagen der Schwäbischen Alb, geringe Anzahl an Lössböden) nie besonders fruchtbar und somit siedlungsfreundlich war. Wichtig war und ist die Verkehrstopographie, mit dem Nord-Süd-Korridor der Baar und dem Ost-West-Korridor des Donautals (Abb. 1).

Keramikfunde, die auf Weiler ähnlich Wurmlingen deuten könnten, gibt es bisher aus Aulfingen, Aldingen und Mühlheim-Stetten.[3] Bei letzterem besteht die Besonderheit, dass auch Siedlungsspuren der folgenden Epochen vorliegen. Unsicher bleiben die angenommen frühalamannischen Höhenstationen auf dem Dreifaltigkeitsberg und dem Lehenbühl.[4] Bei Emmingen-Liptingen und Leipferdingen liegen als Einzelfunde germanische Fibeln des 4. bzw. 5. Jahrhunderts vor (Abb. 4 und 5).[5] Etwas älter ist ein Münzschatz aus Immendingen im

Abb. 2: Wurmlingen. Die Reste des römische Badegebäudes während der Grabung. Oben ist noch der rötliche Estrichboden des Wasserbeckens vom Kaltbad (*frigidarium*) erkennbar. Die dunklen Pfostenlöcher in den linken Räumen stammen von dem Umbau der Ruine zu einem kleinen hölzernen Speicherbau in frühalamannischer Zeit. Daher ist hier von der ursprünglichen Fußbodenheizung für Heiß- und Laubad (*caldarium, tepidarium*) nichts erhalten. (Landesamt für Denkmalpflege im Regierungspräsidium Stuttgart).

Donautal.[6] Er bestand aus 55 in einem Topf verborgenen römischen Münzen, die meisten davon stempelfrische Prägungen aus der kaiserlichen Münzstätte Trier. Die Zusammensetzung ließ die Erstbearbeiter an eine offizielle Auszahlung (Sold?) der Jahre um 324 n. Chr. denken, was aber über die Heimat des Besitzers wenig aussagen muss (s. o.).

Gleichermaßen interessant wie rätselhaft ist auch ein bereits 1927 geborgener Sammelfund von 17 eisernen Werkzeugen und Waffen in einer Sandgrube bei Tuttlingen (Abb. 6). Insbesondere auf Pflugschar und das Pflugmesser (Sech) ist hinzuweisen, belegen sie doch die Anwesenheit und Nutzung eines für die damalige Zeit fortschrittlichen Pfluges. Insgesamt weist der Fund Ähnlichkeiten mit einer Reihe anderer Werkzeughorte auf, bei denen sich eine Verschmelzung spätrömischer und germanischer Form- und Funktionselemente feststellen lässt. Das gleiche gilt für die keramischen Mitfunde, bei denen

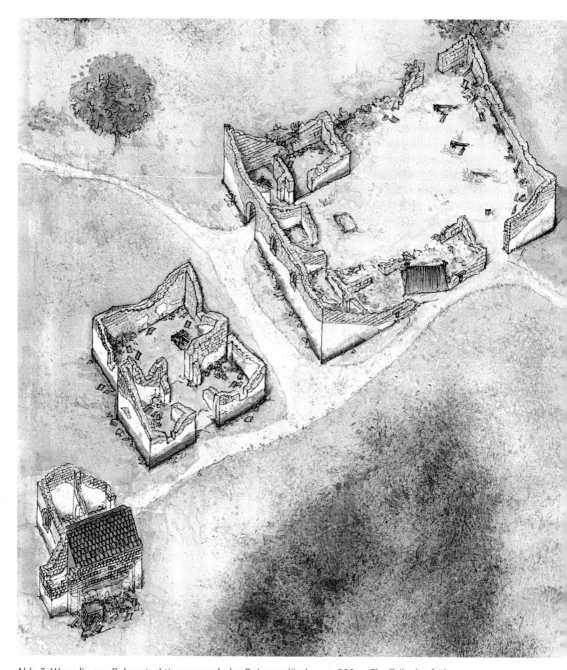

Abb. 3: Wurmlingen. Rekonstruktionsversuch des Ruinengeländes um 300 n. Chr. Teile des früheren Badegebäudes wurden mit neuen Holzkonstruktionen zu einem Speicher umgebaut (links unten). Im ehemaligen Haupthaus entstand in der Auffüllung des römischen Kellers eine eingetiefte Hütte mit Giebeldach, ein sogenanntes Grubenhaus (rechts oberhalb der Bildmitte). Kleine Öfen im Umfeld dienten der Metallverarbeitung (nicht dargestellt). Vgl. Beitrag Kortüm, Römerzeit. (Imperium Romanum. Römer, Christen, Alamannen – Die Spätantike am Oberrhein (Darmstadt [2005] 113).

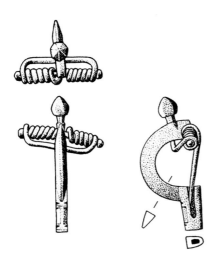

Abb. 4: Leipferdingen. Namengebendes Exemplar eines besonderen Typs der Bügelknopffibeln, spätes 4./5. Jahrhundert. Parallelen finden sich vornehmlich im Nordosten Deutschlands. (Garscha [wie Anm. 5] Taf. 9,6).

Abb. 5: Emmingen-Liptingen. Germanische Bügelknopffibel aus dem 4. Jahrhundert. Solche Fibeln gelten als Nachahmung römischer Zwiebelknopffibeln. Beide Typen wurden wohl hauptsächlich von Militärs verwendet. (Fundberichte aus Baden-Württemberg 26, 2002, 151 Abb. 30).

es sich zum Teil um seltene römische Importstücke handelt, z. B. Sigillata aus den Argonnen. Eine bronzene Gürtelschnalle entspricht der Mode, wie sie um 400 n. Chr. von Kriegern diesseits wie jenseits von Rhein und Donau getragen wurde.[7] Der Fund repräsentiert noch einmal die römischen und germanischen Elemente, die für die Zeit kennzeichnend sind. Gleichzeitig steht er zusammen mit der Fibel von Leipferdingen für das allmähliche Ende der Antike. Diese Gewandspange – namensgebend für einen eigenen Typ, der ansonsten fast nur aus dem Raum Mecklenburg bekannt ist – deutet an, dass auch fast 200 Jahre nach Beginn der sogenannten alamannischen Einwanderung immer noch weitreichende Beziehungen ins Innere Germaniens bestanden. Vielleicht ließen sich damals sogar neue Siedler im Kreisgebiet nieder.[8]

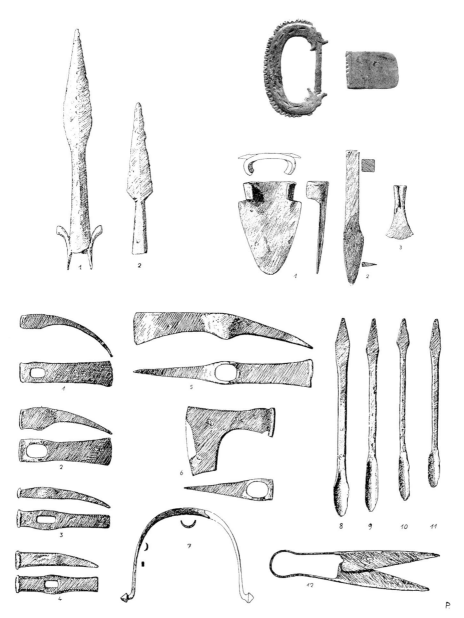

Abb. 6: Tuttlingen. Sammelfund eiserner Werkzeuge, Agrargeräte und Waffen sowie bronzene Gürtelschnalle der Zeit um 400 n. Chr. Mitgefunden wurden auch römische und einheimische Keramiken. (Fundberichte aus Schwaben Neue Folge 4, 1928, 88 f. Abb. 45–48; Taf. 20,1).

Die Quellenlage ändert sich erst ab der Mitte des 5. Jahrhunderts. Nun kennen wir eine Reihe von Grabfunden. In dem in der zweiten Hälfte des 5. Jahrhunderts angelegten Grab 3 von Möhringen »Unter Weilattengraben« fand man ein Schwert (Spatha), das mit silbertauschierten Riemendurchzügen und einem silbernen Scheidenmundblech verziert war. Diese Elemente reichen aus, um es zu der Gruppe der »Krefelder Spathen« zu zählen. Es besteht Einigkeit in der Forschung, dass sie »in spätantiken Ateliers Nordgalliens hergestellt wurden.«[9] Der Gürtel des Mannes wies eine silberne (!) Gürtelschnalle auf. Die Klappe seiner Tasche bestand aus vergoldetem Silber mit Nielloverzierungen. Obwohl das Grab durch die Baumaßnahmen, die zu seiner Entdeckung geführt haben, gestört war, ist dennoch ein überdurchschnittlicher Reichtum zu erkennen.

Dass in der zweiten Hälfte des 5. Jahrhunderts in Möhringen Menschen gelebt haben, war auch schon durch die älteren Lesefunde (u. a. Waffen) von »Binthen«/»Wasen«, einem zweiten Gräberfeld dieser Zeit, deutlich geworden.[10] Dass die hier wohnenden Menschen eine wahrscheinlich überdurchschnittliche Funktion hatten, ist auch aus der Tatsache abzulesen, dass im nahegelegenen Gewann »Gänsäcker«, im Bereich der großen römischen *villa*, unlängst zwei Goldmünzen des byzantinischen Kaisers Leo I. gefunden wurden. Ihre Prägung erfolgte in Thessaloniki (462–466) und Mailand (472/473).[11] Es ist zu vermuten, dass sie als Soldzahlungen dienten und mit Kriegern, die in byzantinischen Diensten standen, an die Donau gelangt sind.[12] Wo dieser Dienst erfolgte, lässt sich nicht sagen.

Einen Bezug nach Pannonien zeigen zwei Bestattungen aus Rietheim (Grab 7, Grab 9), die in einem eigenen Beitrag ausführlich dargestellt werden. Sie zeigen, dass vermutlich Menschen aus dem mittleren Donaugebiet in der Zeit 460–480 mit Teilen ihrer Tracht an den Oberlauf der Donau gelangt sind. Aus anderen Regionen Südwestdeutschland wissen wir, dass auch das 5. Jahrhundert noch durch dynamische Bevölkerungsbewegungen geprägt war und sich das, was wir als »Alamannen« bezeichnen, wohl erst zu dieser Zeit unter Einbeziehung unterschiedlicher Personengruppen gebildet hat.[13]

Der Beginn des vollständig ausgegrabenen Gräberfeldes von Fridingen fällt nach jüngster Auswertung ebenfalls noch in das ausgehende 5. Jahrhundert.[14] Die Beigaben eines 1888–1890 beim Eisenbahnbau bei Tuttlingen-Ludwigstal freigelegten und in Teilen geborgenen Grabes verweisen in die oberste Gesellschaftsschicht der damaligen Zeit.[15] Herausragender Fund ist eine sogenannte »Goldgriffspatha«, eine vermutlich in Werkstätten des byzantinischen Herrschaftsbereiches aufwendig hergestellte und verzierte Waffe, die nur in den aller reichsten Gräbern der zweiten Hälfte des 5. Jahrhunderts angetroffen wird.[16] Bislang sind etwa 25 Exemplare in ganz Mitteleuropa bekannt, mit Schwerpunkt in Nordostgallen, im Rhein-Main-Mündungsgebiet sowie im Bereich des Neckars.[17] Aus der Fundstelle darf mit der gebotenen Vorsicht abgeleitet werden, dass sich hier zwischen 450 und 500 die Familie eines Mannes niedergelassen hatte, der möglicherweise herrschaftliche Funktionen ausübte.

Die Ost-West orientierten, mit teilweise reichen Beigaben versehenen Körperbestattungen, die ab dem zweiten Drittel des 5. Jahrhunderts Standard werden, sind die ersten Vertreter einer Bestattungssitte, die für die folgenden zwei bis drei Jahrhunderte typisch sein sollte. Abgesehen von der Aufgabe der Beigabensitte bestatten wir unsere Verstorbenen heute noch genauso.

Ob die sich derzeit abzeichnende Fundkonzentration im Donautal sowie im Faulenbach- und Primtal forschungsbedingt ist, oder die tatsächliche Besiedlung in dieser Zeit wiederspiegelt, kann noch nicht abschließend beurteilt werden.

1   Vgl. allgemein: Imperium Romanum. Römer, Christen, Alamannen – Die Spätantike am Oberrhein (Darmstadt 2005). – D. Ade / B. Rüth / A. Zekorn, Alamannen zwischen Schwarzwald, Neckar und Donau (Stuttgart 2008). – A. Gut (Hrsg.), Die Alamannen auf der Ostalb. Archäologische Informationen aus Baden-Württemberg 60 (Esslingen 2010). – Ch. Morrissey, Alamannen zwischen Bodensee und Main (Karlsruhe 2013). – N. Hächler / B. Näf / P.-A. Schwarz, Mauern gegen Migration? Spätrömische Strategie, der Hochrhein-Limes und die Fortifikationen der Provinz »Maxima Sequanorum« (Regensburg 2020).

2   M. Reuter, Die römisch-frühvölkerwanderungszeitliche Siedlung von Wurmlingen, Kreis Tuttlingen. Materialhefte zur Archäologie in Baden-Württemberg 71 (Stuttgart 2003). – M. Reuter, Leben in römischen Ruinen, in: Imperium Romanum (Anm. 1) 111–118.

3   Aulfingen: M. Knaut, Frühe Alamannen in Baden-Württemberg. In: D. Planck (Hrsg.), Archäologie in Württemberg (Stuttgart 1988) 331. – Aldingen: B. Scholkmann, Die Grabungen in der evangelischen Mauritiuskirche zu Aldingen, Landkreis Tuttlingen. Forschungen und Berichte zur Archäologie des Mittelalters in Baden-Württemberg 7 (Stuttgart 1981) 223–302 mit Abb. 18,1. – Mühlheim-Stetten: G. Fingerlin, Archäologische Ausgrabungen in Baden-Württemberg 1988 (1989) 208–211. – Ch. Gildhoff, Mühlheim-Stetten. Siedlung und Gräberfeld, in: Alamannen 2008 (Anm. 1).

4   Ch. Morrissey, Frühmittelalterliche Höhensiedlungen und Befestigungen, in: Alamannen 2008 (Anm. 1) 76 f.

5   Fundberichte aus Baden-Württemberg 26, 2002, 150 f. Abb. 30. – F. Garscha, Die Alamannen in Südbaden. Katalog der Grabfunde. Germanische Denkmäler der Völkerwanderungszeit A 40 (Berlin 1970) 202; Taf. 9,6.

6   P. Revellio. Ein Schatzfund römischer Münzen bei Immendingen / E. Ritterling, Zum Münzfund von Immendingen. Germania 5, 1921, 113–120.

7　Fundberichte aus Schwaben. Neue Folge 4, 1928, 87–90. – Tuttlinger Heimatblätter Heft 11, 1930, 37–39. – W. Veeck, Die Alamannen in Württemberg. Germanische Denkmäler der Völkerwanderungszeit 1 (Berlin/Leipzig 1931) 84. – J. Henning, Zur Datierung von Werkzeug- und Agrargerätefunden im germanischen Landnahmegebiet zwischen Rhein und oberer Donau. Jahrbuch des Römisch-Germanischen Zentralmuseums 32, 1985, 570–594 bes. 583 Nr. 35.

8　H.-W. Böhme, Kontinuität und Traditionen bei Wanderungsbewegungen im frühmittelalterlichen Europa vom 1.–6. Jahrhundert. Archäologische Informationen 19/1&2, 1996, 89–103; Verbreitungskarte 95 Abb. 5. – H.-U. Voss, Die Beziehungsgeflechte germanischer Eliten vor und nach den Markomannenkriegen. Slovenská Archeológia 65/2, 2017, 321–342, hier S. 338 f. mit Abb. 16.

9　H.-W. Böhme, Der Frankenkönig Childerich zwischen Attila und Aetius. Zu den Goldgriffspathen der Merowingerzeit. Claus Dobiat (Hrsg.), Festschrift für Otto-Herman Frey zum 65. Geburtstag. Marburger Studien zur Vor- und Frühgeschichte 16 (Marburg 1994) 69–110, bes. 86.

10　F. Garscha, Die Alamannen in Südbaden (Berlin 1970) 222

11　Bestimmung durch Marcus Meyer, Landesamt für Denkmalpflege im Regierungspräsidium Stuttgart (Esslingen).

12　Unter den Beigaben, die im Grab von Childerich in Tournai geborgen wurden, befand sich ein Münzschatz aus über 100 Goldmünzen, u. a. auch von Leo I. Dieser Schatz wird als Zahlung im Zusammenhang mit einem Bündnisvertrag zwischen Childerich und Leo (etwa 476/477) gedeutet.

13　M. Knaut, Vom Einzelgrab zum Friedhof. In: Die Alamannen. Begleitband zur Ausstellung „Die Alamannen", 14. Juni 1997 bis 14. September 1997 (Stuttgart 1997) bes. 179–186 und Karte 182.

14　D. Quast, Bemerkungen zum merowingerzeitlichen Gräberfeld von Fridingen an der Donau, Kreis Tuttlingen. Fundberichte aus Baden-Württemberg 20, 1995, 737–801. – K. G. Kokkotidis, Belegungsablauf und Bevölkerungsstruktur auf dem alemannischen Gräberfeld von Fridingen an der Donau in Südwestdeutschland. Fundberichte aus Baden-Württemberg 20, 1995, 803–836.

15　W. Menghin, Tauschierarbeiten der Merowingerzeit. Kunst und Technik. Museum für Vor- und Frühgeschichte, Bestandskataloge 2 (Berlin 1994) 187 f. – W. Menghin, Schwerter des Goldgriffspathenhorizonts im Museum für Vor- und Frühgeschichte, Berlin. Acta Praehistorica et Archaeologica 26/27, 1994/1995, 140–191, bes. 140–143.

16　Böhme, Childerich (wie Anm. 9) 107.

17　Kartierung in: Dieter Quast, Merowingerzeitliche Grabfunde aus Gültlingen. Forschungen und Berichte zur Vor- und Frühgeschichte in Baden-Württemberg 52 (Stuttgart 1993) Abb. 25. Dazu Liste 1.

# Das Mittelalter im Landkreis Tuttlingen

Andreas Haasis-Berner

Als Mittelalter wird die Zeit zwischen dem endgültigen Ende des Römischen Reiches und dem Beginn der Neuzeit um 1500 bezeichnet. In Zahlen bedeutet das einen Zeitraum von rund 1000 Jahren. Für die Geschehnisse in der ersten Hälfte dieses Abschnittes sind wir überwiegend auf archäologische Quellen angewiesen. Erst nach etwa 1000 nimmt die Zahl von aussagekräftigen Schriftquellen zu.

Um 600 wird in Konstanz das Bistum begründet, das für das Herzogtum Alamannien (ab etwa 900: Schwaben) in kirchlicher Hinsicht zuständig war. Spätestens seit dieser Zeit muss mit einer Hinwendung zum Christentum und einer immer stärker werdenden Christianisierung der Bevölkerung gerechnet werden. Goldblattkreuze, die in Gräbern des 7. Jahrhunderts in Wurmlingen und Hintschingen gefunden wurden, sind ein deutlicher Hinweis auf den neuen Glauben. Konstanz und der angrenzende Hegau mit den dortigen Herrschaftssitzen (Hohentwiel, Pfalz Bodman) sind somit für den Raum des heutigen Landkreises Tuttlingen für mehrere Jahrhunderte die einzigen Gebiete von zentraler Bedeutung. Denn trotz der Tatsache, dass das Donautal einen Ost-West-Korridor vorgibt und somit Verkehr anzog, bildeten sich hier (im Gegensatz zur Baar oder zum Hegau) keine ausgesprochenen Herrschaftszentren heraus.

Umfangreichere Ausgrabungen von frühmittelalterlichen Siedlungen erfolgten im Landkreis Tuttlingen in Stetten und Bärenthal.[1] Davon abgesehen zeigen die zahlreichen Grabfunde und Gräberfelder, die seit langem bekannt sind und vielfach untersucht wurden, aber auch Lesefunde, dass alle siedlungsgünstigen Hanglagen nahe den Flüssen und Bächen seit dem 6. Jahrhundert besiedelt waren (Abb. 1).[2]

Schon vor 60 Jahren untersucht, aber bis heute nicht veröffentlicht wurde das Gräberfeld von Egesheim. Hier wurden im Anhauser Tal durch Rudolf Ströbel 28 Grabstätten freigelegt (Abb. 2). Das Bemerkenswerte ist, dass es sich überwiegend um Steinplattengräber handelt, d. h. in die Grabgruben waren (teilweise behauene) Kalksteinplatten als Umrahmung eingestellt worden –

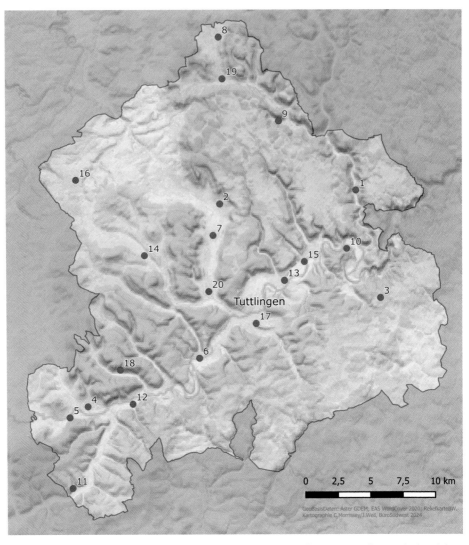

Abb. 1: Mittelalterliche Fundorte im Landkreis Tuttlingen. In den folgenden Aufsätzen behandelte Fundorte: 1 – Bärenthal. – 2 Balgheim. – 3 Buchheim-Gründelbuch. – 4 Geisingen. – 5 Gutmadingen. – 6 Möhringen. – 7 Rietheim. In diesem Beitag erwähnt: 8 Deilingen. – 9 Egesheim-Anhauser Tal. – 10 Fridingen, Alt-Fridingen. – 11 Geisingen-Leipferdingen »Heidenlöcher«. – 12 Hintschingen. – 13 Nendingen. – 14 Seitingen-Oberflacht. – 15 Stetten a. d. D. – 16 Trossingen. – 17 Tuttlingen »Honberg«. – 18 Kloster Amtenhausen. – 19 Wehingen. – 20 Wurmlingen. (Ch. Morrissey).

Abb. 2: Egesheim-Minksteigle. Der frühmittelalterliche Friedhof einer ehemaligen Siedlung wurde von Rudolf Ströbel freigelegt. Er zeichnet sich durch Steinplattengräber aus. (R. Ströbel).

eine Grabgestaltung, die im Landkreis Tuttlingen die Ausnahme bildet. In zwei Fällen deutet sich die Einfassung eines Grabhügels an. Beigaben wurden keine dokumentiert. Dies und die Art der Grabeinfassung sprechen für eine Datierung in das 7.–9. Jahrhundert n. Chr., denn naturwissenschaftliche Datierungen von vergleichbaren Bestattungen in Überauchen (Schwarzwald-Baar-Kreis) haben dort eine Datierung in das 8./9.Jahrhundert n. Chr. ergeben, was auf die Egesheimer Gräber übertragen werden könnte.[3] Somit deutet sich an, dass mindestens ein Teil der beigabenlosen Bestattungen, die bislang ausschließlich in die Merowingerzeit datiert wurden, durchaus deutlich jünger sein können. Dies bedeutet aber auch, dass Friedhöfe bei Kirchen zum Teil erst ab dem ausgehenden ersten Jahrtausend angelegt wurden.[4] Dass aber auch schon ab dem 7. Jahrhundert Kirchen und direkt angrenzende Friedhöfe vorhanden waren, zeigt die Ausgrabung in Bärenthal. Diese Beispiele verdeutlichen, dass es in der Zeit zwischen etwa 600 und 1000 mehrere Möglichkeiten gab, wo und wie die Verstorbenen bestattet wurden.

In den Jahren seit 2002 – dem Jahr des letzten Überblickes über die archäologischen Ausgrabungen im Landkreis Tuttlingen – wurden u. a. in Seitingen-Oberflacht,[5] Nendingen,[6] Gutmadingen, Möhringen, Rietheim und Wehingen Bestattungen der Merowingerzeit untersucht.

Abb. 3: Bei einer Nachgrabung im Bereich des altbekannten Gräberfeldes von Oberflacht im Jahre 2006 wurden weitere Gräber entdeckt, u. a. auch Baumsärge, wie hier das Grab 20. (Landesamt für Denkmalpflege im Regierungspräsidium Stuttgart, D. Tschocke).

Ein Grabfund aus dem Landkreis Tuttlingen hat in ganz Europa für Aufsehen gesorgt. Unter widrigsten Bedingungen bargen die Mitarbeiter der archäologischen Denkmalpflege aus Freiburg im Winter 2001/2002 in Trossingen eine hölzerne Grabkammer mit einem zu einem Sarg umgestalteten Bett. Aufgrund exzellenter Erhaltungsbedingungen für organisches Material enthielt das Grab neben Waffen auch Textilien, Leder, Möbel, Haushaltsgegenstände sowie eine verzierte Leier (Abb. 3). Anhand solcher Funde wird deutlich, wie umfangreich die Beigaben sein konnten und wie stark der Verlust aufgrund des Vergehens dieser organischen Funde in den allermeisten Fällen ist. Die dendrochronologische Datierung der Hölzer sowie verschiedene jahreszeitspezifische Beigaben wie Ähren und Nüsse ergab für die Niederlegung den Oktober/November des Jahres 580 n. Chr.[7] Aufgrund spezieller Bodenverhältnisse gibt es im Landkreis Tuttlingen mehrere Fundstellen, an denen Grabkammern, Baumsärge und teilweise die organischen Beigaben erhalten geblieben sind (z. B. Oberflacht) und die aus diesem Grund in der archäologischen Fachwelt in ganz Europa bekannt sind (Abb. 3).

Die früh- und hochmittelalterliche Gesellschaft war weitgehend grundherrschaftlich organisiert. Das bedeutet, dass der Grund und Boden, aber

Abb. 4: Ruine Honberg Tuttlingen. (Kreisarchiv Tuttlingen, J. Fischer-Höhn).

auch die darauf lebenden Menschen zu einer weltlichen oder einer kirchlichen Grundherrschaft gehörten. Die Bedrohung durch die Ungarn, die ab 909 das Herzogtum Schwaben für mehrere Jahrzehnte unsicher machten, führte auch zum Bau von Befestigungen auf Höhen. Gerade die kleine Anlage »Heidenlöcher« bei Geisingen-Leipferdingen, von der Funde des 10. Jahrhunderts bekannt sind, könnte in diesem Zusammenhang gesehen werden.[8] Ab dem 11. Jahrhundert dienten Burgen Adeligen als (namengebende) Stammsitze. Eine der frühesten Anlagen konnte bei Buchheim identifiziert werden (Gründelbuch, 11. Jh.).[9] Eine bedeutende Festung war die ab 1460 durch die Herzöge von Württemberg errichtete Burg Honberg bei Tuttlingen (Abb. 4). Da bei Burgen kaum Baumaßnahmen anstehen, gibt es in der Regel auch keinen (denkmalpflegerischen) Grund, archäologische Grabungen durchzuführen. Insbesondere durch Begehungen von ehrenamtlichen Mitarbeitern konnten jedoch Oberflächenfunde geborgen werden, die unter anderem Aussagen über Beginn und Ende der Burgen ermöglichen.

Um das Jahr 1000 entstanden im Deutschen Reich größere Städte (Köln, Speyer, Worms). Aber erst in der Zeit des Interregnums um die Mitte des

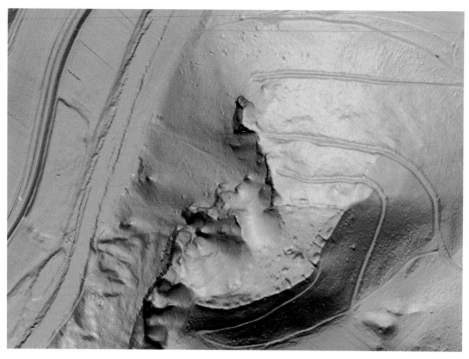

Abb. 5: Die im 13. Jahrhundert auf einem Berg errichtete Stadt Fridingen musste nach wenigen Jahren aufgegeben werden. Die Reste der ehemaligen Stadtmauer sowie der Gebäude sind im Wald noch gut erhalten. (LGL, www.lgl-bw.de. Data licence Germany – attribution – Version 2.0. https://opengeodata.lgl-bw.de).

13. Jahrhunderts kam es zu einer Welle an Stadtgründungen, während der im heutigen Landkreis Tuttlingen Geisingen, Möhringen, Mühlheim und Tuttlingen entstanden sind. Eine Besonderheit ist die zunächst misslungene Stadtgründung Alt-Fridingen. Hier kann im digitalen Geländemodell der Grundriss der aufgegebenen Stadt ohne größere Schwierigkeiten rekonstruiert werden (Abb. 5). Grabungen innerhalb der genannten Städte sind bislang in einem geringen Umfang durchgeführt worden. Die aktuellste Grabung in einer mittelalterlichen Stadt ist die von Geisingen.

Im Landkreis Tuttlingen sind ein knappes Dutzend klösterliche Niederlassungen bekannt. Dabei handelt es sich überwiegend um Schwesternsammlungen und einige wenige Frauenklöster. Das bekannteste und bedeutendste Kloster ist das von Amtenhausen. Es ist mit seiner Gründung im Jahre 1102 das älteste wie auch das einzige, das bis über die Säkularisation hinaus bestanden hat. Die anderen wurden überwiegend im frühen 14. Jahrhundert begründet und häufig zwischen dem Ende des 15. Jahrhunderts und der Mitte

Abb. 6: Die nur schwach fundamentierten Unterstände für Schafe wurden bei Deilingen freigelegt. Sie belegen die Bedeutung der Schafzucht im 15. Jahrhundert. (ArchaeoBW, N. Huber).

des 16. Jahrhunderts wieder aufgegeben. Archäologische Untersuchungen an diesen Niederlassungen haben bislang noch nicht stattgefunden.

Mineralische Bodenschätze beschränken sich im Landkreis weitgehend auf Eisenerze. Von dem oberflächennahen Bergbau auf Bohnerze zeugen in manchen Regionen zahllose Pingen, also eingestürzte Gruben, in denen das Erz im Tagebau gewonnen wurde. Schriftquellen zum Eisenerzbergbau setzen erst mit dem ausgehenden Mittelalter ein. Archäologische Untersuchungen haben hier bislang noch nicht stattgefunden, weshalb wir über die (vor-?) mittelalterliche Datierung der Eisengewinnung nichts sagen können.[10] Die Ausgrabung in Bärenthal erbrachte erste Hinweise auf eine frühmittelalterliche Verhüttung von Eisenerzen.[11] In der Neuzeit erfolgte die Verhüttung der Eisenerze in großen, herrschaftlichen Schmelzwerken (Tuttlingen, Bachzimmern und Wehingen-Harras).[12] Ein ungewöhnlicher Befund konnte in Deilingen nachgewiesen werden. Hier war es möglich, die Reste spätmittelalterlicher Schafpferche aufzudecken (Abb. 6).[13]

Auch wenn wir uns mit dem Mittelalter bereits in historischen Zeiten befinden – ohne die Tätigkeit der archäologischen Denkmalpflege wären viele Themenfelder (Siedlungswesen, Wirtschaftsweise, Sachgüter etc.) der Zeit bis 1500 nicht oder nur unzureichend bekannt!

1 Die Siedlung Stetten wurde zwar von Christian Gildhoff im Rahmen einer Dissertation an der Universität Freiburg ausgewertet, die Ergebnisse stehen jedoch leider nicht zur Verfügung. Zu Bärenthal: siehe Beitrag Haasis-Berner mit weiterführender Literatur.

2 Stellvertretend für zahlreiche Aufsätze und Fundmeldungen: A. von Schnurbein, Der alemannische Friedhof bei Fridingen an der Donau. Forschungen und Berichte zur Vor- und Frühgeschichte in Baden-Württemberg 21(Stuttgart 1992). – S. Schiek, Das Gräberfeld der Merowingerzeit bei Oberflacht. Forschungen und Berichte zur Vor- und Frühgeschichte in Baden-Württemberg 41/1 (Stuttgart 1992). – P. Paulsen, Die Holzfunde aus dem Gräberfeld bei Oberflacht. Forschungen und Berichte zur Vor- und Frühgeschichte in Baden-Württemberg 41/2 (Stuttgart 1992). – M. Weis, Ein Gräberfeld der späten Merowingerzeit bei Stetten an der Donau. Materialhefte zur Archäologie in Baden-Württemberg 40 (Stuttgart 1999).

3 J. Deible, Frühmittelalterliche Bestattungen in prähistorischen Grabhügeln. Die Gräber im Eggwald bei Überauchen. In: Das Brigachtal im Frühen Mittelalter. Archäologische Informationen aus Baden-Württemberg 67 (Esslingen 2013) 28–34.

4 Ein eindrucksvolles Beispiel ist ein Gräberfeld am Spalenberg in Basel. Obwohl Basel seit der Mitte des 8. Jahrhunderts Bischofsstadt ist, bestand am Spalenberg vom späten 8. bis zum 10. Jahrhundert ein Gräberfeld ohne Bezug zu einer Kirche. Erst im 10. Jahrhundert wurde die Peterskirche errichtet, bei der ab diesem Zeitpunkt die Verstorbenen bestattet wurden. Ch. Matt, Rund um Basel. In: C. Sieber-Lehmann/P.-A. Schwarz (Hrsg.) Eine Bischofsstadt zwischen Oberrhein und Jura. Basel 800–1273 (Basel 2023) 68–78 bes. 70 f.

5 A. Bräuning, Neue Gräber aus dem alamannischen Gräberfeld von Oberflacht, Gde. Seitingen, Kreis Tuttlingen. Archäologische Ausgrabungen in Baden-Württemberg 2006 (Stuttgart 2007) 163–165.

6 J. Klug-Treppe/J. Wahl, Anders als andere Männer – Ein rätselhaftes Doppelgrab aus einem frühmittelalterlichen Friedhof in Nendingen, Stadt Tuttlingen. Archäologische Ausgrabungen in Baden-Württemberg 2007 (2008) 152–157.

7 Zu Trossingen Grab 58: J. Klug-Treppe, Archäologische Kulturdenkmale im Kreis Tuttlingen. In: Landkreis Tuttlingen. Geschichte. Gegenwart. Chancen (Tuttlingen 2002) 92–113 bes. 111–112. – J. Klug-Treppe, Außergewöhnliche Funde und Einbauten aus Holz in Gräbern des merowingerzeitlichen Friedhofes von Trossingen, Kreis Tuttlingen. Archäologische Ausgrabungen in Baden-Württemberg 2002 (2003) 148–151. – B. Theune-Großkopf, Herausragende Holzobjekte aus Grab 58 von Trossingen, Kreis Tuttlingen. Archäologische Ausgrabungen in Baden-Württemberg 2002 (2003) 151–154. – Ch. Ebhardt-Beinhorn/B. Nowak, Untersuchungen an Textilresten aus Grab 58 von Trossingen, Kreis Tuttlingen. Archäologische Ausgrabungen in Baden-Württemberg 2002 (2003) 154–157. – B. Theune-Großkopf, Die vollständig erhaltene Leier des 6. Jahrhunderts aus Grab 58 von Trossingen, Ldkr. Tuttlingen, Baden-Württemberg. Ein Vorbericht. Germania 84/1, 2006, 93–142. – M. Speidel, Göttertanz und Unheil-Schlangen – Die Bilder der Trossinger Leier. Fundberichte aus Baden-Württemberg 35, 2015, 537–554. – B. Theune-Großkopf, Mit Leier und Schwert. Das frühmittelalterliche »Sängergrab« von Trossingen (Friedberg 2022).

8 Fundberichte aus Baden-Württemberg 41, 2023, 580 f.

9 Zahlreiche Burgen des Landkreises Tuttlingen sind ausführlich beschrieben in: Ch. Bizer, Oberflächenfunde von Burgen der Schwäbischen Alb. Forschungen und Berichte zur Archäologie des Mittelalters in Baden-Württemberg 26 (Stuttgart 2006).

10 Welche Aussagen möglich sind, zeigt ein Blick über die Kreisgrenze: B. Tuchen, Bohnerzabbau in Hohenzollern im 19. Jahrhundert. Mitteilungen der Deutschen Gesell-

schaft für Archäologie des Mittelalters und der Neuzeit 29, 2016, 265–270. – B. Tuchen, Pingen – »Eisenloch« – Hochofen. Relikte der neuzeitlichen Eisenindustrie in Hohenzollern. Denkmalpflege in Baden-Württemberg – Nachrichtenblatt der Landesdenkmalpflege 45/2, 2016, 121–125.

11   A. Düring, Der Friedhof von Bärenthal auf der Scherra. Fundberichte aus Baden-Württemberg 34/2, 2014, 391–490.

12   Tuttlinger Heimatblätter N. F. 64, 2001, Beiträge von Schuster, Woll, Fliegauff/Halbekann und Müller.

13   A. Haasis-Berner/N. Huber, Hinweise auf spätmittelalterliche Schafhaltung bei Deilingen. Archäologische Ausgrabungen in Baden-Württemberg 2020 (2021) 327–328.

Abteilung Oberflachter Grabfunde im Museum Seitingen-Oberflacht. (Kreisarchiv Tuttlingen J. Fischer-Höhn).

# Das merowingerzeitliche Gräberfeld von Gutmadingen

Andreas Haasis-Berner

Die urkundlich erste Nennung von Ortschaften ist ein beliebter und sinnvoller Anlass, auf die Vergangenheit des Ortes zurückzublicken. Dabei muss man sich bewusst sein, dass dieses Jubiläum aufgrund zahlreicher Überlieferungslücken willkürlich ist. Die erste bekannte Urkunde ist meistens nicht die erste, die ausgestellt wurde, und der schriftliche Nachweis eines Ortes sagt nicht viel über sein tatsächliches Alter aus. Deshalb ist es sinnvoll, zusätzlich die archäologischen Quellen der jeweiligen Gemarkung zum Sprechen zu bringen: Diese weisen in der Regel eine wesentlich größere historische Tiefe auf als die Schriftquellen, auch wenn die Quellenkritik ebenso berücksichtigt werden muss. Im Prinzip besteht bei jeder Baustelle die Möglichkeit, dass die Geschichte eines Ortes in die Vergangenheit verlängert werden kann.

So war es eine glückliche Fügung, dass zwei Jahre vor dem 2023 begangenen Jubiläum von Gutmadingen im Zusammenhang mit der Erschließung des Neubaugebietes »Westäcker« Funde und Befunde zutage traten, die einen völlig neuen Blick auf die Geschichte von Gutmadingen werfen.

Der Ort selbst liegt unmittelbar südlich der jungen Donau in der Baar. Die Baar ist eine Ebene zwischen den Mittelgebirgen Schwarzwald und Schwäbischer Alb und somit für Menschen, die von Norden nach Süden (Bodensee, Alpen) wollen, ein naturgegebener Korridor. Gleichzeitig stellt das Donautal eine wichtige Verbindung von Osten nach Westen dar. Die Verlängerung nach Westen erfolgte dann über den Schwarzwald (Dreisamtal) zum Rhein. Somit konzentriert sich auf der Baar der Transitverkehr durch Südwestdeutschland.

# Das frühmittelalterliche Gräberfeld

Schon der Name von Gutmadingen mit seiner »-ingen«-Endung gibt einen Hinweis auf eine Entstehung im frühen Mittelalter. Die Ortsnamenforschung geht für derartige Orte von einer Entstehung im 6. Jahrhundert aus. Was sie nicht kann, ist eine Auskunft darüber zu geben, welche Art von Siedlung diesen Namen trug. War es ein einzelnes Gehöft, waren es mehrere Gehöfte innerhalb einer Gemarkung oder war es gar ein Weiler oder ein Dorf? Sicher ist, dass der Name früh entstanden ist und tradiert wurde. Dies spricht für eine durchgehende Besiedlung des Ortes, unabhängig davon, ob er aus einem oder mehreren Höfen bestand.

In der archäologischen Forschung wird für frühmittelalterliche Befunde das Synonym »Merowingerzeit« verwendet. Der Begriff leitet sich von den merowingischen Königen ab, die von der zweiten Hälfte des 5. Jahrhunderts bis zu ihrer Ablösung durch die Karolinger im Jahr 751/752 herrschten.

Während dieser Zeit entstand vor allem im Raum östlich von Vogesen, Ardennen und Rheinmündung die Sitte, die Verstorbenen mit Beigaben versehen auf Friedhöfen in mehr oder weniger regelhaften Reihen zu bestatten. Diese Friedhöfe können nur einige wenige Bestattungen enthalten oder weit über 1000. Manche Bestattungsplätze wurden nur wenige Jahre genutzt, andere mehr als 200 Jahre. Unklar ist, ob es sich um die Verstorbenen eines Dorfes handelt oder um diejenigen der auf der Gemarkung befindlichen Höfe. Auch Beispiele für mehrere Friedhöfe innerhalb einer Gemarkung sind bekannt. Zuweilen wurden Tote auch in Bereichen des eigenen Hofes bestattet. Diese Gräber zeichnen sich oft durch reiche Beigaben aus, weshalb von einer Art Adelsgrablege gesprochen wird. Auch das Christentum, das ab etwa 500 n. Chr. in den Gebieten östlich des Rheins in unterschiedlicher Intensität und Ausprägung nachzuweisen ist, hat auf die Wahl des Bestattungsortes Einfluss genommen. Ab etwa 600 n. Chr. gibt es Kirchen und auch Bestattungen in Kirchen. Aber parallel dazu wurden zahlreiche eindeutig christliche Gräber noch oder wieder im Bereich der Reihengräberfriedhöfe angelegt. Man geht davon aus, dass ab dem 8. Jahrhundert die Reihengräberfelder verstärkt zugunsten der Friedhöfe rund um die Kirchen aufgegeben wurden, auch wenn es bis in das 10. Jahrhundert hinein Belege für Bestattungen abseits der Kirchen gibt. Die Merowingerzeit war eine in sozialer und politischer Hinsicht sehr dynamische Zeit, was auch in den unterschiedlichen Bestattungsformen seinen Niederschlag fand.

Abb. 1: Blick von Westen auf das Neubeugebiet von Gutmadingen und die darin in Gelb markierte Grabungsfläche. (Archaeotask, B. Herbst).

Diese knappen Vorbemerkungen waren notwendig, um das im Folgenden beschriebene Gräberfeld besser einordnen zu können. Da die Ausgrabung erst 2022 abgeschlossen wurde und nur wenige Objekte restauriert sind, kann hier nur ein kurzer Vorbericht gegeben werden.[1]

Die Ausgrabung erfolgte 2021–2022 im Auftrag der Stadt Geisingen durch die Firma ArchaeoTask GmbH in zwei Grabungskampagnen. Die Grabungsleitung hatte Daria Heutz-Della Vite inne, die auch die unten angegebene anthropologische Erstansprache der Skelette durchführte. Das Gräberfeld liegt 200 m südlich der Donau. Wo sich die zugehörige Siedlung bzw. die zugehörigen Höfe befanden, ist derzeit völlig unklar.

Die durch die Erschließung des Neubaugebietes verursachte Entdeckung des Gräberfeldes ist jedoch ein Glücksfall für den Ort. Zwar muss das Gräberfeld wahrscheinlich schon beim Bau der älteren Häuser (unerkannt?) angeschnitten worden sein, jetzt konnten aber mit modernen Methoden 120 Bestattungen untersucht werden. Sie lagen sehr dicht und in unterschiedlichen Tiefen auf einer Fläche von 1500 m². Die Grabungsgrenzen im Norden, Westen und Süden wurden eindeutig erreicht, im Osten aufgrund der älteren Bebauung nicht. Unter Berücksichtigung der Topographie und der mutmaßlichen Ausdehnung nach Osten dürfte das Gräberfeld etwa 180 Bestattungen umfasst haben (Abb. 1).

Abb. 2: Ganz am Ende der Grabung kam am Rand der Grabungsfläche eine ungewöhnliche Dreierbestattung zum Vorschein. (Archaeotask, D. Heutz-Della Vite).

Die Grabgruben waren bis zu 2 m in den anstehenden Boden eingetieft. In wenigen Fällen sind Holzstrukturen zu erkennen, die möglicherweise mit einem Einbau zusammenhängen. Strukturen aus Stein, wie andernorts üblich, wurden nicht angetroffen.

Die Verstorbenen wurden, wie es der Regel der damaligen Zeit entsprach, auf dem Rücken liegend bestattet. Die Arme lagen seitlich des Körpers, der Kopf befand sich im Westen. Eine Abweichung gab es nur im Fall einer Dreierbestattung, bei der der im Norden liegende Mann auf der Seite liegend beigesetzt wurde und somit seinen Blick den beiden anderen Verstorbenen zuwandte (Abb. 2). Es ist sehr wahrscheinlich, dass diese drei Personen gleichzeitig verstorben sind und vermutlich auch eine enge (familiäre?) Bindung aufwiesen. Die Gründe für ihr Ableben konnten bislang nicht ermittelt werden.

Sofern der Erhaltungsgrad der Knochen eine Bestimmung zuließ, konnte das Sterbealter ermittelt werden. 74 Bestattungen waren die von Erwachsenen, 33 die von Jugendlichen und 19 die von Kindern. Geradezu typisch sind Schäden an den Zähnen bis hin zu Zahnverlust. Ebenso typisch sind Veränderungen am Knochen aufgrund starker körperlicher Belastung. Natürlich gibt es auch verheilte Knochenbrüche. In einem Fall trat der Tod nachweislich durch Gewalteinwirkung ein: in der Schädelkalotte eines Mannes fand sich eine Pfeilspitze.

Abb. 3: Blick auf das Grab eines mit vollständiger Bewaffnung beigesetzten Mannes. Zwischen seinen Füßen befindet sich ein Glasbecher. (Archaeotask, D. Heutz-Della Vite).

Es ist verlockend, anhand der Gräber auf die Anzahl der ursprünglichen Bevölkerung zu schließen, aber dies ist mit großen Unsicherheiten behaftet. Es ist sicher, dass die Kindersterblichkeit sehr hoch war, von den Kindern unter sechs Jahren wurden jedoch so gut wie keine Hinweise gefunden. Die Anzahl der tatsächlich Verstorbenen muss folglich höher gewesen sein. Wenn wir von nur 180 Bestattungen in 100 Jahren (= vier Generationen) ausgehen, so umfasste eine Generation 45 Personen. Dies könnte fünf bis höchstens acht Familien darstellen.

Wie oben schon erwähnt, zeichnen sich die Bestattungen dieser Zeit durch zahlreiche geschlechtsspezifische Beigaben aus. So konnten in den insgesamt wenig beraubten Männergräbern insgesamt 20 einseitige Hiebschwerter (sogenannte Saxe), sechs zweischneidige Schwerter (Spathen), 13 Lanzenspitzen (darunter eine mit einer außergewöhnlichen Länge von 62 cm), drei Schildbuckel sowie 42 Pfeilspitzen geborgen werden. Besonders die Gürtel der Männer waren mit Schnallen, Beschlägen oder Riemenzungen versehen, die geometrische Muster aus eingelegtem Silberdraht aufweisen. Anhand dieser sogenannten »Tauschierungen«, die in zwölf Gräbern vorhanden waren, lassen sich die Bestattungen einigermaßen gut datieren. Die meisten Muster sind abstrakt geometrisch, in drei Gräbern sind sie im sogenannten Tierstil ausgeführt. Als

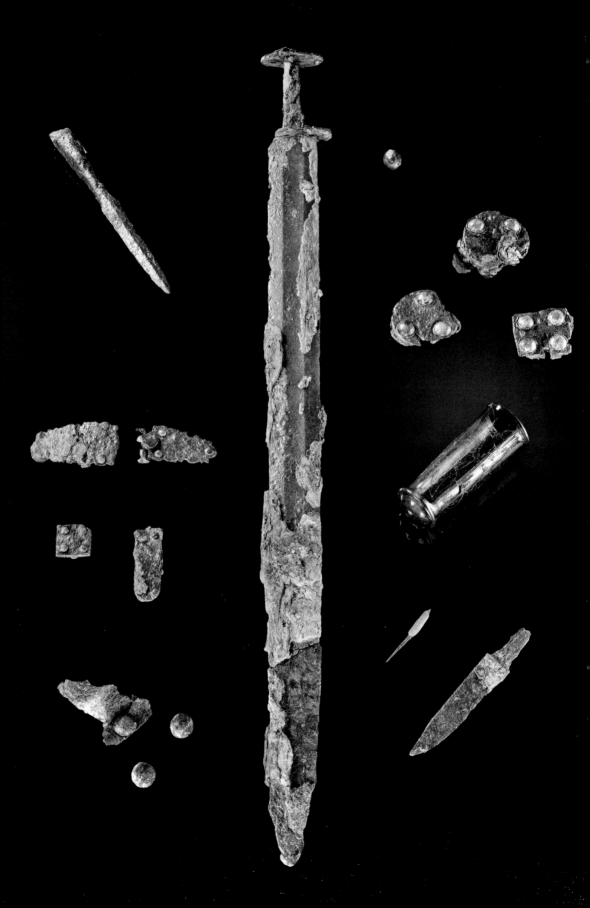

außergewöhnlicher Fund ist ein Sturzbecher aus honiggelbem Glas zu nennen, der in einem reich mit Waffen ausgestatteten Männergrab gefunden wurde (Abb. 3–4). Dieses Glas wurde vermutlich im Raum des heutigen Belgien im zweiten oder dritten Drittel des 6. Jahrhunderts gefertigt. Im Gegensatz zu heute üblichen Gläsern hat es keinen Standboden – einmal gefüllt, musste es in einem Zug geleert werden, um es dann auf der Mündung abstellen zu können.

Die für Frauengräber typischen Beigaben sind Ketten aus Glasperlen, Ohrringe, Beutel, die auf Wadenhöhe getragen wurden und die allerlei Gegenstände enthielten, sowie durchbrochene Bronzezierscheiben (dreimal belegt). Selten sind Fibeln (zweimal belegt), eine Art Brosche (Abb. 5–6).

Bei beiden Geschlechtern war die Verwendung von aufwendig verzierten Knochenkämmen verbreitet (26 Funde). Es gibt sowohl einreihige als auch zweireihige Kämme. Einer der Kämme kam offenbar schon defekt in das Grab. Offenbar wollte man dem Toten zwar eine scheinbar vollständige Ausstattung mitgeben, nicht jedoch einen nutzbaren Kamm. Selten ist die Beigabe von Keramikgefäßen (dreimal), in denen ursprünglich wohl Speisen oder Getränke enthalten waren.

Die erste Übersicht über die noch weitgehend unrestaurierten Funde lässt dennoch eine grobe Datierung der Bestattungen und somit auch des gesamten Gräberfeldes zu. So sind die erwähnten Bestattungen mit Gefäßbeigaben aus Glas oder Keramik, aber auch die Frauengräber mit den Zierscheiben oder den einzelnen Fibeln eindeutig in das 6. Jahrhundert zu datieren. Zweifellos im 7. Jahrhundert sind die Verstorbenen mit tauschierten Gürtelbeschlägen (elf Bestattungen) beigesetzt worden. Somit ergibt sich eine erste Datierung des Gräberfeldes in die Zeit zwischen etwa 550 und 650 n. Chr.

Wie oben schon erwähnt, kann es innerhalb derselben Gemarkung mehrere Gräberfelder geben – so auch in Gutmadingen. Denn schon 1939 und 1997 waren im heutigen Ortskern in der Alemannenstraße / Ecke Hangstraße jeweils bei Bauarbeiten Gräber, teilweise mit Beigaben (Lanzenspitze, Sax, Perlen), geborgen worden. Da zwischen diesen Fundstellen und dem neu entdeckten Gräberfeld über 200 m liegen, dürfte es sich nicht um Teile desselben Friedhofes handeln. Vielmehr ist davon auszugehen, dass es sich um zwei getrennte, aber etwa gleichzeitig genutzte Bestattungsplätze handelt. Wie groß jedoch dieser Friedhof war, ist derzeit nicht anzugeben.

Abb. 4: Die Bewaffnung des Mannes bestand aus einer Spatha, einer Lanze sowie einem Schild. Ungewöhnlich ist der honiggelbe Glasbecher. (Landesamt für Denkmalpflege im Regierungspräsidium Stuttgart, Y. Mühleis).

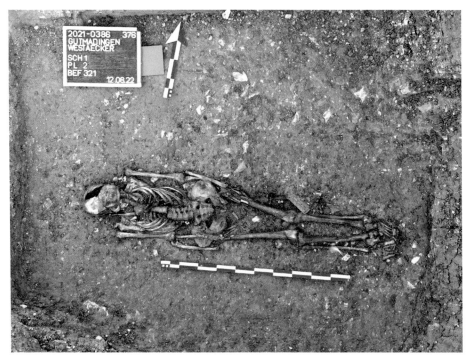

Abb. 5: Foto eines Frauengrabes. In dem Grab befanden sich eine Vogelfibel, Glasperlen, eine Tasche mit Kleinteilen sowie ein Kamm. (Archaeotask, D. Heutz-Della Vite).

Abb. 6: In dem Grab befand sich unter anderem ein reich verzierter Kamm aus Knochen. (Archaeotask, D. Heutz-Della Vite).

Somit liegen eindeutige Belege für ein deutlich höheres Alter von Gutmadingen vor. Die Ersterwähnung von Gutmadingen im Jahre 1273 erfolgte erst gut 700 Jahre nach dem Beginn der dauerhaften Besiedlung des Ortes. Wie die nahe des Gräberfeldes dokumentierten Siedlungsspuren zu deuten sind, muss derzeit offenbleiben. Denn die Befunde (Pfostengruben) waren nur noch flach erhalten und enthielten keinerlei Fundmaterial. Dadurch ist es nicht möglich, diese Siedlungsreste zu datieren.

Die geplante Auswertung des Gräberfeldes verspricht spannende Ergebnisse hinsichtlich der Fernverbindungen, der sozialen Struktur, des Gesundheitszustandes etc. der damaligen Bevölkerung, vor allem auch im Vergleich mit den merowingerzeitlichen Gräberfeldern aus der Umgebung, wie die von Neudingen, Geisingen und Hüfingen.

1 A. Haasis-Berner / G. Häußler, Ein vorgeschichtlicher (?) Siedlungsplatz über einem schnurkeramischen Grabhügel an der Donau bei Gutmadingen. Archäologische Ausgrabungen in Baden-Württemberg 2021 (2022) 44–47. – A. Haasis-Berner / G. Häußler, Ein merowingerzeitliches Gräberfeld in Gutmadingen. Archäologische Ausgrabungen in Baden-Württemberg 2021 (2022) 228–229. – A. Haasis-Berner / D. Heutz-Della Vite, Das merowingerzeitliche Gräberfeld von Gutmadingen. Archäologische Ausgrabungen in Baden-Württemberg 2022 (2023) 243–246.

Ortskern von Gutmadingen mit Pfarrkirche (Kreisarchiv Tuttlingen, J. Fischer-Höhn).

# Das frühmerowingerzeitliche Gräberfeld von Rietheim

Andreas Haasis-Berner

Rietheim als Teil der Gemeinde Rietheim-Weilheim liegt nördlich von Tuttlingen im Faulenbachtal. Nach Norden hin schließt sanft das Primtal an. Da der Faulenbach in die Donau und die Prim in den Neckar mündet, liegt zwischen ihren Quellgebieten die Europäische Wasserscheide. Dies fällt dem Reisenden jedoch nicht auf. Wichtig ist der Hinweis darauf, dass dieses Tal eine topographisch gute Möglichkeit bot und bietet, ohne größere Steigungen vom Donau- in das Neckartal zu kommen. Diesem natürlichen Korridor kommt somit eine gewisse Bedeutung hinsichtlich des überregionalen Verkehrs zu.

Schon vor 1913 und 1930 wurden in Rietheim unter anderem bei der Erweiterung der Bahnlinie merowingerzeitliche Bestattungen entdeckt und untersucht. Anhand der Funde ist eine Datierung in das 7. Jahrhundert möglich. Die Fundlage der drei 1930 gefundenen Gräber »etwa 500 m südlich des Bahnhofs«[1] führte im Vorfeld einer größeren Baumaßnahme im Jahr 2022 zu Sondagen und 2023 schließlich zu einer Ausgrabung. In diesem Zusammenhang wurden spätbronzezeitliche und urnenfelderzeitliche Brandgräber, aber auch vier merowingerzeitliche Skelettgräber entdeckt und untersucht. An der Stelle, wo 1930 die Gräber gefunden wurden, gab es wider Erwarten bei den Ausgrabungen keine Hinweise auf weitere Bestattungen.

## Die merowingerzeitlichen Körpergräber im Gewann »Hinter der Kirche« / »Dillgarten«

Die vier Ost-West ausgerichteten, sehr schmalen Körpergräber fanden sich in einer Bestattungstiefe zwischen 1,70 und 2,0 m unter der heutigen Oberfläche (Abb. 1). Es handelte sich in allen vier Fällen um auf dem Rücken liegende Skelette mit Blickrichtung nach Osten. Da die Gräber während der Ausgrabungen durchlaufend nummeriert wurden, tragen diese Gräber die Nummern 7–10.

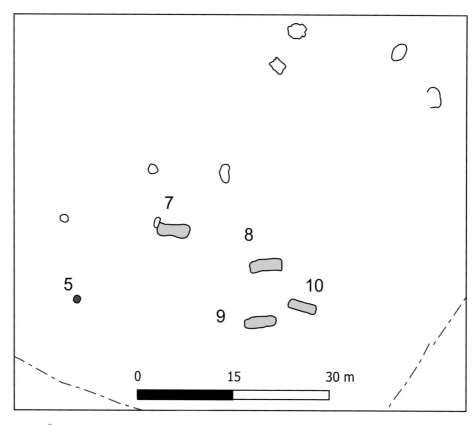

Abb. 1: Übersicht über die kleine Gräbergruppe. (Archaeotask).

*Grab 7*

Die Grabgrube maß 2,42 × 1,03 m. Sie war bis zur Bestattung in rund 2 m Tiefe gleichbleibend angelegt – bei dem schwierigen Boden sicherlich eine herausfordernde Arbeit (Abb. 2). Nach der ersten anthropologischen Ansprache handelt es sich bei der Bestatteten um eine eher weibliche, adulte (erwachsene) Person. Dies steht derzeit im Widerspruch zu den Beigaben, die auf eine männliche Bestattung hinweisen. Hier sind weitere anthropologische Untersuchungen abzuwarten. Der Leichnam war in einem Baumsarg (2,0 × 0,4 m) beigesetzt, der sich durch inkohltes Holz deutlich zu erkennen gab. Die Beigaben bestehen aus einem Gürtelbeschlag, drei Pfeilspitzen, einem Taschenbügel, einer tauschierten Gürtelschnalle, zwei weiteren Pfeilen sowie einer Bronzeschnalle. Auf der rechten Seite fand sich eine eiserne Wurfaxt (Franziska), deren Schaft mit Draht umwickelt war und durch die Korrosion in diesem Bereich gut erhalten blieb (Abb. 3–4). Neben dem linken Fuß fand sich ein Knochenkamm.

Abb. 2: Grab 7. Der hier bestattete Mann war in einer sehr tiefen und engen Grabgrube beigesetzt worden. (Archaeotask, D. Heutz-Della Vite).

Abb. 3: Grab 7. Die Wurfaxt in Fundlage. Der ehemals hölzerne Griff ist weitgehend vergangen und nur noch im Bereich der Umwicklung erhalten. (Archaeotask, D. Heutz-Della Vite).

Abb. 5: Grab 9. Eine der beiden Drei-Knopf-Fibeln in Fundlage. (Archaeotask, D. Heutz-Della Vite).

## Grab 8

Die Grabgrube maß 1,94 × 0,58 m und war ca. 1,6 m tief. Aufgrund der schlechten Erhaltung des Skeletts ist es nur mit Vorbehalt als juvenil (jugendlich) einzuschätzen. Die enge Lage der Beine könnte auf eine Beisetzung in einem Baumsarg hindeuten.

Im Bereich des Torsos wurden zwischen Schädel und Hüfte drei Perlen geborgen, die parallel zur Körperachse linear aufgereiht waren. Am linken Unterarm fand sich ein Gegenstand aus Eisen. Ferner wurden ein mehrfach durchlochtes Bronzeplättchen, ein weiteres Bronzeobjekt auf der Innenseite des rechten Oberschenkels, aus dem Wadenbereich ein größerer Bronzering sowie zwei längliche Eisenobjekte geborgen.

## Grab 9

Die Grabgrube maß 2,55 × 0,89 m und war ca. 1,8 m tief. Das Skelett (weiblich?, 20–50 Jahre) war sehr schlecht erhalten. Bruchmuster und strukturelle Veränderungen des Schädelknochens deuten auf eine Hiebverletzung mit anschließenden Entzündungs- und / oder Heilungsprozessen hin.

Abb. 4: Grab 7. Die restaurierte Wurfaxt. Bemerkenswert ist die bislang nur hier nachgewiesene Umwicklung des Schaftes mit Draht. (Landesamt für Denkmalpflege im Regierungspräsidium Stuttgart, Y. Mühleis).

Im Gegensatz zur schlechten Knochenerhaltung stehen zahlreiche Beigaben. Im Hals- und Brustbereich fand man 17 Perlen aus Glas und Bernstein, die wohl von einer ehemaligen Kette stammen (Abb. 6). Darunter sind besonders eine mehrfarbige Melonenperle und eine Perle aus schwarzer Fritte mit roten Punkten zu erwähnen. Die anderen Perlen sind aus grün-blauem, transluzidem Glas mit vier Kerben (1x), aus kobaltblauem Glas (4x), aus hellgrünem Glas (4x), aus blau-grünem Glas (1x), aus hellblau-weißem Glas (1x), aus rotbrauner Fritte (1x) sowie aus schwarzer Fritte (1x). Ferner fand man im Brustbereich eine kleine, quadratische Schnalle sowie eine S-Fibel. Im Hüftbereich barg man schließlich zwei identische Drei-Knopf-Fibeln (Abb. 5) sowie eine Gürtelschnalle aus Eisen. Im Bereich der Knie lagen zwei Eisenobjekte sowie eine große, hellgraue, tonnenförmige Perle aus Chalzedon (Abb. 7). Es dürfte sich um Reste des Gürtelgehänges handeln. Auf Höhe des Schädels lag ein ritzverzierter Knochenkamm.

*Grab 10*
Die Grabgrube maß 2,49 × 0,84 m und war ca. 1,8 m eingetieft. Es handelt sich um ein eher weibliches Skelett. Die Tote war zwischen 25 und 45 Jahren alt.

Das Grab enthielt nur drei Beigaben: eine Gürtelschnalle aus Eisen sowie zwei Ringe aus Bronze. Diese Ringe dürften ein Hinweis auf ein ehemaliges Gürtelgehänge sein.

## Auswertung

Schmale Grabgruben, wie sie in den Gräbern von Rietheim vorliegen, sind typisch für die Bestattungen des 5. Jahrhunderts.[2]

Alle Körpergräber enthielten Beigaben, Grab 7 und Grab 9 besonders viele. Unter den in Grab 7 geborgenen Funden ist besonders die Franziska (Wurfaxt) zu nennen, deren Holzgriff durch die Korrosion einer Eisendrahtummantelung auf einer Länge von etwa 20 cm erhalten blieb (Abb. 4). Eine derartige Umwickelung ist bislang nur von einer Franziska aus Truchtelfingen (Zollernalbkreis) sowie von einer Flügellanze aus Therwil (Kt. Basel-Landschaft, Schweiz) bekannt.[3] Die Drähte waren an zwei seitlichen, schmalen Fortsätzen der Franziska mit einem Niet befestigt. Diese Fortsätze weisen kreuzförmige Kerben als Verzierungen auf. Franzisken dieses Typs lassen sich seit dem 5. Jahrhundert nachweisen und wurden bis ins 6. Jahrhundert hinein hergestellt.[4] Sie werden als Wurfäxte interpretiert und sollen nach älterer Auffassung die typischen Waffen

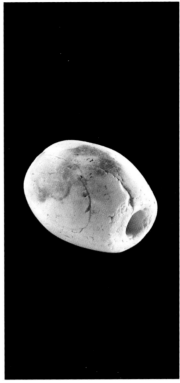

Abb. 6: Grab 9. Die Perlen der Halskette bilden einen eindrucksvollen Schmuck. (Landesamt für Denkmalpflege im Regierungspräsidium Stuttgart, Y. Mühleis).

Abb. 7 Grab 9. Die große Chalzedonperle des Gürtelgehänges. (Landesamt für Denkmalpflege im Regierungspräsidium Stuttgart, Y. Mühleis).

von Franken gewesen sein.[5] Die geborgene Gürtelschnalle, als Hinweis auf einen ehemaligen Ledergürtel, weist einen streifentauschierten Bügel und einen rundlichen Beschlag, der möglicherweise mit Silberblech versehen ist, auf. Sehr gute Vergleiche zu diesen Gürtelschnallen finden sich z. B. in den Gräbern von Basel-Gotterbarmweg oder Hemmingen (Kr. Ludwigsburg), die in die zweite Hälfte des 5. Jahrhundert datiert werden.[6] Zusätzlich enthielt das Grab fünf Pfeilspitzen, einen Taschenbügel, sowie einen Knochenkamm – typische Beigaben für die damalige Zeit. Der Kamm verweist auf die Tatsache, dass die Männer zu dieser Zeit lange Haare trugen, die Zeichen ihrer Kraft und Wehrhaftigkeit waren. Der Taschenbügel hat die Form eines Feuerstahls, weist jedoch zusätzlich eine Schnalle auf. Die Form ist typisch für die Zeit des späten 5. und frühen 6. Jahrhunderts.[7] Die Beigaben lassen die Bestattung eines Mannes erwarten, während eine erste anthropologische Ansprache auf eine eher weibliche Person hinweist.

Unter den Beigaben aus Grab 9 treten unter anderem eine große Anzahl an Perlen aus Glas und Bernstein, ein Knochenkamm, eine S-Fibel sowie ein Bügelfibelpaar (Typ Bakodpuszta) hervor. Die Bügelfibeln haben eine halbrunde Kopfplatte mit drei Knöpfen und einen rhombischen Fuß.[8] Die tonnenförmige Chalzedonperle ist ein Fund, der im sarmatischen Raum schon im 4. Jahrhundert vorkommt, ansonsten aber vorzugsweise in der zweiten Hälfte des 5. Jahrhunderts in Pannonien (Ungarn), Österreich, der Schweiz, Italien, Slowenien, Tschechien sowie in Bayern und Baden-Württemberg nachzuweisen ist.[9] Aufgrund der großen Härte ist Chalzedon sehr anspruchsvoll zu schleifen und zu durchbohren – auch wenn diese Perle verhältnismäßig klein ist, wurde für ihre Herstellung sehr viel Arbeitszeit aufgewandt. Die wirtelförmige Melonenperle ist in Gräbern, aber auch in Siedlungen des süddeutschen Raumes mehrfach belegt und datiert in die Zeit um 400 bis in die zweite Hälfte des 5. Jahrhunderts.[10]

Die drei Perlen aus Grab 8 geben einen Hinweis auf die Trageweise an einer Schnur auf der Körperachse und nicht, wie man erwarten könnte, am Hals als Kette.

Auch wenn noch nicht alle Funde geröntgt oder gar restauriert sind, zeichnet sich zumindest bei den Gräbern 7 und 9 eine Datierung in die Zeit Dr. 460–480 n. Chr. ab. Es besteht kein Grund, die beiden anderen Gräber deutlich anders zu datieren. Die beiden reichen Grabinventare können in Kombination mit dem Auftreten als kleine Grabgruppe und dem hohen Aufwand für die Anlage der Grabgruben Personen mit gehobener gesellschaftlicher Stellung zugeordnet werden. Es handelt sich um die derzeit ältesten merowingerzeitlichen Grabfunde des Landkreises Tuttlingen.

Trotz der Tatsache, dass die Verstorbenen in der für christliche Gräber typischen Ost-West-Ausrichtung beigesetzt wurden, kann nichts über ihren Glauben ausgesagt werden. Diese Art der geosteten Körperbestattung mit Beigaben kam im 5. Jahrhundert auf und fand rasch eine weite Verbreitung. Dass spätestens ab 600 auf den Gräberfeldern Zeugnisse des Christentums nachzuweisen sind, sagt nichts über den religiösen Kontext der älteren Bestattungen aus.

Mit dieser kleinen Gräbergruppe liegt eine Bestattungsform vor, wie sie in den folgenden 200–250 Jahren für weite Teile Mitteleuropas typisch werden sollte: gestreckte, ost-west-orientierte Körperbestattung mit Beigaben, in Gruppen oder Reihen. Nicht nur die frühe Datierung ist dabei bemerkenswert, sondern auch die Bezüge in den pannonischen Raum (Bügelfibeln, Chalzedonperle), wie sie sich in jener Zeit mehrfach nachweisen lassen.[11]

Die Forschung geht davon aus, dass es sich dabei nicht lediglich um einen Austausch von Objekts handelt, sondern dass diese mit Personen aus dem mittleren Donauraum nach Süddeutschland gekommen sind. Die frühe Datierung der Gräber ist auch hinsichtlich der Franziska bemerkenswert, denn damit handelt es sich um eine der ältesten Waffen dieser Art. Möglicherweise handelte es sich um die Waffe eines in Pannonien tätigen Kriegers, die dieser nach Rietheim mitgebracht hat. Die eingangs erwähnte überregionale Bedeutung des Tales als Verkehrskorridor gibt Anlass zu der Überlegung, dass für die Niederlassung dieser Personen an eben jener Stelle vielleicht eine lenkende Hand verantwortlich war – ähnliches lässt sich bei vielen Siedlungsplätzen dieser Zeit nachweisen. Somit läge hier ein sehr früher Hinweis auf eine herrschaftliche Erfassung dieses Landschaftsraumes vor.

Ein Zusammenhang zwischen den hier vorgestellten Bestattungen und den bereits genannten des 7. Jahrhunderts kann derzeit nicht erkannt werden. Dennoch dürften in der Gemarkung Rietheim seit der zweiten Hälfte des 6. Jahrhunderts durchgehend Menschen gesiedelt haben.

1 Fundberichte aus Schwaben 21, 1913, 111. – Fundberichte aus Schwaben N. F. 5, 1930, 102. – W. Veeck, Die Alamannen in Württemberg. Germanische Denkmäler der Völkerwanderungszeit 1 (Berlin, Leipzig 1931) 301. – Tuttlinger Heimatblätter 14, 1931, 28 f. – B. Schmid, Urgeschichtliche Funde der Baar (Rheinfelden 1992) 80. – B. Urbon, Die hohe Kunst der Tauschierung bei Alamannen und Franken. Untersuchungen zur Technik und ein Katalog aller tauschierter Funde in Württemberg und Hohenzollern (Stuttgart 1997) 22.

2 U. Koch, Das alamannisch-fränkische Gräberfeld bei Pleidelsheim. Forschungen und Berichte zur Vor- und Frühgeschichte in Baden-Württemberg 60 (Stuttgart 2001) 89–93 bes. 93.

3 Truchtelfingen: G. Schmitt, Die Alamannen im Zollernalbkreis. Materialhefte zur Archäologie in Baden-Württemberg 80 (Stuttgart 2007) 39 Abb. 13; 179; Taf. 100,10 (Grab 229). – Therwil-Benkenstraße Grab 2: R. Marti, Zwischen Römerzeit und Mittelalter (Basel 2000) Taf. 278, Gr. 2,3.

4 W. Hübener, Eine Studie zu den Beilwaffen der Merowingerzeit. Zeitschrift für die Archäologie des Mittelalters 8,1980, 65–127. – St. Lehmann, Das frühmittelalterliche Gräberfeld von Basel-Gotterbarmweg (Basel 2014) 33–35. – U. Koch (wie Anm. 3).

5 Jedoch deuten die Datierungen der ältesten Belege eher eine Herkunft aus dem pannonischen (evtl. byzantinischen?) Raum an.

6 Koch, Pleidelsheim (wie Anm. 2) 194; 572 f. Liste 29.

7 M. Knaut, Die alamannischen Gräberfelder von Neresheim und Kösingen, Ostalbkreis. Forschungen und Berichte zur Vor- und Frühgeschichte in Baden-Württemberg 48 (Stuttgart 1993) 148–150.

8 M. Friedrich, Archäologische Chronologie und historische Interpretation (Berlin 2016) 221. – D. Beilharz, Das frühmerowingerzeitliche Gräberfeld von Horb-Altheim: Studien zu Migrations- und Integrationsprozessen am Beispiel einer frühmittelalterlichen Bestattungsgemeinschaft. Forschungen und Berichte zur Vor- und Frühgeschichte in Baden-Württemberg 121 (Stuttgart 2011).

9 Knaut, Neresheim und Kösingen (wie Anm. 7) 97 Anm. 472; Abb. 50 (Quadrate). – Lehmann, Basel-Gotterbarmweg (wie Anm. 4) 71 f. (Grab G 6). – U. Giesler-Müller, Das frühmittelalterliche Gräberfeld von Basel-Kleinhüningen. Basler Beiträge zur Ur- und Frühgeschichte 11B (Basel 1992) Grab 101: 92 f.; Taf. 20; Farbtafel 78,1.2. – A. von Schnurbein, Der alamannische Friedhof bei Fridingen an der Donau. Forschungen und Berichte zur Vor- und Frühgeschichte in Baden-Württemberg 21 (Stuttgart 1987) Grab 152: Taf. 34 B 1. – Friedrich (wie Anm. 8) 238.

10 H. Schach-Dörges, Frühalamannische Funde von Lauffen am Neckar. Fundberichte aus Baden-Württemberg 6, 1981, 615-660, bes. 645-646 – D. Planck, Die Wiederbesiedlung der Schwäbischen Alb und des Neckarlandes durch die Alamannen. In: Archäologie und Geschichte des ersten Jahrtausends in Südwestdeutschland (Sigmaringen 1990) 69–96; Abb. 5b,10. – Giesler-Müller (wie Anm. 9) Taf. 78,6. – Ch. Bücker, Frühe Alemannen im Breisgau. Untersuchungen zu den Anfängen der germanischen Besiedlung im Breisgau während des 4. und 5. Jahrhunderts n. Chr. Archäologie und Geschichte 9 (Sigmaringen 1999) 258–260; Taf. 1,7 (Mengen, Grab 1). – D. Quast, Die frühalamannische und merowingerzeitliche Besiedlung im Umland des Runden Berges bei Urach. Forschungen und Berichte zur Vor- und Frühgeschichte in Baden-Württemberg 84 (Stuttgart 1998) 62; 316; Taf. 110, A1 (Reutlingen »Achalm«). – Ch. Bücker, Glas-, Perlen- und Edelsteinfunde vom Zähringer Burgberg. In: S. Brather / Ch. Bücker / M. Hoeper (Hrsg.), Archäologie als Sozialgeschichte. Studien zu Siedlung, Wirtschaft und Gesellschaft im frühgeschichtlichen Mitteleuropa. Festschrift für Heiko Steuer zum 60. Geburtstag. Internationale Archäologie Studia honoraria 9 (Rahden/ Westf. 1999) 215–234 bes. 233 Abb. 3,28–31.

11 D. Quast, Vom Einzelgrab zum Friedhof. In: Die Alamannen. Begleitband zur Ausstellung »Die Alamannen« 1997–1998 (Stuttgart 1998) 171–190 bes. 180–186

# Ein merowingerzeitlicher Baumsarg von Balgheim

Andreas Haasis-Berner

Die geplante Ausweisung eines Neubaugebietes am Westrand von Balgheim führte im Herbst 2019 zu einer engmaschigen Prospektion. Dabei wurde ein weitgehend erhaltener Baumsarg in einer Holzkammer entdeckt (Abb. 1). Vor der Bergung im darauffolgenden Jahr wurde das oberste Brett geborgen und im dendrochronologischen Labor des Landesamts für Denkmalpflege in Hemmenhofen analysiert. Die Datierung des Holzes auf 544 ± 10 n. Chr. machte klar, dass es sich um ein merowingerzeitliches Grab mit Holzerhaltung handelt. Dies ließ sofort an die zahlreichen Baumsärge aus dem nur sechs Kilometer von Balgheim entfernten Oberflacht denken oder auch an das sensationelle Grab 58 von Trossingen in neun Kilometern Entfernung. Aus diesem Grund entschloss man sich zu einer Blockbergung, die einige Zeit in Anspruch nahm. Schließlich wurde mit einem Bagger der knapp drei Tonnen schwere Block auf einen LKW verladen und nach Ludwigsburg-Grünbühl in die dortige Restaurierungswerkstatt des Landesamtes für Denkmalpflege transportiert (Abb. 2).

Abb. 1: Der Baumsarg war in einer engen Grabkammer beigesetzt worden. Aufgrund der Bodenverhältnisse hat sich das Holz sehr gut erhalten. (Landesamt für Denkmalpflege im Regierungspräsidium Stuttgart, U. Grabo).

Abb. 2: Um die Bestattung optimal freizulegen, wurde sie im Ganzen geborgen und mit dem LKW nach Ludwigsburg-Grünbühl transportiert. (Landesamt für Denkmalpflege im Regierungspräsidium Stuttgart, U. Grabo).

## Die Freilegung der Grabkammer

In den Jahren 2023–2025 wurde die Grabkammer und der darin enthaltene Baumsarg unter Laborbedingungen schrittweise freigelegt.

Die Grabkammer bestand aus jeweils zwei Seitenbrettern (Eiche), die mit je zwei Dübeln miteinander verbunden waren, sowie je einem eingestellten Brett am Kopf- sowie am Fußende (Abb. 3). Ob die Kammer mit Brettern abgedeckt war, konnte nicht mehr ermittelt werden, da die obersten Hölzer schon stark vergangen waren. Somit lässt sich auch nicht mehr feststellen, ob der Deckel, wie bei zahlreichen zeitgleichen Baumsärgen, mit einer geschnitzten Schlange verziert war.[1] Sicher ist, dass unter dem Baumsarg keine weiteren Bretter vorhanden waren. Die Kammer war passgenau in die Grabgrube eingefügt worden. Der Baumsarg aus Eichenholz selbst war dann ebenfalls genau in die Kammer eingepasst worden. Dies lässt vermuten, dass man vor der eigentlichen Beisetzung Baumsarg und Kammerbretter aufeinander abgestimmt hatte.

Diese Art der Beisetzung – Grabkammer mit eng eingepasstem Baumsarg – ist in Oberflacht und Trossingen vielfach nachgewiesen worden.[2] Bei der ursprünglichen Form der Kammergräber waren die Kammern größer und nah-

Abb. 3: Nach der Freilegung erfolgte die fotografische Dokumentation, mit der eine 3D-Ansicht erstellt werden konnte. (Landesamt für Denkmalpflege im Regierungspräsidium Stuttgart, R. Wollenweber).

men neben dem Sarg bzw. Totenbett auch Beigaben (Waffen, Geräte, Speisen) auf. Warum die Kammer bei diesen Gräbern dann so stark verkleinert wurde, dass sie ihre eigentliche Funktion nicht mehr erfüllen konnte, ist unklar.

Die Knochen des/der Verstorbenen waren teilweise nicht mehr im Verband. Wie dies zustande kam, ließ sich noch nicht klären. Eine anthropologische Untersuchung ergab, dass der Tote ein Alter von 20 bis 40 Jahren hatte. Er war etwa 173 bis 179 cm groß.

Entgegen der Erwartungen wurden jedoch keine Beigaben aus Metall geborgen.[3] Bemerkenswert war der Fund einer großen, runden Schale oder Schüssel aus Holz mit einem Durchmesser von ca. 30 cm, die im Bereich der

Füße in den Sarg gezwängt worden war (Abb. 4). Das Objekt war bei der Abfassung des Textes noch nicht vollständig geborgen, weshalb die Entscheidung noch aussteht, ob es sich um eine Schüssel (mit Standring) oder eine Schale (ohne Standring) handelt. Vergleichbare Beigaben sind aus dem schon erwähnten Gräberfeld von Oberflacht bekannt (Gräber 96, 141, 185 sowie zwei ohne bekannten Grabzusammenhang).[4] Die in Oberflacht untersuchten Schüsseln/Schalen wurden aus Birke, Erle, Buche, überwiegend jedoch aus Esche oder Ahorn gedrechselt.[5]

## Zur Lage des Grabes

Merowingerzeitliche Bestattungen trifft man in der Regel in Gruppen an. Diese Gruppen können einige wenige Gräber, aber auch Friedhöfe von 1000 Bestattungen und mehr umfassen. Einzelgräber sind dagegen sehr selten. Im ehemaligen Tordurchgang der spätkeltischen Befestigung von Tarodunum bei Kirchzarten fand man Beigaben, die von einem Grab (oder eventuell zwei Gräbern) des 7. Jahrhunderts stammen.[6] Ein weiteres Einzelgrab kam bei der Ausgrabung des Limestores von Dalkingen zum Vorschein.[7] Und auch bei der Ausgrabung der Basilika von Riegel wurden einzelne Bestattungen angetroffen.[8] In allen diesen Fällen ist der Bezug zu damals noch eindrucksvoll erhaltenen Bauwerken vorhanden – doch bei Balgheim ist nichts dergleichen zu erkennen. Das Grab fand sich auf einer leicht abfallenden Wiese unterhalb des Baldenberges (Abb. 5). Die dichte Prospektion des Areals ergab keinerlei Hinweise auf Befestigungen oder auch nur Siedlungsspuren, weder aus dem Frühmittelalter noch aus älteren Zeiten. Auch über das Aussehen des Fundortes im frühen Mittelalter können wir keinerlei Aussagen treffen: War es eine Wiese, war es ein Wald? Gab es in einem dichten Wald eine Lichtung oder auf einer Wiese einen mächtigen, weithin sichtbaren Baum? Wir wissen es nicht. Unterhalb der Fundstelle, in ca. 200 m Entfernung, verläuft heute die Hauptstraße, die der alten, seit römischer Zeit schon existierenden Verbindung zwischen Tuttlingen und Rottweil folgt und etwa hier die Europäische Wasserscheide überschreitet. Es ist denkbar, dass die Grabstelle oberirdisch gekennzeichnet war, um die Passanten darauf aufmerksam zu machen.

Vielleicht besteht ein Zusammenhang zwischen der Grabstelle und dem nahen Baldenberg? Heute ist dieser weithin erkennbare Berg als Dreifaltigkeitsberg und barocker Wallfahrtsort bekannt. Doch ist dieser Wallfahrtsort

Abb. 4: Eine der wenigen erhaltenen Beigaben ist eine flache Schüssel bzw. ein Teller, der unter den Füßen des Bestatteten abgelegt wurde. (Landesamt für Denkmalpflege im Regierungspräsidium Stuttgart, R. Kuiter).

Abb. 5: Ansicht von Südosten auf die Wiese, in der der Baumsarg geborgen wurde. Im Hintergrund erhebt sich der Baldenberg, besser unter dem Namen Dreifaltigkeitsberg bekannt. (Landesamt für Denkmalpflege im Regierungspräsidium Stuttgart, U. Grabo).

inmitten mehrerer, teilweise mächtiger Befestigungswälle entstanden, deren Alter trotz Grabungen um die Mitte des 20. Jahrhunderts nicht eindeutig festgestellt werden konnte. Ging man 2010 von einer überwiegend frühmittelalterlichen Entstehung der Wälle aus,[9] so tendiert die Forschung heute eher zu einer Datierung in die Latènezeit.[10] Eine Besiedlung in der Merowingerzeit ist bislang noch nicht durch entsprechende Funde belegt. Um hier verlässliche Aussagen treffen zu können, wären archäologische Untersuchungen auf dem Berg selbst notwendig.

Der zweifellos ungewöhnliche Grabfund von Balgheim wirft somit derzeit mehr Fragen auf, als er uns Antworten gibt.

1   P. Paulsen, Die Holzfunde aus dem Gräberfeld bei Oberflacht. Forschungen und Berichte zur Vor- und Frühgeschichte in Baden-Württemberg 41/2 (Stuttgart 1992) 35–40.

2   Fundberichte aus Schwaben N. F. 9, 1938, 141–145. – Fundberichte aus Schwaben N. F. 14, 1957, 122–124.

3   Bei der Entdeckung war an der Oberfläche der Verfüllung im Sarg ein grünlicher Gegenstand zu sehen, bei dem der Metalldetektor anschlug. Bei der Ausgrabung im Labor war dieser Gegenstand nicht mehr vorhanden. Weitere Beigaben sind auch auf der noch nicht freigelegten Sohle des Sarges zu erwarten.

4   Paulsen (wie Anm. 1) 103–108.

5   Da die Restaurierung zum Zeitpunkt der Abfassung des Manuskriptes im Sommer 2024 nicht abgeschlossen ist, können noch keine Angaben zu organischen Bestandteilen der Verfüllung (Beigaben, Blütenpollen, Insektenbefall etc.) getroffen werden.

6   G. Fingerlin, Merowingerzeitliche Grabfunde aus Tarodunum. In: K. Schmid (Hrsg.), Kelten und Alemannen im Dreisamtal. Beiträge zur Geschichte des Zartener Beckens. Veröffentlichung des Alemannisches Instituts Freiburg i. Br. 49 (Bühl/Baden 1983) 71–76.

7   D. Planck, Das Limestor bei Dalkingen. Forschungen und Berichte zur Vor- und Frühgeschichte in Baden-Württemberg 129 (Darmstadt 2014) 64–65, Abb. 84.

8   Ch. Dreier, Forumsbasilika und Topographie der römischen Siedlung von Riegel. Materialhefte zur Archäologie in Baden-Württemberg 91 (Stuttgart 2011) Beilage 2.

9   D. Müller/V. Nübling. Vor- und frühgeschichtliche Befestigungen 21. Der Dreifaltigkeitsberg bei Spaichingen (Landkreis Tuttlingen). Atlas archäologischer Geländedenkmäler in Baden-Württemberg Band 2, Heft 21 (Stuttgart 2010) 57–58.

10  Siehe Beitrag Morrissey in diesem Band.

# Siedlungsaktivitäten des 6. und 7. Jahrhunderts in der Nähe des ehemaligen römischen Gutshofs bei Tuttlingen-Möhringen

Benjamin Höke

Die Ausgrabungen in den Jahren 2020–2023 konnten auf dem Gelände des im 3. Jahrhundert aufgegebenen römischen Gutshofs neben einer frühalamannischen Besiedlung auch die Spuren einer Nutzung im 5., 6. und 7. Jahrhundert nachweisen. Es hat jedoch den Anschein, dass diese in dem erfassten Landschaftsausschnitt nicht sehr intensiv gewesen ist. Mehrere Bestattungsplätze der Älteren und Jüngeren Merowingerzeit in der Gemarkung Möhringen (siehe den Beitrag von A. Haasis-Berner) belegen jedenfalls die Existenz mehrerer Siedlungsplätze dieses Zeitraums in der Umgebung. Am Rande der jüngsten Grabungsflächen kamen im nördlichen Teil der Flur »Gänsäcker« seit dem 19. Jahrhundert mehrere Gräber eines Bestattungsplatzes zum Vorschein, dessen Belegung in der zweiten Hälfte des 5. Jahrhunderts einsetzte. Gleiches gilt für das benachbarte Gräberfeld »Unter Weilattengraben«. Aufgrund der räumlichen Nähe ist ein Zusammenhang mit einigen Lesefunden (unter anderem zwei Goldsolidi Leos I.) und Gebäudespuren des 5. Jahrhunderts im Bereich der *villa rustica* wahrscheinlich.

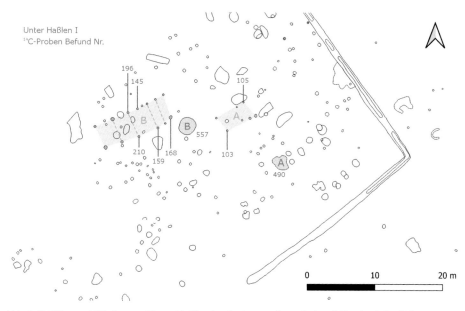

196
145
105
B
B
557
210
168
159
103
A
490

0          10          20 m

Abb. 1. Tuttlingen-Möhringen »Unter Haßlen I«. Grabungsplan mit den frühmittelalterlichen Haus-grundrissen und Gruben sowie Kennzeichnung der [14]C-datierten Befunde. (ArchaeoTask, Bearbei-tung B. Höke, Landesamt für Denkmalpflege im Regierungspräsidium Stuttgart).

# Gewusst wann – Ergebnisse der Radiocarbondatierung

Der Nachweis einer frühmittelalterlichen Bebauung rund 100 m nördlich des Hauptgebäudes der *villa rustica* (Grabung »Unter Haßlen I«) gelang über die [14]C-Datierung von verkohlten Getreidekörnern und Gartenpflanzensamen, die sieben Pfostengruben entnommen waren, die sich zwei Grundrissen zuordnen lassen (Abb. 1). Zuvor wurde der größere der beiden betroffenen Gebäude-grundrisse als möglicherweise glockenbecherzeitlich angesprochen, was durch die Datierungen aber widerlegt wurde.[1] Sämtliche Proben ließen sich mit einer Wahrscheinlichkeit von 95% der Zeitspanne zwischen 562 und 656 n. Chr. und mit einer Wahrscheinlichkeit von 68% der Zeitspanne zwischen 573 und 650 n. Chr. zuweisen (Tab. 1).[2] Eine Gleichzeitigkeit der Grundrisse und Pfostengruben vorausgesetzt, ließe sich der Errichtungszeitraum der Gebäude auf den Beginn und die ersten vier Jahrzehnte des 7. Jahrhunderts einengen, die im Überschnei-dungsbereich der Ergebnisse liegen. Das kleinere Gebäude könnte jedoch et-was später errichtet worden sein. Außerdem liegen [14]C-Daten für die Überres-te von mehreren Haustieren vor, die sich in der Verfüllung einer zwischen den

Abb. 2. Tuttlingen-Möhringen »Unter Haßlen I«. Grube mit (Teil-)Skeletten von Haustieren. (ArchaeoTask).

Hausgrundrissen liegenden Grube fanden (Abb. 1, Grube B). Die wohl gleichzeitige Deponierung eines weitgehend vollständigen jungen Rindes sowie von Teilskeletten mehrerer Schweine und mindestens eines weiteren Rindes – die Fundsituation spricht gegen Schlachtabfälle – erfolgte demnach zwischen 430 und 540 n. Chr. (Abb. 2; Tab. 1).[3] Eine Gleichzeitigkeit mit den beiden Gebäuden ist sehr unwahrscheinlich. Aus der Verfüllung einer weiteren, 7 m südöstlich des kleineren Gebäudes gelegenen Grube stammt der Knochen eines Schafs bzw. einer Ziege, dessen $^{14}$C-Datierung einen Zeitraum von 543–612 n. Chr. (95% Wahrscheinlichkeit) bzw. 569–600 n Chr. (68%) ergab (Abb. 1, Grube A; Tab 1).[4] Dieses Ergebnis konnte eine frühmittelalterliche Einordnung einiger in der Grube enthaltener Keramikscherben bestätigen und lässt Raum für eine Gleichzeitigkeit von Gebäuden und Grube um 600 n. Chr.

# Ein kleiner Bauernhof?

Die Pfostengruben lassen sich zu einem größeren und einem zweiten, kleineren Gebäude rekonstruieren (Abb. 1, Abb. 3). Bevor die [14]C-Proben eine Datierung in die Merowingerzeit ergaben, wurde das vermeintlich glockenbecherzeitliche größere Gebäude mit einem trapezförmigen Grundriss rekonstruiert.[5] Ein solcher Grundriss wäre für das frühe Mittelalter sehr untypisch, sodass stattdessen eine Rekonstruktion als Rechteckbau versucht werden muss. Damit ergibt sich im Süden zwangsläufig eine krumme Wandflucht, welche die Pfostengrube Befund 210 einbezieht. Das derart rekonstruierte Gebäude war mit einer Länge von 11 m, einer Breite von 4 m und der sich daraus ergebenden Grundfläche von 44 m² für frühmittelalterliche Verhältnisse eher klein.[6] Es handelte sich um einen einfachen Ständerbau. Wo an den Längsseiten die Abstände zwischen den Pfosten geringer sind, könnten sich eine oder mehrere Eingangstüren befunden haben. Eine Herdstelle ließ sich aus den im Innern des Gebäudegrundrisses liegenden Befunden nicht erschließen. Dennoch dürfte es sich um ein Wohnhaus gehandelt haben, während man in dem 6 m entfernten Gebäude mit den rekonstruierten Maßen 4 × 2,5 m ein kleineres Wirtschaftsgebäude oder einen Speicherbau vermuten kann.

Ein frühmittelalterliches Gehöft umfasste in der Regel zwei oder mehr separate Gebäude (Abb. 4). Ob es sich bei der Anlage »Unter Haßlen I« tatsächlich um ein eigenständiges kleines Gehöft oder doch nur zwei Nebengebäude im Randbereich einer größeren, bislang nicht lokalisierten frühmittelalterlichen Hofsiedlung – zum Beispiel im engeren Umfeld der römischen *villa rustica* oder außerhalb der untersuchten Grabungsflächen – gehandelt hat, lässt sich nicht mehr mit Gewissheit sagen. Dazu trägt auch bei, dass typische Siedlungsfunde, bei denen eine frühmittelalterliche Zeitstellung in Betracht kommt, in dem Areal kaum vorhanden sind. Es kann aber kein Zweifel daran bestehen, dass die Gebäude in einer im 6. und 7. Jahrhundert bewohnten, landwirtschaftlich genutzten Umgebung standen. Die [14]C-Daten im Grabungsabschnitt »Unter Haßlen I« sowie Lesefunde im Bereich der *villa rustica* (»Unter Haßlen III«) weisen auf eine längere oder zumindest wiederholte Nutzung des Geländes hin. Eine mehr oder weniger kontinuierliche Besiedlung des Umlandes bezeugen zudem die eingangs erwähnten Bestattungsplätze des 5. bis 7. Jahrhunderts. Gegen eine längere Nutzungsdauer der beiden Gebäude selbst spricht aber wiederum der Mangel an Siedlungsabfällen im unmittelbaren Umfeld.

Abb. 3. Tuttlingen-Möhringen »Unter Haßlen I«. Rekonstruktion der frühmittelalterlichen Bebauung. Im Hintergrund die Ruinen des römischen Landguts. (Landesamt für Denkmalpflege im Regierungspräsidium Stuttgart, Grafik Faber Courtial).

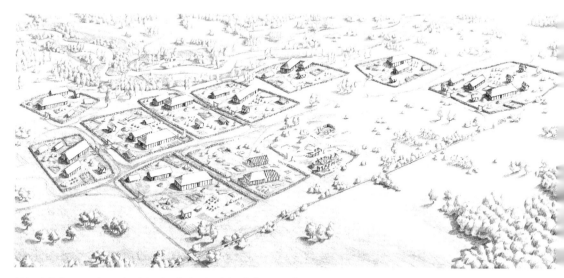

Abb. 4. Rekonstruierte Ansicht der frühmittelalterlichen Siedlung von Lauchheim »Mittelhofen«. Die umzäunten Hofeinheiten umfassen jeweils ein Wohn- und mehrere Wirtschaftsgebäude. (K. Mikiffer, aus: Die Alamannen. Ausstellungskatalog Stuttgart (Stuttgart 1997) 304 Abb. 323).

# Weide, Feld und Garten

Die ins frühe Mittelalter datierten Überreste von Haustieren – Rinder, Schweine, Schafe und / oder Ziegen – decken das Spektrum des üblichen Schlacht- und Nutzviehs ab.[7] Die erwähnte Deponierung mehr oder weniger vollständiger Tierskelette in einer Grube erfolgte vor Errichtung der beiden Gebäude. Auch lassen sich bislang keine weiteren Siedlungsstrukturen eindeutig für diese Zeit nachweisen. Es könnte daher sein, dass man die (aus unbekannten Gründen nicht für den Verzehr vorgesehenen) Tiere in einiger Entfernung von einer damals bewohnten Hofstelle vergraben hatte, vielleicht am Rande des Weidelandes beziehungsweise des angrenzenden Waldes.

Botanische Makroreste können Aufschluss über die Feld- und Gartenpflanzen liefern. Die wenigen für die $^{14}$C-Datierung bereitgestellten Proben umfassten verkohlte Roggenkörner sowie die Samen von Linsen und einem Wickengewächs (Tab. 1). Die Auswahl ist zufällig und nicht repräsentativ, sichert aber eine Datierung ins 6. / 7. Jahrhundert. Darüber hinaus kann man im Analogieschluss zu anderen Fundorten mit vergleichbaren Umweltbedingungen mit dem für die Epoche üblichen genutzten Spektrum von kultivierten und wildwachsenden Pflanzen rechnen.[8] Der Wald spielte für Holzgewinnung und Weidenutzung eine Rolle. Nach der römischen Epoche konnte der Wald einen Teil des ehemaligen Kulturlandes zurückerobern; nun umgab er noch die frühmittelalterlichen Siedlungskammern, bevor er in den nachfolgenden Jahrhunderten immer weiter zurückgedrängt wurde.[9]

# Im Schatten alter Gemäuer

In unserer Darstellung eines möglichen Landschaftsbildes in der Zeit um 600 n. Chr. erheben sich vor dem Hintergrund des Waldes die Ruinen des römischen Landguts (Abb. 3). Auch 300 Jahre nach dem Weggang der ursprünglichen Bewohner waren die Mauern sicher erst zum Teil eingestürzt oder abgetragen; Ziegeldächer waren aber gewiss keine mehr vorhanden. Es gibt Hinweise auf eine zumindest sporadische Weiternutzung des Geländes, zum Beispiel Spuren einer nachrömischen Holzbebauung (s. o.). Ob sich Letztere auf die frühalamannische Zeit beschränkte oder auch später noch anzutreffen war, kann in Ermangelung einer Datierung der Befunde bislang

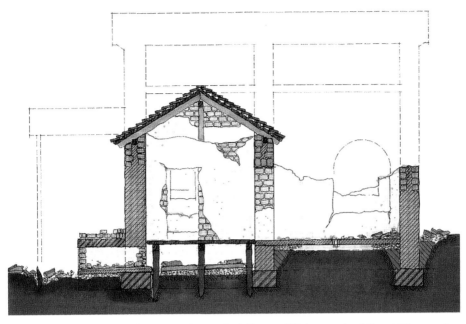

Abb. 5. Wurmlingen. Ehemaliges römisches Bad mit Um- und Einbauten der frühen Völkerwanderungszeit. (A. Meyer, Niederbrechen; entnommen M. Reuter, Die römisch-frühvölkerwanderungszeitliche Siedlung von Wurmlingen, Kr. Tuttlingen. Materialhefte zur Archäologie in Baden-Württemberg 71 (Stuttgart 2003) 71 Abb. 35).

noch nicht gesagt werden. Im nicht weit entfernten Wurmlingen wurden die Gebäude der verlassenen *villa rustica* von den zugezogenen Alamannen im späten 3. und im 4. Jahrhundert durch den Bau eines Schmelzofens, gezielte Umbauten und die Errichtung eines Holzeinbaus innerhalb der Mauern des ehemaligen Badehauses für eine wirtschaftliche Nutzung umgestaltet (Abb. 5).[10] Auch in unserem Entwurf einer späteren Epoche in Tuttlingen-Möhringen sind die Ruinen nicht gänzlich verlassen; es fehlen zwar eindeutige Nachweise für die Zeit um 600 n. Chr., jedoch würden zum Beispiel Viehpferche oder Holzschuppen, welche die noch vorhandenen Mauern nutzen, kaum Spuren hinterlassen (Abb. 6). Vielleicht fürchtete man die Ruinen, so wie man das Dunkel des Waldes fürchtete; doch wie dieser waren sie Teil der die Siedlung umgebenden, belebten Kulturlandschaft. Irgendwann – bereits im frühen Mittelalter oder erst in späteren Jahrhunderten – wurden römische Bauten vielerorts als Steinbrüche genutzt und oft bis auf die Grundmauern abgetragen. Auch ein Teil der römischen Straßen und Wege hatte sicherlich Fortbestand bis ins frühe Mittelalter. Gewiss verfügte unsere *villa rustica* in römischer Zeit über »Straßenanschluss«, konkrete Nachweise dafür fehlen jedoch. Selbst wenn die Wege nicht befestigt waren, so wurden sie, wenn sie im Gelände noch erkennbar waren oder landschaftlich vorgegebenen Trassen folgten, wohl in nachrömischer Zeit weiterhin genutzt, denn es gibt eindeutige Zusammenhänge zwischen frühmittelalterlichen Siedlungsgründungen und dem römischen Wegenetz. Auch der ehemalige Gutshof könnte als repräsentative Landmarke und aus praktischen Gründen ein Ankerpunkt für die Ansiedlung gewesen sein.

## Ein kleiner Teil des Ganzen

Zusammengenommen bieten die zwei nachgewiesenen Gebäude und die beiden Gruben einen überschaubaren Einblick in das lokale Siedlungsgeschehen im 6. und 7. Jahrhundert. Irgendwann, eher früher als später, wurden die unscheinbaren Holzbauten wieder aufgegeben. Weitere undatierte Gebäudegrundrisse und Siedlungsspuren in den Grabungsabschnitten »Unter Haßlen I–III« könnten ebenfalls auf die gleiche Zeit zurückgehen, weshalb das hier entworfene Bild keineswegs vollständig sein muss.

Eine der wichtigsten Quellen für die Merowingerzeit, die Grabfunde, fehlen – mit der möglichen Ausnahme weniger im Zuge von Feldbegehungen im Bereich der *villa rustica* geborgener, bereits eingangs erwähnter Lesefunde (Abb. 7) – in dem untersuchten Gebiet, sind aber aus der näheren Umgebung bekannt (s. o.). Es sind die Gräber mit ihren zahlreichen Beigaben, die ein buntes Bild der frühmittelalterlichen Gesellschaft liefern: Frauen mit reichem Schmuck und Zeugnissen ihrer Aufgaben in Haus und Hof sowie wehrhafte Männer mit teils umfangreicher Bewaffnung – Attribute ihrer sozialen und familiären Zugehörigkeit. Es war eine bäuerliche Kultur, die sich in der ehemals provinzialrömischen Ruinen- und Kulturlandschaft entwickelt hatte, aber auch eine Gesellschaft, die in weitgespannte soziale und wirtschaftliche Netzwerke eingebunden war.

Abb. 6. Tuttlingen-Möhringen. Möglicher Verfallszustand der *villa rustica* im frühen Mittelalter. (Landesamt für Denkmalpflege im Regierungspräsidium Stuttgart, Grafik Faber Courtial).

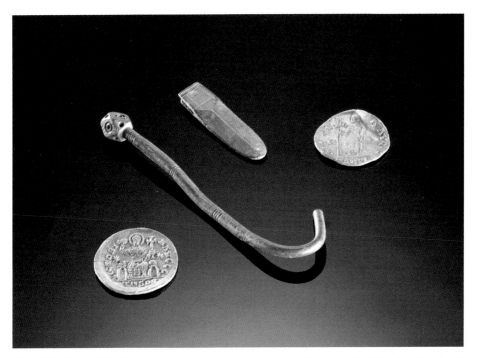

Abb. 7. Tuttlingen-Möhringen. Lesefunde aus dem Bereich der *villa rustica*, 5.–6. Jahrhundert. Zwei Goldsolidi von Leo I. (454–457 n. Chr.), Polyederkopfnadel, kleine Riemenzunge. (Landesamt für Denkmalpflege im Regierungspräsidium Stuttgart, Y. Mühleis).

| Befund-/ Fund-Nr. | Zuordnung | Probe | 68% Wahrsch. | 95% Wahrsch. |
|---|---|---|---|---|
| 103/223 | Gebäude A | Lens culinaris (Samen, verkohlt) | cal AD 606–648 | cal AD 595–655 |
| 105/66 | Gebäude A | Hordeum vulgare (Korn, verkohlt) | cal AD 606–649 | cal AD 597–656 |
| 145/231 | Gebäude B | Vicia sp. (Samen, verkohlt) | cal AD 578–640 | cal AD 563–646 |
| 159/61 | Gebäude B | Hordeum vulgare (Korn, verkohlt) | cal AD 573–635 | cal AD 562–642 |
| 168/63 | Gebäude B | Cerealea sp. (Korn, verkohlt) | cal AD 575–636 | cal AD 564–642 |
| 196/230 | Gebäude B | Hordeum vulgare (Korn, verkohlt) | cal AD 576–638 | cal AD 563–645 |
| 210/225 | (Gebäude B) | Hordeum vulgare (Korn, verkohlt) | cal AD 606–650 | cal AD 599–656 |
| 490/111 | Grube A | Schaf/Ziege (Knochen) | cal AD 569–600 | cal AD 543–612 |
| 557(165)/49 | Grube B | Hausrind (Knochen) | cal AD 541–586 | cal AD 438–602 |
| 557(165)/50 | Grube B | Hausschwein (Knochen) | cal AD 433–536 | cal AD 423–543 |
| 557(165)/51 | Grube B | Hausrind (Knochen) | cal AD 433–536 | cal AD 423–543 |
| 557(165)/56 | Grube B | Hausrind (Knochen) | cal AD 422–534 | cal AD 418–538 |
| 557(165)/57 | Grube B | Hausrind (Knochen) | cal AD 435–542 | cal AD 425–550 |

Tab. 1. Ergebnisse der [14]C-Datierung (s. Anm. 2–4).

1 A. Gutekunst / G. Kuhnle, Eine Siedlung der jüngeren Latènezeit und Siedlungsspuren der Glockenbecherkultur an der Donau bei Tuttlingen. Archäologische Ausgrabungen in Baden-Württemberg 2020 (2021) 153–156 bes. 155 mit 153  Abb. 111.

2 Laborbericht CEZA Mannheim Nr. 220618, S. Lindauer vom 24.11.2022.

3 Laborbericht CEZA Mannheim Nr. 220486, S. Lindauer vom 18.11.2022.

4 Laborbericht CEZA Mannheim Nr. 230460, S. Lindauer vom 21.07.2023.

5 Gutekunst / Kuhnle (wie Anm. 1).

6 C. Bücker / M. Hoeper / M. Höneisen / M. Schmaedecke, Hof, Weiler, Dorf. Ländliche Siedlungen im Südwesten. In: Die Alamannen. Begleitband Ausstellung Stuttgart / Zürich / Augsburg 1997/98 (Stuttgart 1997) 311–322 bes. 314 f.

7 M. Kokabi, Fleisch für Lebende und Tote. Haustiere in Wirtschaft und Begräbniskult. In: Die Alamannen (wie Anm. 6) 331–336 bes. 332–335.

8 M. Rösch, Ackerbau und Ernährung. Pflanzenreste aus alamannischen Siedlungen. In: Die Alamannen (wie Anm. 6) 323–330 bes. 323–327.

9 Rösch (wie Anm. 8) 327–330.

10 M. Reuter, Die römisch-frühvölkerwanderungszeitliche Siedlung von Wurmlingen, Kr. Tuttlingen. Materialhefte zur Archäologie in Baden-Württemberg 71 (Stuttgart 2003) 63–72.

Zwei römische Goldsolidi Leos I. aus Tuttlingen-Möhringen. (Landesamt für Denkmalpflege im Regierungspräsidium Stuttgart, A. M. Loew).

# Die merowingerzeitlichen Gräberfelder von Tuttlingen-Möhringen

Andreas Haasis-Berner

Möhringen liegt im Donautal zwischen Immendingen im Westen und Tuttlingen im Osten. Auf der linken Donauseite, dort, wo sich der heutige Ort befindet, steigen die Berge rasch an, so dass nur eine verhältnismäßig kleine Fläche für die Landwirtschaft bleibt. Die wesentlich größere, landwirtschaftlich nutzbare Fläche liegt auf der rechten Seite der Donau.[1]

Im heutigen Gemarkungsgebiet von Möhringen sind bislang mindestens fünf frühmittelalterliche Gräberfelder bekannt. Zwei davon liegen auf der linken Seite der Donau: eines im Gewann Kühltal (heute Bereich der Mettenbergstraße/Am Katzensteig; 1920/30er Jahre, 1988/89 und 2021), das andere am »Mühlberg« (1886–1892).[2] Die anderen drei befinden sich rechts der Donau: im Gewann »Gänsäcker« (1873–1913), beim »Roten Kreuz« (1931, 1976) und im Gewann »Unter Weilattengraben« (1992).

Im Folgenden werden die Gräberfelder entsprechend ihrer zeitlichen Entdeckung skizziert.

## »Gräberfeld Gänsäcker«

Der erste aktenkundige Fund – ein einseitiges Hiebschwert (Sax) – wurde 1873 in der Sandgrube beim Bahnhof geborgen. Im Zuge des fortschreitenden Sandabbaus kamen weitere Funde hinzu, von denen einige (1887, 1907, 1913, 1923) an das Museum in Donaueschingen gelangten. Die ältesten Funde dieses Gräberfeldes (unter anderem ein Schildbuckel) sind in die Zeit um 450–480/90 zu datieren.[3]

Abgesehen von diesen Funden gibt es weitere, die jedoch nicht eindeutig lokalisierbar sind. So fand man 1883 bei der Fundierung eines Brückenpfeilers in der Donau verlagerte Gegenstände (Fünfknopffibel, Schildbuckel, fünf »Silberbrakteaten«), die sicherlich aus einem Gräberfeld stammen.[4] Da damals zwei Brücken über die Donau führten, ist der Fundort unsicher, vermutlich ist die donauabwärts gelegene gemeint. Möglicherweise stammen die Funde aus dem erwähnten Gräberfeld Gänsäcker, weil die Sandgrube, in der sicher Gräber gefunden wurden, donauaufwärts der Brücke beim Bahnhof lag. Bei einem Hochwasser könnten daher Teile des Gräberfeldes abgetragen und die Funde etwas unterhalb wieder abgelagert worden sein. Deutlich wird hier auch die zum Teil dynamische Verlagerung der Donau in den vergangenen 1500 Jahren.

## Gräberfeld »Am Mühlberg«

Das Gräberfeld Am Mühlberg (bei Garscha »Bleiche« genannt) wurde 1886 bei der Anlage eines Waldweges ca. 450 m nordöstlich von Möhringen entdeckt. Bis 1892 kamen weitere Funde zutage.[5] Im Jahre 2024 wurde ein weiteres Grab (Männergrab) geborgen. Sie liegen schon am Rand der landwirtschaftlich nutzbaren Fläche, am Hang des heutigen Schanzwaldes. Eine derartige Hanglage ist eher ungewöhnlich. Die Gräber sind in das 6. Jahrhundert zu datieren.

## Gräberfeld »Kühltal«

Ein weiteres Gräberfeld wurde erst 1988/1989 bei Erschließungsarbeiten für ein neues Baugebiet etwa 200 m nördlich der ehemaligen Stadtmitte (Gewann Kühltal, heute Mettenbergstraße und An der Katzensteig) entdeckt (Abb. 1). Dabei kamen elf Gräber zutage. Im Jahre 1994 fand man ein weiteres Grab, das aufgrund der Beigaben (Glasperlen, Ohrring, Messer) als das einer Frau angesprochen werden kann. 2020 wurde bei einer Sondage erneut ein Grab angeschnitten, jedoch zusammen mit einem weiteren erst 2021 ausgegraben. Beide Gräber (ein Frauengrab, ein Männergrab) sind beraubt.[6]

Auch hier gibt es mit acht Männer-, zwei Frauengräbern und einem unbestimmten Grab einen deutlichen Männerüberschuss. Die Männergräber weisen oft Waffen auf (Spatha – ein zweischneidiges Schwert – in Grab 1, Sax – ein einschneidiges Schwert – in Grab 1 und 2, Lanze in Grab 1, 3 und 9) (Abb. 2). Der Mann aus Grab 7 trug einen Sporn am linken Fuß und zeichnet sich dadurch

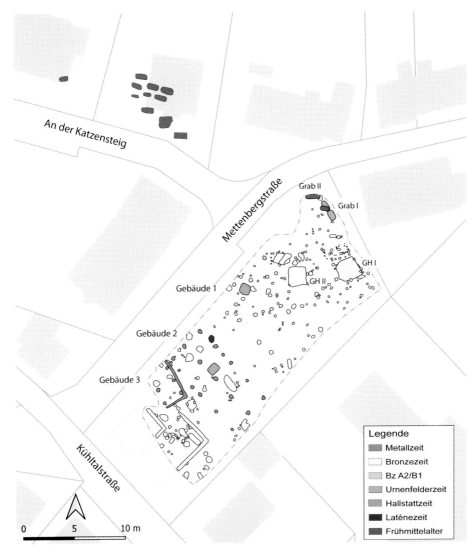

Abb. 1: Bei der Ausgrabung einer vorgeschichtlichen Siedlung kamen ganz im Norden noch zwei Bestattungen eines frühmittelalterlichen Gräberfeldes zutage. Von diesem waren schon früher einige Gräber freigelegt worden (rosa Signatur). (ArchaeoTask).

als Reiter aus. Die Frauen waren mit Perlen und Ohrringen ausgestattet. Bemerkenswert ist die Orientierung des Mannes aus Grab 5: Er wurde im Gegensatz zu dem üblichen Muster mit dem Kopf im Osten und somit dem Blick nach Westen bestattet. Wie dies zu deuten ist, muss offenbleiben. Die Bestattungen können (vorläufig) in das 6. Jahrhundert datiert werden.

Erst während der Ausgrabungen wurde durch Anwohner mitgeteilt, dass schon in den 1920/1930er Jahren bei Baumaßnahmen ein Grab entdeckt worden war. Außerdem wurden bei der Anlage der Kanalisation im Jahre 1988 mindestens zwei weitere Bestattungen zerstört. Somit sind derzeit 17 Gräber bekannt. Das Gräberfeld Kühltal hat eine Ausdehnung von mindestens 4000 m². Wenn man die 1988/1989 festgestellte Belegungsdichte auf diese Fläche überträgt, kann man von insgesamt etwa 100 Gräbern ausgehen. Somit liegt hier ein typisches Reihengräberfeld vor, das im (frühen?) 6. Jahrhundert entstanden ist und über eine längere Zeit (drei Generationen?) von den Bewohnern mehrerer Gehöfte genutzt wurde.

Abb. 2: Gräberfeld »Kühltal«. In Grab 1 von 1988/1989 kam unter anderem eine große Lanzenspitze mit Verzierungen zutage. (Landesamt für Denkmalpflege im Regierungspräsidium Stuttgart, C. Urbans).

## Gräberfeld »Am Roten Kreuz«

Das vierte Gräberfeld ist unter der Bezeichnung »Am Roten Kreuz« bekannt. Hier, nahe der Gemarkungsgrenze zu Tuttlingen, wurden während des Baus der Eisenbahnstrecke Tuttlingen-Hattingen im Jahre 1931 an der Kreuzung der Straße Möhringen-Tuttlingen und dem Weg in das Rabental zwei Plattengräber entdeckt. Die Funde aus dem einzigen Grab mit Beigaben (Spatha, Lanzenspitze) gelangten an das Hegaumuseum in Singen. Beim Bau der Kanalisation im Jahre 1976 wurden drei weitere, beigabenlose Steinkistengräber entdeckt und dokumentiert. Anhand der Grabform (Plattengräber) und der Beigaben können die Gräber in das 7. Jahrhundert datiert werden.[7]

# Gräberfeld »Unter Weilattengraben«

Zuletzt wurde das Gräberfeld »Unter Weilattengraben« entdeckt, ebenfalls rechts der Donau, in der Nähe der Gräberfelder Beim Roten Kreuz und Gänsäcker. Der Weilattengraben ist ein Graben, der zwischen dem Gewann Gänsäcker und Weilatten in einem Bogen zur Donau führte, und zumindest zeitweise Wasser trug. Heute ist er durch ein Industriegebiet überbaut. Das Gräberfeld wurde im Zusammenhang mit Baumaßnahmen 1990/1991 angeschnitten und in Teilen ausgegraben. Insgesamt wurden 16 Bestattungen des späten 5.–7. Jahrhunderts untersucht.[8]

Das älteste Grab war durch die Baumaßnahmen leider schon leicht zerstört. Dennoch konnten noch aussagekräftige Funde geborgen werden: Neben Teilen der Spatha und ihrer prachtvoll verzierten Scheide eine silberne Gürtelschnalle (Abb. 3) und ein kleiner, silbervergoldeter Beschlag, der die Deckelklappe der für Männergräber typischen Tasche zierte (Abb. 4). Im Vergleich mit unversehrt gebliebenen, zeitgleichen Bestattungen wird deutlich, dass etliche Beigaben (Teile der Spatha, Lanze, Schild etc.) fehlen. Trotzdem ist erkennbar, dass es sich um die Bestattung eines ursprünglich reich ausgestatten Kriegers aus der Zeit der zweiten Hälfte des 5. Jahrhunderts handelt. Anhand einer Almandinscheibenfibel kann das Grab 11 in das 6. Jahrhundert datiert werden.

Eine Steinkiste (Grab 16) verweist auf die Entstehung im 7. Jahrhundert.[9] Besonders erwähnenswert ist Grab 2, das unter anderem drei Pfeilspitzen aus Bronze enthielt. Pfeilspitzen als Reste der Beigabe von Pfeil und Bogen sind in der Merowingerzeit nichts Ungewöhnliches, bemerkenswert ist das Material Bronze anstelle vom sonst verwendeten Eisen.

Erstaunlicherweise handelt es sich bei den aufgedeckten Bestattungen um neun Männergräber, vier Frauengräber sowie drei unbestimmte Bestattungen. Dass das Geschlechterverhältnis nicht ausgeglichen ist, ist ungewöhnlich und konnte auch bei dem Gräberfeld Kühltal beobachtet werden. Die Beigaben der 15 anderen Bestattungen können in das 6. und 7. Jahrhundert datiert werden und zeigen, dass auch dieser Friedhof mehrere Generationen lang genutzt wurde.

Abb. 3: Unter Weilattengraben: Bronzeschnalle aus Grab 3. (Landesamt für Denkmalpflege im Regierungspräsidium Stuttgart).

Abb. 4: Unter Weilattengraben. Verziertes Silberblech als Verzierung der Saxscheide. (Landesamt für Denkmalpflege im Regierungspräsidium Stuttgart, C. Urbans).

## Fundstelle Brühl

Im Gewann »Brühl«, unterhalb der Donauversickerung ganz im Süden der Gemarkung, soll vor 1931 ein angeblich alamannisches Grab entdeckt worden sein. Weiteres ist nicht bekannt.[10]

# Zu den Grabfunden

Diese fünf Gräberfelder sind in der sogenannten Merowingerzeit (ca. 480–750 n. Chr.) angelegt worden. Die Einzelgehöfte, deren Bewohner hier ihre letzte Ruhe fanden, muss man in unmittelbarer Nähe zu den Friedhöfen suchen. Sie sind jedoch nur in Form schwacher Verfärbungen im Boden überliefert und daher bei Baumaßnahmen deutlich schlechter zu erkennen als mit Beigaben ausgestattete Gräber.

Da bislang kein einziges der fünf Gräberfelder vollständig ausgegraben wurde, können auch für keines endgültige Aussagen über Beginn und Ende der Belegungszeit getroffen werden. Sehr wahrscheinlich ist jedoch, dass zumindest die Bestattungen des 5. Jahrhunderts zu jeweils einem Gehöft gehört haben, welches nach ein bis zwei Generationen auch wieder aufgegeben wurde. Eine derartige Dynamik im Siedlungsgeschehen innerhalb einer Siedlungskammer ist charakteristisch für die Merowingerzeit. Feste Dörfer, wie wir sie ab dem Hochmittelalter kennen, gab es damals noch nicht.

Die ältesten Grabfunde sind die aus den Gewannen Gänsäcker und Unter Weilattengraben und können jeweils in die zweite Hälfte des 5. Jahrhunderts datiert werden. Es ist sicherlich kein Zufall, dass die Gräber am Rand des Areals des großen, römischen Gutshofs angelegt wurden (s. Beiträge Kortüm und Paul). Im Hinblick auf zwei byzantinische Goldmünzen aus der zweiten Hälfte des 5. Jahrhunderts (2 Solidi von Leo I., regierte 457–474; Münzprägung 462–466 bzw. 472/473 n. Chr.) ist erkennbar, dass diese Lesefunde und die Bestattungen offenbar zeitlich zusammengehören. Wenn man ein wenig spekulieren möchte, könnte man sich vorstellen, dass die Münzen als Sold für einen Krieger gedient haben, der sich nach seinem Einsatz für den byzantinischen Kaiser in den Jahren nach 472/473 im Bereich der ehemaligen römischen *villa* niedergelassen hat.[11]

Die zu den frühmittelalterlichen Gräbern gehörenden Siedlungen sind weiter südlich, außerhalb der Donauaue, möglicherweise im Bereich des römischen Gutshofes zu erwarten.[12] Bemerkenswert ist, dass in drei Gebäuden des ehemaligen Gutshofs (A, B, D) jeweils Pfostenstellungen und Funde geborgen wurden, die eine Nachnutzung der Gebäude im 6./7. Jahrhundert belegen.

Es ist gewiss kein Zufall, dass gerade die Siedlungen der frühen Merowingerzeit an strategisch wichtigen Punkten nachgewiesen werden können. Die herrschaftliche Erfassung knüpfte offenbar direkt an die römischen Strukturen (Straßen, Besiedlung) an.

Die zwei Gräberfelder nördlich der Donau scheinen dagegen erst in einer jüngeren Phase angelegt worden zu sein. Daraus kann geschlossen werden, dass die Aufsiedlung des Areals rund um das heutige Dorf Möhringen erst im Verlauf des 6. Jahrhunderts erfolgt ist.

Das jüngste Gräberfeld ist das vom »Roten Kreuz« im Osten der Gemarkung, das erst im 7. Jahrhundert angelegt wurde. Damals dürften die landwirtschaftlich nutzbaren Flächen schon weitgehend erschlossen gewesen sein und dieses Gräberfeld weist auf eine Art Binnenverdichtung hin.

Mit dem Ende der Beigabensitte um 700 endet eine Zeit, die der archäologischen Forschung unzählige Funde liefert. Gräber ohne Beigaben sind deutlich schwieriger zu datieren und werden auch seltener gemeldet. Hier gibt es eine Überlieferungslücke, denn wir wissen nicht, wann die Kirche von Möhringen gegründet wurde und ob und wann die kleinen Bestattungsplätze zugunsten eines Ortsfriedhofes bei der Kirche aufgegeben wurden. Die Pfarrkirche St. Andreas ist erstmals 1275 als Reichenauer Besitz belegt. Letztlich wissen wir auch nicht, wo sich die Siedlungen befanden. Das 1307 erstmals als Stadt erwähnte Möhringen dürfte, wie viele andere, um die Mitte oder am Ende des 13. Jahrhunderts gegründet worden sein. In der Regel entstanden die Städte etwas abseits der bestehenden, oftmals namengebenden Dörfer. Aus diesem Grund könnte man das Dorf Möhringen nördlich oder östlich der mittelalterlichen Stadt Möhringen suchen. Zumindest wurde in der Schwarzwaldstraße 2 vor über 20 Jahren Keramik des 12. Jahrhunderts geborgen, die von diesem Dorf stammen könnte.[13]

1 Hier befindet sich unter anderem die große römische Gutshofanlage (siehe Beitrag Paul).

2 Die Jahreszahlen in den Klammern geben die Jahre bzw. den Zeitraum an, in dem Funde oder Gräber geborgen wurden.

3 F. Garscha, Die Alamannen in Südbaden. Germanische Denkmäler der Völkerwanderungszeit A 11 (Berlin 1970) Taf. 59,1. – M. Friedrich, Archäologische Chronologie und historische Interpretation. Die Merowingerzeit in Süddeutschland (Berlin 2016) 283 Schild 1.2.

4 Garscha (wie Anm. 3) 222 f.

5 E. Wagner, Fundstätten und Funde aus vorgeschichtlicher, römischer und alamannisch-fränkischer Zeit im Großherzogtum Baden I (Tübingen 1908) 12 Nr. 23. – F. Bühler, Heimatbuch Möhringen (Möhringen 1958), 63 f. – F. Stein, Adelsgräber des achten Jahrhunderts in Deutschland. Germanische Denkmäler der Völkerwanderungszeit A 9 (Berlin 1967) Nr. 149. – Garscha (wie Anm. 3) 222.

6 A. Girod / G. Kuhnle / D. Tschocke, Hinterm Kirchle von Möhringen an der oberen Donau. Inmitten eines Siedlungsareals der Bronze- und Eisenzeit. Archäologische Ausgrabungen in Baden-Württemberg 2021 (Darmstadt 2022) 134–137.

7 Badische Fundberichte II, 1929–1932, 391. – Garscha (wie Anm. 3) 223. – Bühler (wie Anm. 5), 65. Möglicherweise gehören die unter »Unter Weilattengraben« aufgeführten Bestattungen zu demselben Gräberfeld. In diesem Fall wäre es mit fast 4 Hektar sehr groß.

8 A. Röhring-Schierbaum, Ein neues frühmerowingerzeitliches Kriegergrab bei Möhringen, Stadt Tuttlingen. Archäologische Ausgrabungen in Baden-Württemberg 1992 (Darmstadt 1993) 226–230.

9 Garscha (wie Anm. 3) 222.

10 Garscha (wie Anm. 3) 223.

11 Somit wäre diese (spekulative) Niederlassung in etwa derselben Zeit erfolgt, wie die bei Rietheim. Offenbar gab es noch eine dritte römische Goldmünze. Sie wurde um 1936 im Bereich des römischen Gutshofs geborgen (Landesamt für Denkmalpflege im Regierungspräsidium Stuttgart, Ortsakten Dienstsitz Freiburg).

12 Siehe Beitrag Höke, Abb. 7.

13 Fundberichte aus Baden-Württemberg 26, 2002, 222.

Rekonstruktionszeichnung eines merowingerzeitlichen Kriegers anhand der Grabfunde aus Gutmadingen. (Jonatan Alcina Segura).

# Siedlung – Kirche – Friedhof: Das frühmittelalterliche Bärenthal

Andreas Haasis-Berner

Grabungen in mittelalterlichen Siedlungen sind nicht übermäßig häufig. Noch seltener sind Grabungen im Bereich ehemaliger, frühmittelalterlicher Kirchen und ihrer Friedhöfe. In Bärenthal »Im Eschle« ergab sich die Möglichkeit, beides archäologisch zu untersuchen.[1]

Es ist vor allem der ehrenamtlichen Tätigkeit von Joachim Lehmkuhl zu verdanken, dass die bei Baumaßnahmen in dem bislang archäologisch unbekannten Areal angeschnittenen Gräber und Siedlungsspuren dem Landesamt für Denkmalpflege gemeldet wurden. So konnten die Befunde dokumentiert und in den Folgejahren (2008–2010) planmäßige Ausgrabungen durchgeführt werden.

## Zu den Siedlungsspuren

Auch wenn aufgrund ihrer Anzahl die Bestattungen im Fokus der Untersuchungen standen, waren die von ihnen teilweise geschnittenen Siedlungsspuren nicht minder interessant (Abb. 1). 2009 wurden zwei Grubenhäuser, eine Pfostenreihe sowie eine Feuerstelle untersucht, im letzten Jahr der Grabungskampagne (2010) Pfostengruben von Gebäuden, ein weiteres, 3,2 × 2,4 m messendes Grubenhaus und zwei Feuerstellen. Ein Teil der Pfosten wurde bei der Anlage der Gräber geschnitten, sodass mindestens ein Teil der Siedlung älter als diese Gräber sein müssen. Leider sind die zugehörigen Funde (»Gefäßscherben der gelbtonigen Drehscheibenware, ein Eisenmesser, gebrannter Lehm und eine kleine gelbe Glasperle«[2]) nicht vorgelegt worden. Andreas Düring, der einen Teil der Grabung in seiner Masterarbeit ausgewertet hat, spricht von »tendenziell karolingerzeitlichen bis hochmittelalterlichen Funden«[3]. Da mindestens

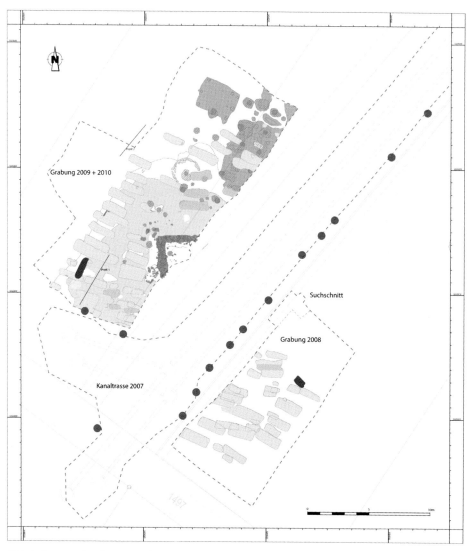

Abb. 1: Gesamtplan der Ausgrabung. Im Zentrum in Blau die Nordwestecke der Kirche, nördlich davon der runde Mörtelmischer. Die Kirche ist umgeben von Grabgruben. Ganz im Norden befinden sich die Reste der ehemaligen Siedlung (in Braun). (Landesamt für Denkmalpflege im Regierungspräsidium Stuttgart).

ein Grab (Grab 80) aufgrund von $^{14}$C-Daten in den ältesten Abschnitt der Belegungsphase (7./8. Jahrhundert) datiert wurde und einen Teil dieser Siedlungsspuren überlagert,[4] ist eher von einer merowingerzeitlichen Datierung der Siedlungsspuren auszugehen.

## Die Kirche

Die Anlage eines Kanalgrabens führte zur Entdeckung der Gräber. Leider verlief dieser breite Graben genau durch die ehemalige Kirche, was zur fast vollständigen Zerstörung der Baureste führte. Angetroffen wurde nur die nordwestliche Ecke des ehemaligen Kirchenbaus. Da auf der Ostseite des Kanalgrabens keine Hinweise mehr auf die Kirche angetroffen wurden, kann die Größe grob auf 6 × 10 m geschätzt werden.

Trotz der nur teilweisen Erfassung war es möglich, Hinweise auf die Bauabfolge zu erlangen. Bau I bestand aus einem etwa 0,6 m breiten, steinernen Fundament. Möglicherweise gab es innerhalb der Kirche einen Estrich. Diese Kirche fiel einem Brand zum Opfer, was sich durch eine mächtige Brandschicht rund um die Baureste abzeichnete. Da in der ausplanierten Brandschicht kaum Steine enthalten waren, dürfte es sich um eine Holzkirche auf einem Steinsockel gehandelt haben. Aufgrund der Kombination von $^{14}$C-Daten und stratigraphischen Hinweisen deutet sich eine Entstehung in der Zeit zwischen dem Ende des 7. Jahrhunderts und dem letzten Drittel des 8. Jahrhunderts an.

Ob Bau II unmittelbar nach dem Brand entstanden ist, geht aus den publizierten Informationen nicht klar hervor. Zwischen dem Fundament von Bau I und dem von Bau II soll es eine Erdschicht geben, was eher auf eine Unterbrechung hinweist. Andererseits erfolgte die Errichtung von Bau II nahezu exakt auf den Fundamenten von Bau I, was wiederum für einen raschen Neubau spricht. Dieser steinerne Neubau weist zweischaliges Mauerwerk auf und verfügte sicher über einen Estrichboden (Abb. 2). Der zweite Bau wurde durch die naturwissenschaftliche Untersuchung von im Mörtel enthaltener Holzkohle in das 8./9. Jahrhundert datiert. Sein Ende ist nicht klar zu bestimmen. Auch hier helfen indirekt nur die naturwissenschaftlichen Datierungen der jüngsten Gräber, die im 10. Jahrhundert angelegt wurden. Da im 12. Jahrhundert das gesamte Areal mit einem mächtigen Kolluvium überdeckt wurde, dürften die Kirche und der Friedhof im späten 10./11. Jahrhundert aufgegeben worden sein.

Abb. 2: Der Bau II der Kirche verfügte über einen Kalkestrich. (Landesamt für Denkmalpflege im Regierungspräsidium Stuttgart).

## Die Kalkmörtelmischanlage

Vier Meter nördlich der Kirche wurde eine Kalkmörtelmischanlage aufgedeckt (Abb. 3–5). Derartige Anlagen sind in Mitteleuropa von vielen Orten bekannt, vornehmlich im Bereich bedeutender Kirchenbauten des 8. bis 10. Jahrhunderts, aber auch von frühen Burgen des 10. Jahrhunderts.[5] Es ist noch nicht abschließend entschieden, ob in ihnen Mörtel für die eigentliche Baumaßnahme (die Mauern) hergestellt wurde, oder eher der Mörtelputz für die Wände oder für den Estrich. Denn bei einem Durchmesser von 2,3 m und einer Arbeitstiefe von (geschätzt) 0,3 m hätte man darin einen Kubikmeter Mörtel herstellen können – eine sehr große Menge, die kaum für Maurerarbeiten verarbeitet werden kann, bevor der Mörtel abbindet und hart wird. Allerdings ist bei der Verwendung von Bruchsteinen die erforderliche Menge an Mörtel deutlich größer als bei Werksteinen, insbesondere bei zweischaligem Mauerwerk. Zur Herstellung von Wandputz oder Estrichmörtel passt die Dimension der Anlage dagegen gut. Denn bei einer Größe von (geschätzt) 5 × 10 m und einer Raumhöhe von 2,5 m waren eine Wandfläche

Abb. 3: Die runde Mörtelmischanlage lag wenige Meter nördlich der Kirche. Die Kirche wurde bei der Anlage der Straße weitgehend zerstört. (Landesamt für Denkmalpflege im Regierungspräsidium Stuttgart).

Abb. 4: Im Vordergrund die runde Mörtelmischanlage, links im Bild die Kirche. Im Hintergrund werden die Bestattungen freigelegt. (Landesamt für Denkmalpflege im Regierungspräsidium Stuttgart).

Abb. 5: Profil durch die Mörtelmischanlage. Im Zentrum befand sich eine senkrechte Achse, deren Abdruck sich gut erhalten hat. (Landesamt für Denkmalpflege im Regierungspräsidium Stuttgart).

letten verdichtet und präzisiert. Die [14]C-Datierungen der Gräber erlauben eine Datierung in das 7.–10. Jahrhundert.[7] Die maximale Ausdehnung des Friedhofes lässt sich auf etwa 25 × 25 m (625 m$^2$) eingrenzen; etwa ein Drittel davon wurde ausgegraben. Dabei sind die Grundfläche der Kirche mit etwa 60 m$^2$ sowie Wege noch abzuziehen, was eine verfügbare Fläche von etwa 500 m$^2$ bedeutet.

Die aufwendige Untersuchung der Knochen und Zähne erlaubt nicht nur Aussagen zu Geschlecht und Alter, sondern auch zu den Lebensbedingungen, den körperlichen Belastungen, der Ernährung und den Krankheiten der Menschen. Das Verhältnis von Männern zu Frauen war, wie zu erwarten, gleichmäßig. Die Kindersterblichkeit war, wie in allen vorindustriellen Gesellschaften, recht hoch. Und wenn man die ersten Lebensjahre überstanden hatte, bestand kaum Aussicht darauf, älter als 60 Jahre zu werden. Die Körperhöhen lagen bei Männern bei 171–173 cm, bei Frauen bei 160–163 cm. Harte körperliche Arbeit war Bestandteil des Alltags aller Bewohner. Mangelernährung sowie chronischer Vitamin-C-Mangel führte zu zahlreichen Beeinträchtigungen und Krankheiten. Hauptnahrungsmittel war Getreide, was zu weit verbreiteter Karies führte. Auch Meningitis und Tuberkulose ließen sich nachweisen.

Insgesamt liegen mit diesen Skeletten die Überreste einer ländlichen Bevölkerung vor, die in einer unwirtlichen, wenig fruchtbaren Gegend mit harter körperlicher Arbeit mehr schlecht als recht ihr Leben fristete.

Auch wenn die Berechnung der gleichzeitig lebenden Personen immer mit Unschärfen versehen ist, dürfte die Population aus etwa 30 bis 50 Personen bestanden haben,[8] was etwa 5–10 Familien und somit Hofstellen entsprechen könnte. Nimmt man nur die Fläche rund um die Fundstelle (zwischen Bära und Hang) als ehemaliges Siedlungs- und Wirtschaftsgelände an, so standen der Bevölkerung etwa 130 ha zur Verfügung.

Die bislang bekannten, merowingerzeitlichen Gräberfelder rund um Bärenthal finden sich in Kolbingen, Renquishausen, Irndorf und Bubsheim auf der Höhe sowie in Egesheim und Nusplingen, wo sich das Tal der Bära weitet und fruchtbarere Böden vorhanden sind. Im Bereich Ensisheim wurden im 19. Jahrhundert Steinkistengräber entdeckt, bei denen es sich um spätmerowingerzeitliche-frühkarolingische Bestattungen handeln dürfte. Vor diesem Hintergrund sieht es so aus, als ob die Gemarkung Bärenthal erst im Verlauf der späten Merowingerzeit aufgesiedelt wurde, als die Gunsträume schon besetzt waren.


# Zusammenfassung

Auch wenn bislang nur ein kleiner Teil der möglichen Friedhofs- und Siedlungsfläche untersucht wurde, ist der Gewinn für die Geschichte von Bärenthal, aber auch für die von Süddeutschland immens. Im Bereich einer frühmittelalterlichen Siedlung wird im (späten?) 7. Jahrhundert eine Kirche mit steinernem Fundament und hölzernem Aufbau errichtet. Um die Kirche herum erfolgte über etwa 300 Jahre die Beisetzung der Toten. Während in anderen Gemarkungen noch auf den alten Gräberfeldern (und teilweise auch noch mit Beigaben) bestattet wurde, liegt in Bärenthal ein klassischer Dorffriedhof vor. Die Kirche brannte in der Karolingerzeit ab und wurde durch einen vollständigen Steinbau ersetzt. Dieser erhielt einen Wandverputz, zu dessen Herstellung ein Mörtelmischer errichtet wurde.

Die anthropologische Untersuchung der Skelette ist für den süddeutschen Raum in dieser Zeitstellung bislang nahezu einzigartig. Für die späte Merowingerzeit, aber vor allem für die Karolingerzeit liegt nun eine gut untersuchte Population vor.

Im 10. Jahrhundert wurden Kirche und Friedhof aufgegeben. Im 12. Jahrhundert lagert sich ein mächtiges Kolluvium über der Fläche ab. Dieses Erdreich dürfte von den nunmehr entwaldeten Hängen der Umgebung stammen. Was hat zur Aufgabe der seit 300 Jahren bestehenden Kirche geführt? Wurde sie an die Stelle der heutigen St. Johannes-Kirche – 500 m weiter nördlich und auf der anderen Seite der Bära – verlagert? Sie ist seit dem 13./14. Jahrhundert belegt. Bärenthal wird als *villa Beroa* 1092 als Besitz des Kloster St. Georgen erstmals genannt.[9] Doch was ist mit diesem Begriff gemeint? Die Siedlungen der Gemarkung, die Siedlung »Im Eschle« oder der direkte Vorgänger des heutigen Dorfes? Diese und weitere Fragen (Wann beginnt die Siedlung »Im Eschle« und wie groß ist ihre Ausdehnung? Wer initiierte den Kirchenbau? Woher kam die Technik des Mörtelmischers? Warum wurden die Siedlung, die Kirche und der Friedhof aufgegeben?) könnten bei der Auswertung der Siedlungsbefunde, der begleitenden historische Untersuchungen, aber auch durch weitere Grabungen im Anschluss an die Grabungsfläche beantwortet werden.

1    J. Klug-Treppe/J. Wahl, Ein Gewerbegebiet voller Überraschungen. Frühmittelalterlicher Friedhof in Bärenthal, Kreis Tuttlingen. Archäologische Ausgrabungen in Baden-Württemberg 2008 (2009) 186–191. – J. Klug-Treppe, Neue Erkenntnisse zu Kirche, Siedlung und frühmittelalterlichem Friedhof. Archäologische Ausgrabungen in Baden-Württemberg 2009 (2010) 198–203. – A. Düring/J. Wahl, Ein hartes Leben und eine vermeintliche Messerattacke. Weitere Bestattungen aus dem frühmittelalterlichen Friedhof »Im Eschle«. Archäologische Ausgrabungen in Baden-Württemberg 2009 (2010) 203–206. – J. Klug-Treppe/B. Volkmer-Perrot, Frühmittelalterlicher Siedlungsplatz mit Friedhof und Kirche in Bärenthal. Archäologische Ausgrabungen in Baden-Württemberg 2010 (2011) 218–221. – A. Düring, Vom Leben gezeichnet. Anthropologische Voruntersuchungen an drei Bärenthaler Bestattungen aus der Kampagne 2010. Archäologische Ausgrabungen in Baden-Württemberg 2010 (2011) 222–225. – A. Düring, Der frühmittelalterliche Friedhof Bärenthal aus archäologisch-anthropologischer Perspektive. Masterarbeit Universität Tübingen, Institut für Ur- und Frühgeschichte und Archäologie des Mittelalters (Tübingen 2011). – A. Düring, Der Friedhof von Bärenthal auf der Scherra. Fundberichte aus Baden-Württemberg 34/2, 2014, 391–490.

2    Klug-Treppe 2011 (wie Anm. 1) 220.

3    Düring 2014 (wie Anm. 1) 399 f.

4    Düring 2014 (wie Anm. 1)  Abb. 5.

5    S. Stelzle-Hüglin, »Renovatio imperii« on the Muensterhuegel of Basle? A reappraisal of mechanical mortar mixers. Kongressbeitrag 4e Congrès International d'Archéologie Médiévale et Moderne. Medieval Europe (Paris 2007).

6    Düring 2014 (wie Anm. 1).

7    Düring 2014 (wie Anm. 1) 406 und Tab. 1.

8    Düring 2014 (wie Anm. 1) 479.

9    Notitiae fundationis et traditionum monasterii S. Georgii in Nigra silva. In: O. Holder-Egger (Hrsg.), Fundationes et Dedicationes ecclesiarum. Monumenta Germaniae Historica Scriptores 15,2. Supplementa tomorum I-XII, pars III. Supplementum tomi XIII (Hannover 1888) 1005–1023 bes. 1016.

Abb. 1: Stadtansicht Geisingen. (Kreisarchiv Tuttlingen, J. Fischer-Höhn).

Abb. 2: Teile der Stadtmauer von Geisingen sind noch gut erhalten und wurden in den vergangenen Jahren restauriert. Diese Aufnahme zeigt einen Abschnitt der Mauer im Südosten der Stadt. (Landesamt für Denkmalpflege im Regierungspräsidium Stuttgart, A. Haasis-Berner).

# Erste Grabungen in der Stadt Geisingen

Andreas Haasis-Berner

Im frühen Mittelalter gab es eine Siedlung namens Geisingen (764 erstmals erwähnt), die in der Karolingerzeit als Gerichtsort zentralörtliche Funktionen innehatte. Doch war diese Siedlung – deren exakte Lage wir nicht kennen – mit Sicherheit nicht identisch mit der um die Mitte des 13. Jahrhunderts gegründeten Stadt (Abb. 1). Denn es ist geradezu typisch, dass die Städte auf der grünen Wiese gegründet wurden, weil es hier noch keine schwer überwindbaren Rechte gab. Dies gilt insbesondere für die Pfarrkirchen, die zunächst für längere Zeit im Dorf bestehen blieben und deren Rechte erst im Verlauf des Spätmittelalters auf die Kirche in der Stadt übertragen wurden. In Geisingen ist es noch etwas komplizierter: Die für eine größere Raumschaft wesentliche Pfarrkirche war die von Kirchen (heute ein Ortsteil von Geisingen). Die (rechtlich untergeordnete) Kirche von Geisingen ist die St. Walburgakirche (1384 erstmals erwähnt). Sie ist aufgrund des Patroziniums vermutlich in der Zeit zwischen 900 und 1100 errichtet worden. Rund um diese Kirche ist auch das ursprüngliche Dorf Geisingen zu suchen. Die Stadt Geisingen wurde dann westlich der St. Walburga-Kirche durch die Herren von Wartenberg errichtet. Im Laufe der Zeit siedelten die ursprünglichen Bewohner des Dorfes in die Stadt um und das Dorf verödete. Derartige Siedlungsverlagerungen sind geradezu zeittypisch und an zahlreichen Orten (Hüfingen, Rottweil, Gengenbach, Kenzingen) nachgewiesen.

Wann diese Stadtgründung genau erfolgte, ist mangels Schriftquellen nicht bekannt. Jedoch ist Geisingen eine typische Kleinstadt, die gut mit weiteren, etwa gleich großen Städten verglichen werden kann, und bei den allermeisten zeigt sich, dass sie um die Mitte des 13. Jahrhunderts gegründet wurden. Denn damals war Kaiser Friedrich II. gebannt, fernab des Deutschen Reiches und somit handlungsunfähig. Diese Schwäche des Herrschers nutzten zahlreiche Adelige aus und nahmen bestimmte Rechte in Anspruch, wie die Münzprägung oder eben die Gründung von Städten.

Eine Stadt war ein befestigter Rechtsbezirk. Die Bewohner in der neu gegründeten Stadt genossen im Vergleich zu den Menschen außerhalb der Stadt andere Rechte. Sie waren aber in den allermeisten Fällen zuvor keine Bürger anderer Städte, sondern ehemalige Bauern. So wundert es nicht, wenn die ältesten Baubefunde in Städten Elemente dörflicher Bauweisen aufweisen.

Die Befestigung bestand aus einer Mauer und dem davorliegenden Graben. Teile der Geisinger Stadtmauer sind bis heute erhalten und lassen somit die ehemalige Größe der Stadt erkennen (Abb. 2). Der Stadtgraben ist vollständig verfüllt und die Fläche wird überwiegend für Gärten genutzt.

## Die Grabung im Jahre 2021

2021 bestand anlässlich der kompletten Renovierung des Gasthauses »Krone« erstmals die Möglichkeit, in der Stadt Geisingen archäologische Untersuchungen durchzuführen. Die Grabung wurde von Brigitte Laschinger geleitet.[1]

Das Gasthaus selbst ist unterkellert, doch auf dem nördlich angrenzenden Grundstück stand ursprünglich nur eine Scheune. Da nun geplant war, auch dieses Grundstück zu unterkellern, mussten die dort erhaltenen archäologischen Befunde vor ihrer Zerstörung dokumentiert werden. Die geöffnete Fläche betrug rund 160 m² und war teils durch moderne Kanalgräben gestört.

## Die Baubefunde

Die ältesten Befunde sind einzelne Pfostengruben, eine rechteckige Grube sowie ein Grubenhaus (Abb. 3). Die Pfosten dürften zu einem Gebäude gehört haben, das aufgrund der geringen Ausdehnung der Grabungsfläche nicht weiter angesprochen werden kann. Es handelt sich jedoch eindeutig um eine ländliche Bauweise, was das oben Gesagte zur Herkunft der ersten Bewohner unterstreicht.

Grubenhäuser sind typische Bestandteile früh- und hochmittelalterlicher Siedlungen. Sie bestehen aus einer etwa 1 m in den Boden eingetieften, rechteckigen Grube, die mit einem zeltartigen Dach überdeckt war. Die Giebelseiten waren mit Wänden geschlossen, in einer Seite befand sich der Eingang. In diesen Nebengebäuden fanden, soweit nachweisbar, handwerkliche Tätigkeiten statt, oft die Herstellung und Verarbeitung von Textilien. Häufig lassen sich Reste eines Gewichtswebstuhles in Form von Standspuren der hölzernen

Abb. 3: Foto des Grubenhauses. (Archaeotask).

Konstruktion oder auch der Webgewichte nachweisen. Mit der Einführung des horizontalen Trittwebstuhls im 11./12. Jahrhundert kam die häusliche Produktion von Stoffen außer Gebrauch. Daher sind Grubenhäuser in Städten eigentlich kaum noch anzutreffen – umso erstaunlicher ist es, dass im Zusammenhang mit der Grabung ein solches Grubenhaus untersucht werden konnte.

Seine Maße betrugen 4,60 m (O-W) auf 3,18 m (N-S) und es war etwa einen Meter eingetieft. Auf der West- sowie auf der Ostseite befanden sich jeweils drei Pfosten. Im Grubenhaus verteilt kamen mehrere Stakenlöcher zutage, von denen einige zusammen mit einer länglichen Grube dem Standort eines Gewichts-/Hochwebstuhles zugeordnet werden konnten. Die längliche Grube in der Sohle des Grubenhauses diente zur Aufnahme der die Kettfäden spannenden Webgewichte. Da um die Grube fünf Stakenlöcher gefunden wurden, ist anzunehmen, dass der Webstuhl freistand. Leider fanden sich keine Webgewichte, doch verweist ein Spinnwirtel – das Schwunggewicht, das man beim Spinnen von Garnen braucht – auf die Herstellung von Textilien. Die in dem Grubenhaus gefundene Keramik (Fragmente eines reduzierend grau

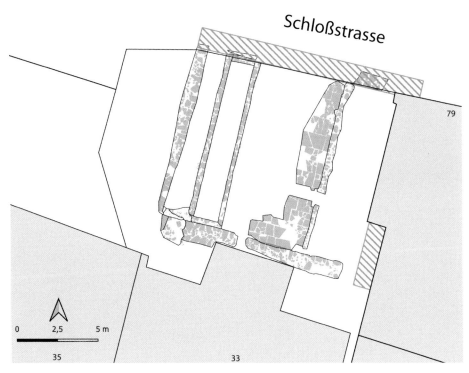

Abb. 4: Grundriss des Hauses. (Landesamt für Denkmalpflege im Regierungspräsidium Stuttgart, E. Cappelletto).

gebrannten Topfes und die Randscherbe einer Schüsselkachel) kann in das 13. Jahrhundert datiert werden. Leider ist die Keramik nicht zahlreich genug, um sie eindeutig in die Zeit vor oder nach der Stadtgründung einordnen zu können.

Diese eher ländlichen Baustrukturen wurden nach einiger Zeit aufgegeben und durch ein Steinhaus ersetzt. Dieses Steinhaus hatte eine Grundfläche von 12 × 12 m Grundfläche und 1,2 m mächtige Mauern (Abb. 4).

Da in dem Gebäude eine deutliche Brandschicht angetroffen wurde, scheint es von einem Brand betroffen gewesen zu sein. Möglicherweise sind seine hölzernen Bestandteile vollständig zerstört. Da keine Dachziegel enthalten waren, dürfte eine organische Dachdeckung vorhanden gewesen sein. Die Keramik aus der Brandschicht kann in das 14./15. Jahrhundert datiert werden. In diesem Zeitraum liegt der urkundlich überlieferte Stadtbrand von 1487 – möglicherweise war dies das Ereignis, durch das das Haus beschädigt wurde. Es ist eher unwahrscheinlich, dass man das Gebäude längere Zeit als Ruine bestehen ließ, archäologisch lassen sich jedoch keine Angaben dazu machen.

Zu einem unbekannten Zeitpunkt wurde innerhalb des Gebäudes von Norden nach Süden ein etwa 5 m breites, mit einer Mauer eingefasstes Kalksteinpflaster angelegt. Dieses Pflaster diente sicherlich zum Befahren und Begehen des Innenraumes mit (schweren?) Wagen. Westlich des Pflasters befand sich eine die gesamte Länge der ehemaligen Scheune einnehmende Grube. Sie ist in ihrer jüngsten Nutzung mit einem Betonverputz versehen worden. Sie dürfte zum Lagern von Mist oder Ähnlichem gedient haben und wurde im frühen 20. Jahrhundert aufgegeben und verfüllt. Aus diesem Grund ist davon auszugehen, dass das Gebäude nach dem Brand als Scheune und Stall gedient hat. Auf einem Gemälde aus dem frühen 20. Jahrhundert von Hans Müller (1904–1971) ist das Gebäude als Scheune dargestellt. Auf der Urbarialkarte von 1788 (Abb. 5) bilden Gasthaus und Scheune ein großes Gebäude. Aus diesem Grund ist es denkbar, dass es sich um ein Nebengebäude handelt, das als Stall, Wagenremise oder Ähnliches in Funktionszusammenhang mit dem Gasthaus stand.

Geisingen erlebte im 16. Jahrhundert für drei Jahrzehnte als Regierungssitz der Fürstenberger seine Blütezeit. Während des 30-jährigen Krieges litt die Stadt jedoch schwer und konnte sich nicht mehr von diesem Niedergang erholen. In der Stadt wohnten zahlreiche Ackerbürger, d. h. Personen, die in der Landwirtschaft tätig waren.

1  A. Haasis-Berner / B. Laschinger. Erste Grabungen in der Stadt Geisingen. Archäologische Ausgrabungen in Baden-Württemberg 2021 (2022) 283–284.

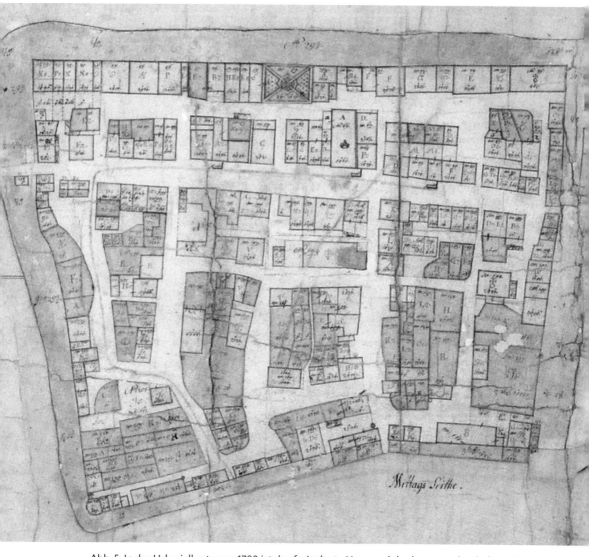

Abb. 5: In der Urbarialkarte von 1788 ist das freigelegte Haus und der heute noch erhaltene Gasthof im nördlichen Drittel mit dem Buchstaben »A« gekennzeichnet. (Stadtarchiv Geisingen).

# Burg Gründelbuch bei Buchheim

Andreas Haasis-Berner

Im Osten des heutigen Landkreises Tuttlingen und südlich der tief eingeschnittenen Donau befindet sich die Gemeinde Buchheim, die zum größten Teil auf einer Hochebene liegt. Im Westen wird diese durch das Neuhauser Tal begrenzt, das bei Fridingen in die Donau mündet. Im Südwesten bildet das Krottental die Grenze. Im Westen der Gemarkung, etwa 3 km südwestlich von Buchheim und in einer Art Spornlage, liegt das Hofgut Gründelbuch (770 m ü NN).

Direkt nördlich des Hofes verlief in der Vergangenheit mit der »Mönchsteige« und der »alten Landstraß« eine wichtige Wegverbindung, deren etwas weiter nach Norden verlegte Nachfolgerin im 18. Jahrhundert durch eine nach Osten und Nordosten hin ausgerichtete, 400 m lange Schanzanlage gesperrt und überwacht wurde. Auf dieser Verbindung kann man von Fridingen aus das Donautal verlassen um auf die Hochebene zu gelangen. Heute ist diese Trasse unter der Bezeichnung K 5940 auf den Karten zu finden. Wer von Westen kommend das Donautal verlassen wollte (z. B. Richtung Meßkirch), musste diese Verbindung wählen, weil es sonst auf den nächsten Kilometern keine weitere Gelegenheit dazu gab. Das Hofgut befindet sich somit im Bereich einer Wegkreuzung mit mindestens lokaler Bedeutung, und diese Kreuzung mehrerer Straßen war wohl der Grund, weshalb hier eine Befestigung errichtet wurde, die in ihrer Art im südwestdeutschen Raum nahezu einzigartig und zudem ungewöhnlich gut erhalten ist.

Das Hofgut besteht aus dem Wohnhaus (20 × 12 m) und einem (ehemaligen) 60 × 12 m großen Schafstall.[1] Die Gebäude dürften weitgehend im 17. Jahrhundert errichtet worden sein. Hier war der Sitz des im Vergleich zu heute wesentlich umfangreicheren Hofgutes Gründelbuch, das jedoch im frühen 19. Jahrhundert aufgeteilt wurde. Dieses Hofgut stellt den Nachfolger eines landwirtschaftlichen Gutskomplexes, einer sogenannten Grangie, des Klosters Salem dar.

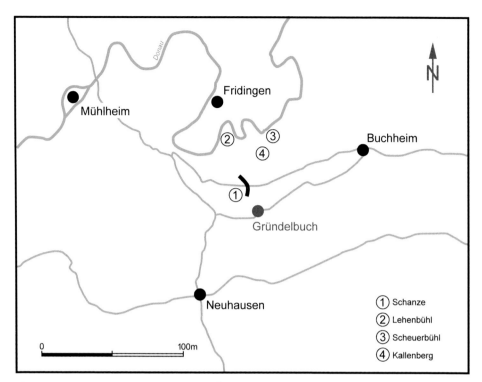

Abb. 1: Plan des Umfelds von Gründelbuch. (Landesamt für Denkmalpflege im Regierungspräsidium Stuttgart, C. Urbans).

Abb. 2: Luftbild der Burg. Durch den Schnee und die schrägstehende Sonne zeichnen sich der Wall und die Baubefunde im Inneren sehr gut ab. (Landesamt für Denkmalpflege im Regierungspräsidium Stuttgart, R. Gensheimer, L8118/018-01).

# Die ehemalige Burg

Unmittelbar östlich des Wohnhauses befindet sich in der Wiese eine Wall-Grabenanlage, deren etwa 0,5 m hohe Wälle sich noch deutlich im offenen Gelände abzeichnen. Diese Anlage entspricht in etwa einem Rechteck mit abgerundeten Ecken. Die Ost-West-Ausdehnung beträgt etwa 200 m, die Nord-Süd-Ausdehnung ca. 155 m. Dadurch ergibt sich eine Innenfläche von 2,3 ha. Der ursprüngliche Zugang erfolgte von Norden. Hier ziehen die Wallenden ungefähr 10 m nach innen. Sie bilden somit offenbar ein Kammertor. Im digitalen Geländemodell ist ein Weg zu erkennen, der von Norden her hier die Befestigung erreicht. Die Unterbrechung des Walls im Südosten ist sicherlich jüngeren Datums und wird mit der Erreichbarkeit der heutigen Hülbe (Wasserstelle) in Zusammenhang stehen. Die Ausrichtung der Anlage und des sicherlich imposanten Tores nach Norden zeigt, dass die Anlage in einem engen Zusammenhang mit dem nördlich vorbeiführenden Weg steht.

# Die Baustrukturen im Inneren

Auf dem digitalen Geländemodell, auf Luftbildern und auf den geophysikalischen Messbildern sind im Inneren weitere rechteckige und runde Strukturen zu erkennen.[2] Insgesamt lassen sich derzeit vier Steingebäude und zwei Pfostengebäude belegen. Das größte, zentral gelegene Gebäude misst 24 × 12 m, unmittelbar nördlich davon befindet sich ein etwa 15 × 10 m großes Gebäude. Die Fundamente reichen bis in knapp 1 m Tiefe. Da sich in diesem Gebäude bis in diese Tiefe auch geophysikalische Anomalien nachweisen lassen, die auf Brandschutt hinweisen, dürfte es sich um ein unterkellertes Gebäude handeln. Nicht nur aufgrund der Lage sondern auch aufgrund der Größe wird es sich um die Zentralgebäude der Anlage handeln.

Im Südosten der Anlage befindet sich ein Pfostengebäude. Es ist etwa quadratisch und hat eine Grundfläche von ca. 15 × 15 m. Da es eine Hülbe umschließt, könnte es einen Schutz derselben darstellen. Im Norden, unmittelbar innerhalb des Walls, befindet sich ein weiteres, mindestens 30 × 10 m großes Pfostengebäude. Nordwestlich der beiden zentralen Steingebäude liegt das vierte Steingebäude, dessen Größe jedoch aufgrund einer modernen Störung nicht exakt angegeben werden kann. Im Südosten der Wallanlage ließ sich durch die geo-

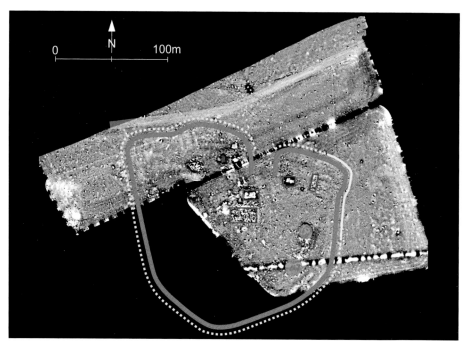

Abb. 3: Ein Teil der Wallanlage wurde geophysikalisch untersucht. (LGL, www.lgl-bw.de. Data licence Germany – attribution – Version 2.0. https://opengeodata.lgl-bw.de, Ergänzung C. Urbans).

Abb. 4: Im digitalen Geländemodell zeichnen sich der Wall und die Hausgrundrisse deutlich ab. (LGL, www.lgl-bw.de. Data licence Germany – attribution – Version 2.0. https://opengeodata.lgl-bw.de, Ergänzung C. Urbans).

physikalischen Untersuchungen auch der Graben erkennen. Neben diesen drei Steingebäuden und zwei Holzpfostengebäuden kann es noch weitere gegeben haben, deren Existenz sich derzeit dem Nachweis entzieht. Dennoch wird die 2,3 ha große Fläche nur zu einem kleinen Teil bebaut gewesen sein. Der größte Teil des Innenraumes war Freifläche.

Besonders das große, zentrale Gebäude kann mit anderen Gebäuden in frühen Burgen verglichen werden. Zu nennen sind hier der Burcberk auf dem Purpurkopf (Dép. Bas-Rhin, Frankreich) mit einer Grundfläche von 14 × 6,7 m,[3] das Rondelken bei Laer (Kreis Steinfurt, Nordrhein-Westfalen) mit 24,7 × 19 m,[4] der Wohnturm im Schlössel bei Klingenmünster (Landkreis Südliche Weinstraße, Rheinland-Pfalz) mit 15 × 15 m[5] sowie das Alte Schloss bei Mühltal-Beerbach (Landkreis Darmstadt-Dieburg, Hessen) mit 10 × ca. 15 m.[6] Alle diese Gebäude sind in der Zeit zwischen dem späten 10. und dem frühen 11. Jh. errichtet worden.

# Die Umwehrung

Wallanlagen mit einziehenden Wallenden (die vermutlich ein Kammertor bilden) sind insbesondere in ottonischer und salischer Zeit bekannt. Sie bilden häufig die Befestigung von Höhenburgen.

Durch die geophysikalischen Untersuchungen konnte der 5 m breite und etwa 2,6 m tiefe Graben zerstörungsfrei nachgewiesen werden. Vermutlich handelt es sich um einen Spitzgraben. Der Wall besteht aus einer Erdschüttung und enthält, nach der geophysikalischen Messung zu urteilen, offenbar keine Mauer. Aus Gründen der Verteidigung ist auf der Wallkrone mit einer Palisade und einem hölzernen Umgang zu rechnen. Auch diese Art der Holz-Erde-Befestigung ist für die Zeit des 11./12. Jahrhunderts geradezu typisch und spricht für einen hochmittelalterlichen Zeitansatz der Anlage. Leider stört ein gerade quer über das Tor hinwegziehender Weidezaun die geophysikalischen Messergebnisse, wodurch keine weiteren Aussagen zu Pfostenstellungen möglich sind.

Die unregelmäßig ovale Form der Umwallung kommt bei mittelalterlichen, aber auch bei vorgeschichtlichen Befestigungen immer wieder vor. Sie ist kein Merkmal, das bei einer genaueren Datierung weiterhilft. Wesentlich spezifischer ist das sogenannte Zangentor. Hier wurde durch das Einbiegen der beiden Wallenden im Bereich des Tores ein verlängerter Zugang geschaffen, der durch eine vermutlich mehrgliedrige Toranlage verschlossen war. Der Vorteil derartiger Zangentore war, dass die Verteidiger die Angreifer von oben und nach Überwinden des äußeren Tores von allen Richtungen beschießen konnten. Der Geländebefund ist am besten mit frühen Burganlagen, insbesondere der ottonischen und salischen Zeit zu vergleichen. Bei den salierzeitlichen Burgen kommt die Kombination Erdwall/Graben und steinerner Zentralbau (Saalgeschosshäuser) mehrfach vor. Dies betrifft auch das Kammertor. Vergleichbare Tore kennen wir von den frühen Burgen im Sieger- und Sauerland und den angrenzenden Gebieten. Zu nennen ist hier die äußere Befestigung beim Rondelken von Laer.[7] Eindrucksvoll ist auch das Schlössel bei Klingenmünster.[8] Die längsovale, 2,2 ha große Wallanlage weist im Südwesten ein Zangentor auf und wird in das 9./10. Jahrhundert datiert. Auch bei der Hünenburg bei Wessendorf (Stadtlohn, Kreis Borken, Nordrhein-Westfalen), einer 1,7 ha großen Anlage, gibt es ein vergleichbares Zangentor. Hinweise deuten auf eine Entstehung im 9./10. Jahrhundert.[9] Vermutlich im 10./11. Jahrhundert ist die 0,7 ha große »Schanze« bei Lipporn (Gemeinde Nastätten, Rhein-Lahn-Kreis, Rheinland-Pfalz) entstanden, die ebenfalls das typische Zangentor aufweist.[10] Die Datierung der Anlage ist zurzeit jedoch noch nicht gesichert. Eine gute Parallele zu dem Zangentor von Gründelbuch gibt es in Krueth-Linsenrain (Wettolsheim, Dép. Haut-Rhin, Frankreich). Auch hier steht die gesicherte archäologische Datierung noch aus, auch wenn eine hochmittelalterliche Datierung wahrscheinlich ist.[11]

Die Burgen der entwickelten Salierzeit wurden dagegen nicht mehr mit Zangentoren geschützt. Somit bleibt als Fazit, dass das Zangentor von Gründelbuch (und somit auch die gesamte Umwehrung) analog zu den sicher datierten Belegen in der Zeit »um 1000« entstanden ist.


## Der Name Gründelbuch

Die älteste Erwähnung des Namens aus dem Jahr 1155 lautet »Grindelbuch«. Interessanterweise kommt beim genannten Burcberg (Dép. Bas-Rhin) auch der Begriff »Grendelbruch« vor, was sehr ähnlich klingt wie Gründelbuch. Im Mittelhochdeutschen bedeutet »Grendel« (»Krintil«) »Riegel«, »Balken«, »Stange«, »Schlagbaum«. Der Begriff Gründelbuch könnte mit »Grenzburg« zu übersetzen sein, vielleicht aber auch mit »Grenze am Buchen(wald)« oder »Buchenwald an der Grenze«. Dies dürfte auf die Funktion der Befestigungen im Rahmen einer Grenzsituation verweisen. Tatsächlich lag die Gemarkung Gründelbuch auf zwei unterschiedlichen Herrschaftsgebieten – die der Hegau-Grafschaft sowie die der Scherra-Grafschaft. Die Grenze verlief unmittelbar nördlich des heutigen Hofes und der ehemaligen Befestigung. Die Befestigung lag noch im Bereich der Hegau-Grafschaft. Und somit erklärt sich auch der Bezug zu Hermann von Friedingen, der mit Hohenfriedingen im Hegau seinen Stammsitz hatte.

## Auswertung

Die Befestigung mit Wall und Graben lässt nur die Deutung als Burg zu. Diese Burg dürfte hier angelegt worden sein, um den Weg entlang des Donautales zu überwachen und zu sichern. Erstaunlich ist, dass sich diese Anlage nicht auf einem deutlichen Berg befindet, sondern auf einer kaum zu verteidigenden Hochfläche. Daher macht die Anlage den Eindruck einer nachträglich umwehrten Hofanlage und nicht einer Burg, die primär zu Verteidigungszwecken errichtet wurde. Es liegen keinerlei Funde aus dem Gelände vor, wodurch eine Datierung durch archäologisches Fundmaterial derzeit nicht möglich ist. Auch die Pfostengebäude lassen sich typologisch nicht weiter datieren. Und auch das zeitliche Verhältnis dieser Gebäude, die ja nicht gleichzeitig bestanden haben müssen, lässt sich ohne Ausgrabungen bisher nicht klären.

## Fazit

Fasst man diese Hinweise zusammen, so deutet sich an, dass die Wallanlage beim Hofgut Gründelbuch tatsächlich in die Zeit um 1000 zu datieren ist. Es handelt sich damit um eine Burganlage des späten 10./frühen 11. Jahrhunderts – also der Zeit der späten Ottonen und frühen Salier –, die zudem weitgehend frei von jüngeren Eingriffen ist.

   Der Name verweist auf die mögliche Funktion zur Kontrolle des Grenzverkehrs. Trifft diese Vermutung zu, dürfte es sich um eine Befestigung/frühe Burg handeln, die von den Herren von Friedingen, engen Verwandten der Grafen von Nellenburg, oder ihren Vorfahren hier angelegt wurde, um den Weg entlang des Donautales zu überwachen und zu sichern. An diesem Beispiel ist exemplarisch zu erkennen, wie eine Burg dieser Zeitstellung in diesem Raum aufgebaut war. Diese Anlage ist ein seltenes Bindeglied zwischen den – weitgehend unbefestigten – frühmittelalterlichen Adelshöfen und den spätmittelalterlichen Höhenburgen.

Das Gut Gründelbuch wird nach 1152 und vor 1155 von Hermann von Friedingen (bei Singen) an das 1136 gegründete Kloster Salem geschenkt und betritt damit das Licht der historischen Überlieferung.[12] Die Freiherren von Friedingen sind enge Verwandte der Grafen von Nellenburg. Es ist sehr wahrscheinlich, dass die 2,3 Hektar große Befestigung zu diesem Zeitpunkt schon existiert hat und zentraler Bestandteil dieser Schenkung war. Vielleicht haben die Vorfahren des Hermann von Friedingen die Befestigung errichten lassen. Durch weitere Schenkungen wächst der Besitz in der Folgezeit auf etwa 250 Hektar und so bildete Gründelbuch über Jahrhunderte eine der große Grangien des Klosters Salem.

1   In der Frühen Neuzeit gab es auf Gründelbuch bis zu 600 Schafe, im Schnitt 400. Sie produzierten pro Jahr ca. 2000 kg Wolle. In Anbetracht der ungünstigen Böden könnte Schafzucht auch in den Jahrhunderten davor die wirtschaftliche Grundlage dargestellt haben.

2   A. Haasis-Berner/H. von der Osten-Woldenburg, Archäologische Untersuchungen an der Wallanlage von Hofgut Gründelbuch. Tuttlinger Heimatblätter 2015, 101–106.

3   J. Koch, Der frühe Burgenbau im Elsass. In: E. Beck et al., Burgen im Breisgau. Aspekte von Burg und Herrschaft im überregionalen Vergleich. Archäologie und Geschichte. Freiburger Forschungen zum ersten Jahrtausend in Südwestdeutschland 18 (Sigmaringen 2012) 71–88 bes. 76–78. – Th. Biller/B. Metz, Anfänge der Adelsburg im Elsass in ottonischer, salischer und frühstaufischer Zeit. In: H.-W. Böhme, Burgen der Salierzeit 2 (Sigmaringen 1991) 245–284 bes. 249–250; Abb. 3.

4   H.-W. Peine, Dodiko, Rütger von der Horst und Simon zur Lippe: Herren des Mittelalters und der frühen Neuzeit auf Burg, Schloß und Festung. In: Hinter Schloss und Riegel. Burgen und Befestigungen in Westfalen (Münster 1997) 160–224 bes. 165 f.

5   H. W. Böhme, Burgen der Salierzeit in Hessen, in Rheinland-Pfalz und im Saarland. In: H. W. Böhme, Burgen der Salierzeit 2 (Sigmaringen 1991) 7–80. Zu Schlössel: 28 f. Abb. 18.

6   Böhme (wie Anm. 5) Zu Mühltal-Nieder Beerbach: 42–44 Abb. 32.

7   Peine (wie Anm. 4) Abb. des Modells des Zangentores: 130 Abb. 7.

8   Böhme (wie Anm. 5).

9   Ph. R. Hömberg, Burgen des frühen Mittelalters. In: Hinter Schloss und Riegel. Burgen und Befestigungen in Westfalen (Münster 1997) 120–159 bes. 144 f., Abb. 19.

10  Böhme (wie Anm. 5) 59 f.; 62 Abb. 48.

11  Koch (wie Anm. 3) Abb. 3–4. – J. Koch, L'enceinte de Krueth/Linsenrain à Wettolsheim: une forme primitive de chateau?. In: Chateaux Forts d'Alsace 9 (Saverne 2008) 55–66 Abb. 3. – L. Sig, Eine vorgeschichtliche Bergfeste im Waldgelände von Wettolsheim. Annuaire de la sociéte historique de Colmar 1950, 9–17.

12  D. Müller, Der Hof Gründelbuch vom hohen Mittelalter bis zur frühen Neuzeit, Tuttlinger Heimatblätter 2015, 107–137.

# Mauern, Gräben und aussichtsreiche Berge: Wallanlagen im Landkreis Tuttlingen

Christoph Morrissey

## Einführung

Der Landkreis Tuttlingen weist mittlerweile 19 (bzw. 20 mit dem Himmelberg auf der Grenze zum Schwarzwald-Baar-Kreis) gesicherte Wall- beziehungsweise Befestigungsanlagen aus vor- und frühgeschichtlicher Zeit auf und ist damit in Baden-Württemberg der Kreis mit den meisten solcher Anlagen. Zur Verdeutlichung sei darauf verwiesen, dass im gesamten Regierungsbezirk Karlsruhe 2012 nur elf solcher Anlagen vorgestellt werden konnten,[1] im Regierungsbezirk Stuttgart waren es vor kurzem (2023) 54 Anlagen.[2] Die bemerkenswert hohe Anzahl geht sicher mit auf die besondere Topographie des Landkreises zurück, in dem die Schwäbische Alb ihre größten Höhen erreicht und topographisch günstige, exponierte Bergrücken zahlreich vorhanden sind. Zu den genannten 19 bzw. 20 gesicherten Fundplätzen kommen noch wahrscheinliche Wallanlagen auf der Oberburg bei Egesheim und dem Lupfen bei Talheim hinzu. Es ist aber auch auf eine mittlerweile neben den befestigten Höhensiedlungen sich immer besser abzeichnende, dichte vormittelalterliche Besiedlung der breiten Talgassen etwa von Donau, Prim und Bära hinzuweisen (s. dazu die Beiträge im Band). Man wird die zahlreichen Wallanlagen somit auch als Ausdruck einer in vor- und frühgeschichtlicher Zeit intensiv erschlossenen Region verstehen dürfen.

Zusammenfassend ging erstmals 1978 Hans-Wilhelm Heine auf die Anlagen im Kreis Tuttlingen ein.[3] Auch im letzten Überblicksband zur Archäologie im Landkreis Tuttlingen – 1988 erschienen – finden die Wallanlagen Berücksichtigung.[4] Beate Schmid legte dann 1991/92 mit den vorrömischen Fundstellen der Baar auch viele aus dem Landkreis vor.[5] 2002 folgte nochmals ein kurzer Überblick von Jutta Klug-Treppe zu den archäologischen Denkmalen im Landkreis, der die Wallanlagen aber nur kurz streift.[6] Dezi-

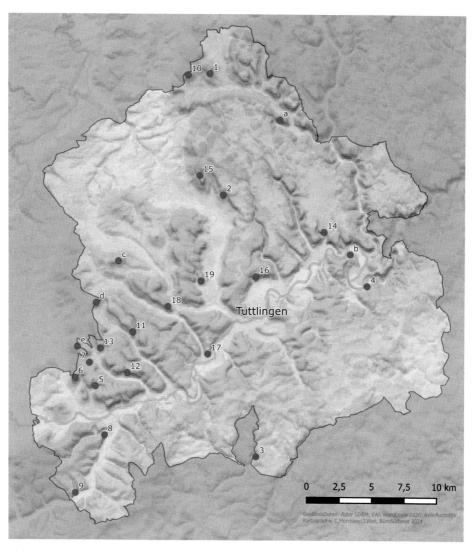

Abb. 1: Kartierung der vor- und frühgeschichtlichen Wallanlagen im Landkreis Tuttlingen.
1 Deilingen-Delkhofen, Hochberg / Schänzle. – 2 Dürbheim, Burghalde. – 3 Emmingen-Liptingen
(Emmingen ab Egg), Gerichtzoller. – 4 Fridingen, Lehenbühl. – 5 Geisingen, Ehrenburg. – 6 Geisingen, Hörnekapf. – 7 Geisingen, Schänzle. – 8 Geisingen, Kirchen-Hausen, Schanze. – 9 Geisingen-Leipferdingen, Heidenlöcher. – 10 Gosheim, Lemberg. – 11 Immendingen-Ippingen,
Heidenburg. – 12 Immendingen-Zimmern, Amtenhausen. – 13 Immendingen-Zimmern, Darrendobel. – 14 Kolbingen, Burghalde. – 15 Spaichingen, Dreifaltigkeitsberg. – 16 Tuttlingen, Alten-
burg. – 17 Tuttlingen-Möhringen, Mühleberg / Schanzgraben. – 18 Tuttlingen-Eßlingen / Seitingen-
Oberflacht, Kohlberg / Schachen. – 19 Wurmlingen, Aienbuch. – Sonstige Anlagen: a Egesheim,
Oberburg. – b Fridingen, Altfridingen. – c Talheim, Lupfen. – d Bad Dürrheim-Öfingen, Himmelberg
(Schwarzwald-Baar-Kreis). – e Bad-Dürrheim-Öfingen, Blatthalde (Schwarzwald-Baar-Kreis).

diert zu den Wallanlagen folgten 1999–2011 eine Reihe von Publikationen des Landesamts für Denkmalpflege, in denen die detaillierten topographischen Aufmessungen der Anlagen aus den 1980er Jahren mitsamt beschreibenden und auswertenden Texten vorgelegt werden konnten. 1999 waren es die Geisinger Berge, zuletzt dann 2011 noch das sicher prominenteste und am besten erforschte Objekt, der Dreifaltigkeitsberg bei Spaichingen. Nicht abgeschlossen werden konnten seinerzeit nur der Lehenbühl bei Fridingen und der Gerichtzoller bei Emmingen ab Egg. Insbesondere zu diesen beiden gibt es neben topografischen Erkenntnissen mittlerweile auch archäologische Neufunde, die eine deutlich genauere Beurteilung hinsichtlich der Zeitstellung und der Besiedlung erlauben.

Schaut man sich die räumliche Verteilung an, fällt die große Verdichtung der Wallanlagen auf der Baar-Alb im Raum nördlich der Donau zwischen Geisingen, Spaichingen und Tuttlingen ins Auge. Allein das langgezogene Plateau der Geisinger Berge weist vier ganz unterschiedliche und interessante Anlagen auf – die Blatthalde am Nordrand oberhalb von Unterbaldingen gehört allerdings schon zum Schwarzwald-Baar-Kreis (Abb. 1).

Zuletzt sei noch darauf verwiesen, dass insbesondere der moderne Wegebau ab 1960 für die maschinelle Holzabfuhr den lange währenden Schutz vor Zerstörung in den siedlungsfernen Wäldern stark relativiert hat. Kaum eine Anlage ist noch im ungestörten Zustand erhalten, zu diesen zählen etwa der Lehenbühl bei Fridingen, die Altenburg und der Schanzgraben bei Tuttlingen bzw. Möhringen sowie der Lemberg bei Gosheim.

## Lage, Form, Größe und Besonderheiten

Einfache Abschnittsbefestigungen, die mit Wällen und Gräben einen Bergsporn oder einen Bergvorsprung queren und abriegeln, liegen beim Hochberg, der Burghalde, beim Hörnekapf, der Heidenburg, den Heidenlöchern (Leipferdingen), der Burghalde (Kolbingen) und auf dem Kohlberg vor.

Wälle und Gräben umklammern oder umziehen ein Plateau, einen Vorsprung oder eine Spornkuppe bei der Burghalde (Dürbheim), beim Gerichtzoller (Emmingen), beim Lehenbühl (Fridingen), bei der Ehrenburg (Geisingen), beim Schänzle (Geisingen), bei der Schanze (Kirchen-Hausen), dem Lemberg (Gosheim), bei Amtenhausen (Immendingen-Zimmern), beim Darrendobel (Immendingen-Zimmern), dem Dreifaltigkeitsberg (Spaichingen), der Altenburg

(Tuttlingen) und der Schwedenschanze/Aienbuch (Wurmlingen). Bisweilen können ursprünglich einfache Abschnittsbefestigungen durch weitere Ausbauten zu komplexeren Befestigungen ergänzt worden sein, so etwa wohl am Dreifaltigkeitsberg oder auch am Gerichtzoller.

| Nr | Ort | Name | Größe |
|----|-----|------|-------|
| 9 | Leipferdingen | Heidenlöcher | 0,4 ha |
| 1 | Delkhofen | Hochberg/Schänzle | 0,45 ha |
| 12 | Zimmern | Amtenhausen | 0,45 ha |
| 4 | Fridingen | Lehenbühl | 0,55 ha |
| 16 | Tuttlingen | Altenburg | 0,6 ha |
| 5 | Geisingen | Ehrenburg | 0,7 ha |
| 14 | Kolbingen | Burghalde | 0,8 ha |
| 18 | Eßlingen/Seitingen | Kohlberg | 0,85 ha |
| 13 | Zimmern | Darrendobel | 0,95 ha |
| 17 | Möhringen | Mühleberg | 1 ha |
| 19 | Wurmlingen | Aienbuch | 1 ha |
| 7 | Geisingen | Schänzle | 1,3 ha |
| 2 | Dürbheim | Burghalde | 1,5 ha |
| 11 | Ippingen | Heidenburg | 1,55 ha |
| 8 | Kirchen-Hausen | Schanze | 1,75 ha |
| 3 | Emmingen | Gerichtzoller | 1,8 ha |
| 10 | Gosheim | Lemberg | 3,65 ha |
| 6 | Geisingen | Hörnekapf | 7,8 ha |
| 15 | Spaichingen | Dreifaltigkeitsberg | 9,7 ha |

Tab. 1: Liste der gesicherten Wallanlagen im Landkreis Tuttlingen, aufsteigend nach Flächengröße sortiert.

Eine landesweite Besonderheit ist am Lemberg bei Gosheim, der höchstgelegenen Wallanlage Baden-Württembergs mit knapp über 1000 m ü. NN, das am Osthang talwärts vor dem Wall festgestellte Feld aus rippenartigen Hindernissen. Bislang waren solche vor allem in Bayern von mehreren Wallanlagen bekannt und – zusammen mit Grubenfeldern – pauschal als Reiterhindernisse mit den reiternomadischen Ungarneinfällen des 9. und 10. Jahrhunderts in Verbindung gebracht worden. Nun spricht mittlerweile doch einiges dafür, dass der-

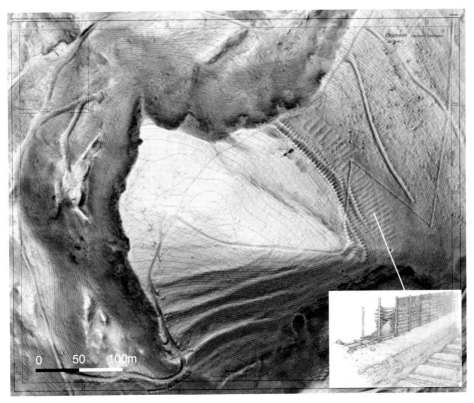

Abb. 2: Der Lemberg bei Gosheim im digitalen Geländemodell mit überlagertem archäologisch-topografischen Plan. Rekonstruktionszeichnung des Erdrippenfelds am Osthang. (Geobasisdaten LGL, www.lgl-bw.de. Data licence Germany – attribution – Version 2.0. https://opengeodata. lgl-bw.de, Plan Morrissey / Müller [wie Anm. 16]; Rekonstruktion Schußmann 2022 [wie Anm. 7], Grafik: Ch. Morrissey 2024).

gleichen Annäherungshindernisse dort wohl oft in die jüngere Urnenfelderzeit datiert werden müssen, also ins 10. und 9./8. Jahrhundert v. Chr.[7] Als Hindernisse für quer zum Wall dahinjagende Reiterkrieger können die »Rippen« am Lemberg aber so oder so nicht verstanden werden, dafür ist der Hang schlicht zu steil. Die angenommenen Einfälle sogenannter thrako-kimmerischer Reitervölker in der späten Urnenfelderzeit (9./8. Jh. v. Chr.) in den Südwesten Deutschlands lassen sich allerdings bislang ebenso wenig im größeren Umfang fassen wie diejenigen ungarischer Reitergruppen im 10. Jahrhundert (Abb. 2).[8] Auf die übergroßen Lücken am Hörnekapf (Geisinger Berge) wie auch am Mühlberg bei Möhringen wird im Folgenden eingegangen.

Hinsichtlich des Grundrisses (Form) und der Größe (Tab. 1) der Wallanlagen hat man landesweit immer wieder versucht, chronologische Merkmale herauszuarbeiten, sozusagen eine zeitliche Typologie zu erstellen. Das hat sich mittlerweile als wenig tragfähig erwiesen. Vielmehr ist von einer opportunistischen Bauweise auszugehen, die je nach örtlicher Gegebenheit (Topographie) und gesellschaftlichem Hintergrund für ähnliche Zeiträume doch ganz unterschiedlich ausfallen kann. Landesweit lässt sich mit aller Vorsicht vor allem die Errichtung sehr großer und komplexer Anlagen vor allem in der Frühlatènezeit beobachten.[9]

## Funktionen

Gibt es einen gemeinsamen Kontext der Wallanlagen? Wirtschaftsgeografische Aspekte etwa könnten die Sicherung von Rohstoffvorkommen oder deren Verarbeitung beinhalten. Verkehrsgeografische Aspekte zielen auf die Sicherung wichtiger Wegesysteme ab, sozialgeografische Aspekte könnten den Separierungswunsch gesellschaftlicher Oberschichten andeuten. Gesellschaftsgeografische Aspekte verweisen möglicherweise auf unruhige Zeiten und das Bedürfnis nach wehrhaftem Schutz. Die Sicherung eines größeren Areals könnte auch auf eine zentralörtliche Bedeutung des Platzes zurückgehen, etwa als Handels- und Umschlagsort, was sich aber angesichts der oft kleinen Fläche, der bisweilen abgeschiedenen Lage und den eher spärlichen Funden bislang kaum aufdrängt.

Grundsätzlich wird ja für Wallanlagen aber erstmal davon ausgegangen, dass die Wälle, Mauern und Gräben zum Schutz einer Siedlung oder auch eines Rückzugsplatzes (Fliehburg) errichtet wurden. Solche befestigten Siedlungsplätze lassen sich bislang auf dem Gerichtzoller, dem Lehenbühl, dem Lemberg, dem Darrendobel und dem Dreifaltigkeitsberg durch zahlreiche archäologische Funde belegen oder zumindest wahrscheinlich machen. Kleinere und rundum gut gesicherte, als Siedlungsplatz prinzipiell gut geeignete Areale liegen zudem bei der Ehrenburg, der Schwedenschanze, dem Schänzle und den Heidenlöchern vor. Bislang gibt es bei diesen aber noch keine ausreichende Absicherung der Funktion durch archäologische Funde.

Große Zweifel an einer primär wehrhaften Funktion bestehen vor allem beim Hörnekapf, dessen beide Wallgräben jeweils mit 45 und 60 m Breite sehr große Lücken zum Osthang freilassen. Darin ähnelt er der Anlage auf der benachbarten Blatthalde (Schwarzwald-Baar-Kreis), bei der ein Wallgraben die nördliche Spitze desselben Bergstocks quert, dabei aber zahlreiche klei-

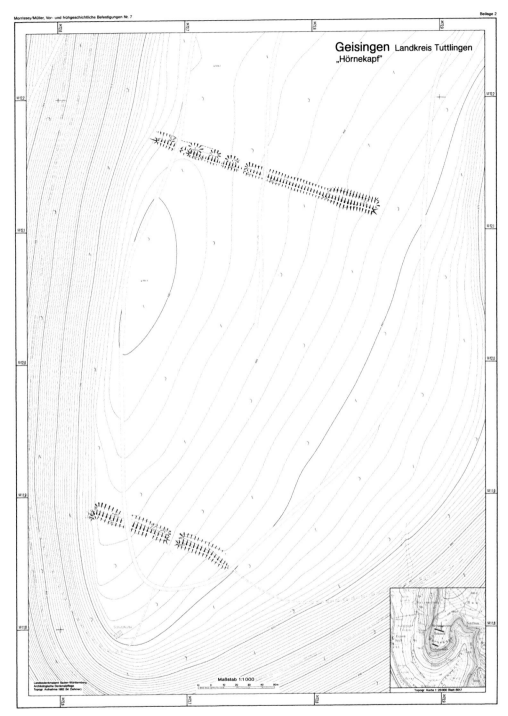

Abb. 3: Geisingen, Hörnekapf. Der archäologisch-topographische Plan zeigt sehr deutlich die übergroßen Lücken am Osthang. (nach Morrissey / Müller [wie Anm.10]).

nere Lücken und eine große Lücke zum Hang aufweist (Abb. 3).[10] Auch beim Schanzgraben bei Tuttlingen-Möhringen besteht eine mit 25 m auffallend breite Lücke zum Hang. Möglicherweise ist zumindest in diesen Fällen auch an eine Nutzung im Sinne eines temporär aufgesuchten Versammlungs- oder Ritualplatzes zu denken.[11] Die Wälle und Gräben hätten dann eher zur Markierung und Abgrenzung eines Platzes als zu dessen tatsächlicher Befestigung beziehungsweise wehrhafter Sicherung gedient.

In diesem Zusammenhang ist auch auf die große Dichte vorgeschichtlicher Ritualplätze im Durchbruchstal der Oberen Donau zwischen Fridingen und Inzigkofen zu verweisen. Zahlreiche Höhlen und Felstürme wie auch exponierte Felskuppen wurden spätestens seit der Bronzezeit offenbar als naturheilige Plätze immer wieder aufgesucht, wohl um dort gemeinschaftlich rituelle Handlungen durchzuführen, die im Kontext jahreszeitlicher Abläufe oder auch ritueller Opferhandlungen stehen können. Insbesondere lässt sich dies an der regen Nutzung von Keramikgefäßen ablesen, die mit teils hunderten Exemplaren die in Siedlungen zu erwartende Anzahl weit übertrifft. Als markantester Platz wird hier sicher der Petersfels zu nennen sein, auf dem auch ein landesweit bisher einzigartiger Brandplatz mit großen Mengen verbrannter Keramik festgestellt und untersucht werden konnte.[12]

Zusammenfassend fällt auf, dass im Oberen Donau-Felsental Höhlen und besonders exponierte Plätze wie Felstürme und -kuppen offenbar bevorzugt zur jüngeren Urnenfelderzeit und dann wieder in der jüngeren oder späten Latènezeit aufgesucht und wohl zu rituell-kultischen Zwecken genutzt worden sind. Auf der Fränkischen Alb hingegen ist an den gleichen Plätzen ein markanter Schwerpunkt im Zeitraum späte Hallstattzeit und frühe Latènezeit festzustellen. Möglicherweise verlagert sich auch im Landkreis Tuttlingen das entsprechende Geschehen regional oder auch funktional, sodass die bekannten Plätze mit vorwiegend urnenfelderzeitlichen Keramikdeponierungen aufgegeben und andere Plätze wie etwa die Oberburg bei Egesheim aufgesucht werden, an denen in der Hallstatt- und Frühlatènezeit auch Metallfunde niedergelegt (geopfert?) werden.[13] Die dort mittlerweile nachgewiesenen Befestigungselemente (s. u. Hallstattzeit) sind wohl ebenfalls eher als kontextbezogene Abgrenzung denn als wehrhafte Befestigung eines besonderen Platzes zu verstehen.

# Quer durch die Epochen: Von der Jungsteinzeit bis zum Mittelalter

Viele der hier vorgestellten Wallanlagen sind bislang ohne datierende Funde, aufgrund von Erhaltung, Form und Grundriss aber am ehesten in vorgeschichtliche Zeit zu setzen. Beispiele dafür sind etwa die Burghalde bei Kolbingen, die Altenburg bei Tuttlingen, die recht schlichte Befestigung aus zwei Wallgräben auf dem Kohlberg oder die Anlage auf dem Aienbuch bei Wurmlingen. Bei anderen ist aufgrund der guten Erhaltung und der kompakten Form auch an eine frühgeschichtliche Entstehung oder (Nach-)Nutzung zu denken: Das Schänzle und die Ehrenburg auf den Geisinger Bergen zählen hierzu, wie auch die Heidenlöcher bei Leipferdingen.

## Jungsteinzeit

Bislang liegen jungsteinzeitliche Funde nur vom Lehenbühl bei Fridingen und vom Dreifaltigkeitsberg bei Spaichingen in solcher Anzahl vor, dass hier zumindest mit Höhensiedlungen und vielleicht auch schon mit ersten Befestigungen gerechnet werden darf. Vom Lehenbühl sind es insbesondere Keramikscherben und Knochen- wie auch Silexgeräte des ausgehenden 4. und frühen 3. Jahrtausends v. Chr. (wohl Horgener Kultur). Der eher unscheinbare Randwall, in dem vielleicht der verstürzte Steinsockel einer Mauer steckt, lässt sich jedoch bislang noch nicht sicher datieren.[14] Gleiches gilt für den Dreifaltigkeitsberg, von dem neben Keramikscherben auch eine große Zahl an Steinbeilen und Feuersteingeräten vorliegt. Dessen unterschiedliche Befestigungen lassen sich bis jetzt nicht sicher zeitlich einordnen, doch dürfte der stark verschliffene Wall D nahe der südlichen Bergspitze in diese frühe Zeit gehören.[15]

## Frühe und mittlere Bronzezeit

Einige wenige Funde von der mächtigen Wallanlage Gerichtzoller bei Emmingen dürften noch in die mittlere Bronzezeit (18. bis 15. Jahrhundert v. Chr.) gehören, der allergrößte Teil datiert aber in die späte Phase der Bronzezeit, die sogenannte Urnenfelderzeit. Auch vom Lehenbühl liegen mittlerweile einige Keramikscherben der mittleren Bronzezeit vor und belegen ein zumindest sporadisches Aufsuchen des Bergsporns in dieser Zeit; gleiches gilt für den Dreifaltigkeitsberg. Keine der Befestigungen ist sicher dieser Zeit zuzuweisen, bisweilen mag man eher bei der verfallenen Trockenmauer aus groben Steinbrocken der Altenburg bei Tuttlingen an ein solch hohes Alter denken.

Abb. 4: Der vom Forstweg durchbrochene Hauptwall am Gerichtzoller bei Emmingen, unten rechts späturnenfelderzeitliche Keramikscherben vom Plateau. (Ch. Morrissey 2024).

### Späte Bronzezeit (Urnenfelderzeit)

Vom Gerichtzoller stammt zahlreiche Keramik vor allem der jüngeren Urnenfelderzeit, also dem Ende der Bronzezeit im 10. und 9. Jahrhundert v. Chr. Die bislang noch weitgehend unpublizierten Funde belegen eine dichte Besiedlung des Plateaus, die dortigen Befestigungsanlagen dürften mehrfach umgebaut und erweitert worden sein. Beim Durchbruch des Hauptwalles für einen Forstweg konnten in den 1990er Jahren mehrere Bauphasen festgestellt werden, insbesondere die damals erkennbare Verwendung von Sinterkalk als Festigung der Mauer ist mittlerweile auch andernorts mehrfach in vorgeschichtlicher Zeit nachgewiesen (Abb. 4).[16] Auch auf dem Lehenbühl belegen sehr viele Keramikscherben der jüngeren Urnenfelderzeit (Phase Ha B) dort eine seit dem Spätneolithikum erstmals wieder intensivere Besiedlung. In diesen Zeitraum gehört recht sicher auch die Befestigung auf dem 1015 m ü. NN hohen Lemberg bei Gosheim. Zahlreiche Keramikscherben bezeugen hier eine dichtere Besiedlung, Hinweise auf ältere oder jüngere Zeiten gibt

Abb. 5: Der Lehenbühl bei Fridingen erscheint wie ein Riegel zum engen Felsental der Oberen Donau flussabwärts von Fridingen. (Ch. Morrissey 2024).

es bislang nicht. Der Lemberg lässt sich also entgegen anderslautender Vermutungen nicht als zugehörige Höhensiedlung zu dem mit einer etruskischen Schnabelkanne reich ausgestatteten, späthallstattzeitlichen Grab nahe Gosheim im Tal festmachen.[17]

Etliche Funde bezeugen auch ein späturnenfelderzeitliches Aufsuchen des Dreifaltigkeitsberges, gleiches gilt für den Lupfen mit doch etlichen Keramikscherben. Hier fallen am östlichen Plateau des sehr langen Bergrückens – also der mittelalterlichen Burg entgegengesetzt – etliche Böschungen ins Auge, die zwar mehr nach altem Ackerbau (Ackerstufen) aussehen, in denen aber auch eine ältere (vorgeschichtliche) Befestigung nicht ganz auszuschließen ist (s. u. Früh- und Hochmittelalter). Bei der Burghalde bei Dürbheim besteht zumindest der Verdacht auf ein jüngerurnenfelderzeitliches Alter der Anlage.

Verwiesen sei noch auf die auffallend große Zahl an Höhensiedlungen sowie Fels- und Höhenfundplätzen im engen und malerisch-felsenreichen

Donaudurchbruchstal abwärts von Fridingen bis nach Inzigkofen. Auf kleinen Felskuppen wie etwa Rockenbusch und Scheuerlebühl fanden sich bisweilen derartig große Mengen an zerscherbten Keramikgefäßen aus der Spätphase der Urnenfelderzeit, dass es kaum reguläre Höhensiedlungen sein können. Hier zeigt sich – nicht zuletzt mit dem Brandopferplatz am Petersfels bei Beuron (Lkr. Sigmaringen)[18] – eine ungewöhnlich intensive Nutzung dieses besonderen Naturaumes, die mit ihren Wurzeln sicher auch auf rituelle Handlungen an besonderen Plätzen zurückgeht und das weitere Umfeld mit einbezogen haben wird.[19] In diesem Zusammenhang rückt die exponierte Lage des Lehenbühls sozusagen als Wächter am Eingang zu diesem besonderen Talraum ins Auge (Abb. 5).

### Ältere Eisenzeit (Hallstattzeit)

Vom Mühleberg bei Möhringen, Stadt Tuttlingen, kommen einige Keramikscherben wohl der frühkeltischen Hallstattzeit aus der Böschung eines abgeschobenen Waldweges im Hang unterhalb. Hier könnten sich Bezüge zu den in jüngerer Zeit nachgewiesenen Siedlungen im Talraum andeuten (s. Beitrag Puster). Einige um 2007 aufgefundene Keramikscherben in Privatbesitz vom Hochberg/Schänzle bei Deilingen-Delkhofen könnten am ehesten in die Hallstatt- oder Frühlatènezeit gehören und geben einen ersten Hinweis auf die Zeitstellung der Anlage. Bislang fehlen von hier jedenfalls mittelalterliche Funde, die eine vermutete Funktion als Vorposten oder Beobachtungsposten zu der großen Burg auf dem Oberhohenberg absichern könnten. Wenige Keramikscherben von der Burghalde bei Dürbheim könnten ebenfalls in diesen Zeitraum gehören. Vom Lehenbühl sind etliche Funde der Hallstattzeit bekannt und bezeugen ein wohl intensiveres Aufsuchen der Felskuppe auch in dieser Zeit. Dass die Ehrenburg bei Geisingen schon in dieser Zeit aufgesucht und befestigt worden ist, lassen die spärlichen und schwer zu datierenden Keramikscherben nur als vage Vermutung erscheinen; Gleiches gilt für die Schanze bei Kirchen-Hausen, den Dreifaltigkeitsberg oder auch die Heidenlöcher bei Leipferdingen.

Sehr zahlreiche Keramikscherben, die wohl ausschließlich in die Hallstattzeit gehören, belegen hingegen sicher eine zeitgleiche Höhensiedlung mit mehrfach gestaffelter Befestigung auf dem Darrendobel bei Immendingen-Zimmern; Hinweise auf ältere oder jüngere Phasen gibt es bislang nicht. Bemerkenswert ist dort der noch als verfallene Trasse auf die Höhe führende Altweg am Westhang, der allem Anschein nach ebenfalls in die Hallstattzeit gehören dürfte. In landesweit einzigartiger Klarheit ist hier offenbar eine wohl rein frühkeltische, befestigte Siedlung (Wallanlage) in Grundriss, Morphologie und auch mit Zugang erfasst (Abb. 6).[20]

Abb. 6: Immendingen-Zimmern, Darrendobel. Archäologisch-topographischer Plan der wohl rein hallstattzeitlichen Wallanlage. (nach Morrissey / Müller [wie Anm. 18]).

Abb. 7: Egesheim, digitales Geländemodell der Oberburg. 1 Plateau mit Lesesteinhaufen. – 2 West-aufgang zum Plateau mit dem Wallansatz. – 3 Abgekehlte und planierte Hangkante am Süd-westhang. – 4 Wall im Hang zur Sicherung des Zugangs von Westen her. – 5 Verfallener Altweg im Südwesthang, wohl der älteste Zugang vom Tal aufs Plateau. – 6 Osthang mit mutmaßlichen Ackerböschungen. (Geobasisdaten LGL, www.lgl-bw.de. Data licence Germany – attribution – Version 2.0. https://opengeodata.lgl-bw.de).

Das weitläufige Plateau der Oberburg im Bäratal bei Egesheim zeigt zahl-reiche Lesesteinhaufen und Ackerböschungen als Zeugen früherer Bewirt-schaftung aus mittelalterlicher Zeit. Bisher übersehen worden ist die Über-arbeitung der südlichen Hangkante, die über weite Strecken auf 2 bis 5 m Breite planiert bzw. abgekehlt ist, ohne dass dort ein Randwall erkennbar ist. Diese Abkehlung hat wohl nichts mit der früheren Landwirtschaft zu tun und dürfte in vorgeschichtliche Zeit gehören. Den rund 150 m hohen Südhang führt eine stark verfallene Trasse eines Altweges vom Tal herauf, die aber rätselhafter-weise erst rund 30 m hoch über dem Tal am neuzeitlichen Forstweg einsetzt. Der Zugang zum Plateau im zuletzt sehr steilen Hang ist nur noch erahnbar, in der Planierung auf der Hangkante ist keine Lücke erkennbar. Für ein hohes Alter des Weges spricht auch, dass er im Hang offenbar von mittelalterlichen Ackerböschungen überdeckt wird. Möglicherweise ist er ein älterer Aufstieg

Abb. 8: Hauptwall mit Vorwall (Wall B und C) am Dreifaltigkeitsberg bei Spaichingen. (Ch. Morrissey 2024).

aus dem Tal, der dann bei der Anlage der Planierung auf der Hangkante aufgegeben wurde (Abb. 7).

Anzeichen für eine Sicherung des Zugangs zur Oberburg von Westen her gibt es dort, wo der heutige Weg rund 50 m hoch ansteigend aufs Plateau führt. Beim Passieren einer kleinen Felsnase zieht offenbar ein verfallener, vor Ort als flache Schwelle nur sehr schwer erkennbarer Wall hangsenkrecht von der Plateaukante talwärts und endet erst nach 150 m Länge im unteren Steilhang. Im mehrfach abgestuften, aber eigentlich gut zu ersteigenden Osthang sind hingegen keine Befestigungen zu erkennen, die dortigen Böschungen dürften allesamt von der früheren Beackerung herrühren. Vieles spricht aber dafür, dass die Abkehlung am Südhang, der Altweg wie auch der Wall gegen die Westseite hin mit den Nutzungsphasen der Oberburg während der Hallstatt- und Frühlatènezeit zusammenhängen.

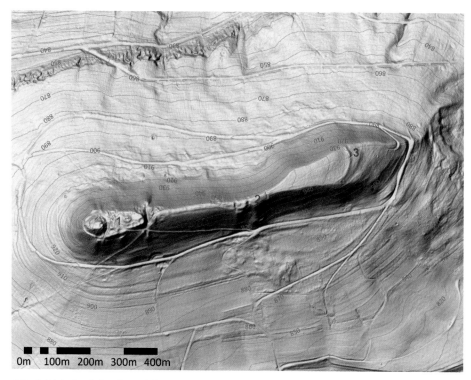

Abb. 9: Digitales Geländemodell vom Lupfen bei Talheim. 1 Mittelalterliche Burg an der West-spitze. – 2 Gräben im Mittelteil des Bergrückens. – 3 Mutmaßliche Ackerböschungen am Osthang (Geobasisdaten LGL, www.lgl-bw.de. Data licence Germany – attribution – Version 2.0. https://opengeodata.lgl-bw.de, Bearbeitung Ch. Morrissey 2024).

## Jüngere Eisenzeit (Latènezeit)

Für die Frühphase der spätkeltischen Latènezeit gibt es vom Schänzle bei Deilingen-Delkhofen, der Ehrenburg bei Geisingen und der Schanze bei Kirchen-Hausen erste Hinweise auf die Anwesenheit von Menschen in Form von spärlichen und oft nur schwer zu datierenden Scherben von Keramikgefäßen. Deshalb wurde die Schanze bei Kirchen-Hausen schon als keltische Fliehburg bezeichnet, dafür gibt es aber bislang keinen tragfähigen Beleg.[21] Auf dem Le-henbühl belegen etliche Funde hinreichend sicher ein Fortdauern der hallstatt-zeitlichen Besiedlung bis ins 4. Jahrhundert v. Chr. Eine gewisse Blütezeit erlebte offenbar der Dreifaltigkeitsberg im 5. und 4. Jahrhundert v. Chr., belegen doch zahlreiche Funde die Anwesenheit wohl größerer Menschengruppen während der Frühlatènezeit. Vermutet wird, dass der große Doppelwall wie auch die Randbefestigungen in diese Zeit gehören (Abb. 8).

Für die späte Latènezeit sind insbesondere im Durchbruchstal der Donau unterhalb von Fridingen bis Inzigkofen (Lkr. Sigmaringen) sehr zahlreiche Fundstellen der späten Latènezeit in Höhlen und auf oder an Felstürmen bekannt; Befestigungsanlagen fehlen jedoch.[22] Auch im Landkreis Tuttlingen ist die Spätphase der Latènezeit (2.–1. Jahrhundert v. Chr.) in den Wallanlagen in Form von Funden so gut wie nicht nachzuweisen. Ein spätkeltisches Beil vom Hang unterhalb der Heidenburg bei Ippingen ist als Einzelfund einstweilen kaum mit der dortigen Wallanlage in Verbindung zu bringen.[23]

## Römische Zeit

Einzig vom Lehenbühl könnte ein ungesicherter römischer Münzfund ein Aufsuchen auch in römischer Zeit belegen. So sollen bei Waldarbeiten auf dem Lehenbühl 1946 etwa 15 römische Silbermünzen (Denare) zu Tage gekommen sein (Verbleib: Heimatmuseum Fridingen). Ihre Laufzeit reicht von 173/174 (Marc Aurel) bis 235/236 n. Chr. (Maximinus Thrax). Falls tatsächlich ein geschlossener Depotfund (Schatzfund) vorliegt, könnte er um 236 vergraben worden sein, vielleicht im Zusammenhang mit Vorstößen germanischer Gruppen. Der Lehenbühl wird deshalb immer wieder auch als völkerwanderungszeitliche Höhensiedlung angesprochen. Angesichts der eher dürftigen Quellenlage ist dies aber mit deutlichen Fragezeichen zu versehen, bestehen doch Zweifel bezüglich des Fundortes und der nicht sicher überlieferten Zusammensetzung des Fundes.[24] Wenige Funde gibt es auch vom Dreifaltigkeitsberg, die aber kaum zu deuten sind. Generell sind Höhensiedlungen in römischer Zeit landesweit kaum gesichert, während etwa Höhlen in einiger Zahl aufgesucht worden sind.

## Früh- und Hochmittelalter

Aus der Völkerwanderungszeit gibt es einige wenige Funde vom Dreifaltigkeitsberg, die an eine temporär genutzte Höhensiedlung denken lassen. Von der Ehrenburg wiederum kommen einige hochmittelalterliche Keramikscherben (9.– 12. Jahrhundert), die sich vielleicht mit dem am Befund erkennbaren Um- oder Ausbau einer älteren Anlage verbinden lassen Überraschenderweise gehört auch eine Randscherbe eines Keramikgefäßes vom Darrendobel wohl in die karolingisch-ottonische Zeit (8. bis 10. Jahrhundert). Das Einzelstück aus der sicher hallstattzeitlichen Wallanlage lässt sich aber historisch nicht einordnen. Neben wenig vorgeschichtlicher Keramik kommen aus der kleinen Wallanlage »Heidenlöcher« nun auch einige Keramikscherben des Hochmittelalters; vielleicht auch hier ein Hinweis auf eine Wiedernutzung einer älteren Anlage.

Für den mächtigen Wall oberhalb des Klosters Amtenhausen wurde schon die Zugehörigkeit zum Kloster als Fliehburg vermutet, was aber bislang weder an der Topographie noch durch Funde belegbar ist. Auch eine vorgeschichtliche Zeitstellung ist nicht auszuschließen.

Vom Lupfen (Abb. 1: c) sind mittlerweile neben späturnenfelderzeitlicher Keramik und spätmittelalterlichen Funden vom Areal der Burg an der West-spitze überraschenderweise auch wenige Keramikscherben bekannt gewor-den, die in die karolingisch-ottonische Epoche gehören. Die sehr komplexe, aber weithin unerforschte Burganlage lässt mehrere Umbauphasen erkennen. Die Datierung weiterer Abschnittsgräben – zwei davon sichern ein kleines Areal auf der Mitte des langgezogenen Bergrückens mit möglichen Gebäu-deresten – ist bislang nur als mittelalterlich zu vermuten. Vielleicht entstand hier schon im 9. Jahrhundert ein früher Herrschaftssitz (Burg), was der be-herrschenden Lage des Berges – auch König der Baar genannt – entsprechen würde. (Abb. 9).

Immer wieder wird auch der wohl auf dem Wormser Hoftag 926 gefasste Erlass König Heinrichs I., der einen verstärkten Burgenbau fordert, herangezo-gen, um eine Verbindung von undatierten, aber frühgeschichtlich wirkenden Wallanlagen mit den Ungarneinfällen der ersten Hälfte des 10. Jahrhunderts herzustellen. Die urkundlich belegten Einfälle und Raubzüge magyarischer (ungarischer) Reitergruppen in der Zeit zwischen 907 und 955 (Schlacht auf dem Lechfeld) auch in den süddeutschen Raum haben aber offenbar nur we-nige archäologisch verwertbare Spuren hinterlassen.[25] Dass die jüngst fest-gestellten Pfahlreihen am Nordufer vor der Insel Reichenau tatsächlich – wie vermutet – keine Schifffahrtseinrichtungen waren, sondern zum Schutz vor Überfällen in den Jahren 909/910 errichtet worden sind, muss einstweilen eine Hypothese bleiben.[26] Wie oben schon ausgeführt, lassen sich die Erdrip-pen am Osthang vor dem Wall am Lemberg nicht als Antwort auf ungarnzeit-liche Einfälle verstehen, vielmehr gehören sie wohl zur urnenfelderzeitlichen Befestigung des Berges.

Insbesondere wurde der mächtige Hauptwall am Dreifaltigkeitsberg schon mehrfach pauschal ins frühe Mittelalter datiert. An etlichen Plätzen in Bayern konnten aber mittlerweile sogenannte Ungarnwälle in die Bronze- oder Eisenzeit datiert werden. Dies betrifft etwa den Schlossberg bei Kall-münz, den Bogenberg bei Bogen oder den Wall nahe der Befreiungshalle bei Kelheim.[27] Auch bei der Heuneburg bei Hundersingen konnte nachgewiesen werden, dass das lange für mittelalterlich gehaltene mächtige Wallstück der Vorbefestigung bereits frühkeltisch ist.[28] Gleichermaßen wird der große Wall auf dem Dreifaltigkeitsberg eher vorgeschichtlich als frühmittelalterlich sein. Summa summarum gibt es derzeit keinen Anlass oder auch Beleg für das Errichten von Befestigungen in frühmittelalterlicher Zeit.[29]

## Fazit

Spiegeln die Erbauungs- oder Nutzungszeiten der Wallanlagen das bislang bekannte Siedlungsgeschehen im Landkreis Tuttlingen wider? Es fällt vor allem die späte Urnenfelderzeit ins Auge, während derer Anlagen wie der Gerichtzoller und der Lemberg als große Befestigungen wahrscheinlich errichtet und intensiv genutzt wurden. Zudem liegen von zahlreichen Anlagen Funde dieser Zeit vor und belegen allermindest eine sporadische Nutzung. In der nachfolgenden Hallstattzeit scheinen ebenfalls zahlreiche Anlagen aufgesucht worden zu sein. Der Darrendobel dürfte eine zu dieser Zeit errichtete und auch ausschließlich in derselben genutzte Wallanlage sein. Diesen klaren Schwerpunkten stehen eher einzelne Funde aus den anderen Epochen gegenüber, die römische Zeit wie auch das Frühmittelalter sind bislang kaum nachgewiesen. Ähnlich sieht es bei den beiden fraglichen Fundstellen Heidentor / Oberburg und Lupfen aus. Auf der Oberburg wie auch auf dem Dreifaltigkeitsberg ist jedoch auch noch die Frühlatènezeit stark vertreten. Jedoch ist die große Zahl nicht klar datierbarer Wallanlagen nicht zu übersehen, was aber – ebenso wie die chronologischen Schwerpunkte – durchaus im Landesvergleich Entsprechung findet. Viele der Anlagen werden auch in mehreren unterschiedlichen Epochen aufgesucht worden sein, insbesondere der Lehenbühl wie auch der Dreifaltigkeitsberg. Besonders an Letzterem dürften zahlreiche Umbauten, Ergänzungen und Erneuerungen an den Befestigungen stattgefunden haben. Umbauten lassen sich aber auch an der Ehrenburg klar erkennen, vielleicht wurde hier eine vorgeschichtliche Anlage im frühen Hochmittelalter nochmals genutzt.

Als mittelalterliche Stadtgründung wohl im Zusammenhang mit dem Bau einer Burg gehört Altfridingen mit seinen noch erkennbaren Resten der Stadtmauer erst ins späte Mittelalter (13./14. Jahrhundert). Der exponierte Bergrücken über der Donau scheint in dieser Zeit erstmalig befestigt und auch als Siedlungsplatz genutzt worden zu sein.

1 Ch. Morrissey/D. Müller, Wallanlagen im Regierungsbezirk Karlsruhe. Atlas archäologischer Geländedenkmäler in Baden-Württemberg 2. Vor- und frühgeschichtliche Befestigungen 27 (Stuttgart 2012).

2 Ch. Morrissey/D. Müller, Wallanlagen im Regierungsbezirk Stuttgart. Atlas archäologischer Geländedenkmäler in Baden-Württemberg 2. Vor- und frühgeschichtliche Befestigungen 28 (Wiesbaden 2023).

3 H.-W. Heine, Studien zu Wehranlagen zwischen junger Donau und westlichem Bodensee. Forschungen und Berichte zur Archäologie des Mittelalters in Baden-Württemberg 5 (Stuttgart 1978).

4 C. Unz, Urgeschichte, Römerzeit, Frühes Mittelalter im Raum Tuttlingen. In: Archäologie, Kunst und Landschaft im Landkreis Tuttlingen. Hrsg. v. Lkr. Tuttlingen (Sigmaringen 1988).

5 B. Schmid, Die urgeschichtlichen Funde und Fundstellen der Baar. Altertumswissenschaften 11–12 (Rheinfelden/Berlin 1991-92).

6 J. Klug-Treppe, Archäologische Kulturdenkmale im Landkreis Tuttlingen. Ein Überblick mit Highlights. In: Landkreis Tuttlingen – Geschichte, Gegenwart, Chancen (Tübingen 2002) 92–113.

7 M. Schußmann, Kimmerier vs. Magyaren. Zu den »Reiterhindernissen« auf dem Hinteren Berg bei Landersdorf – ein Beitrag zur Chronologie einer Befundgattung. In: E. Kaiser/M. Meyer/S. Scharl/S. Suhrbier (Hrsg.), Wissensschichten. Festschrift für Wolfram Schier zu seinem 65. Geburtstag. Studia honoria 41 (Rahden/Westf. 2022) 493–510.

8 C. Metzner-Nebelsick, Das Wagengrab von Künzing im Licht seiner östlichen Beziehungen. In: K. Schmotz (Hrsg.), Vorträge des 23. Niederbayerischen Archäologentags (Rahden/Westf. 2005) 105–138. – Schußmann (wie Anm. 7).

9 Morrissey/Müller (wie Anm. 2) 25–30.

10 Ch. Morrissey/D. Müller, Die Wallanlagen auf den Geisinger Bergen bei Geisingen (Landkreis Tuttlingen) und Bad Dürrheim-Unterbaldingen (Schwarzwald-Baar-Kreis). Atlas archäologischer Geländedenkmäler in Baden-Württemberg 2. Vor- und frühgeschichtliche Befestigungen 7 (Stuttgart 1999).

11 Generell dazu H. Reim, Felstürme, Höhlen, heilige Zeichen. Zur Sichtbarkeit des Religiösen in der frühkeltischen Eisenzeit Südwestdeutschlands. In: Die frühe Eisenzeit zwischen Schwarzwald und Vogesen. Archäologische Informationen aus Baden-Württemberg 66 (Freiburg 2012) 146–179.

12 Siehe dazu die Beiträge von H. Reim und Ch. Morrissey in: E. E. Weber (Hrsg.), Die Vor- und Frühgeschichte im Landkreis Sigmaringen. Heimatkundliche Schriftenreihe des Landkreises Sigmaringen 13 (Meßkirch 2016). – Zuletzt dazu Ch. Morrissey, Fridingen: vormittelalterliche Geschichte eines Ortes im Donautal. Gesammelte Aufsätze Fridinger Geschichte 42 (Fridingen 2023).

13 S. Bauer/H.-P. Kuhnen, Frühkeltische Opferfunde von der Oberburg bei Egesheim, Lkr. Tuttlingen. In: A. Lang (Hrsg.), Kulturen zwischen Ost und West: Das Ost-West-Verhältnis in vor- und frühgeschichtlicher Zeit und sein Einfluß auf Werden und Wandel des Kulturraums Mitteleuropa. Festschrift für Georg Kossack zum 70. Geburtstag (Berlin 1993) 239–292. – C. Steffen/G. Wieland, Kultstätte, Tatort, Fundplatz. Das »Heidentor« bei Egesheim. In: 50. Denkmalpflege in Baden-Württemberg 1972–2022 (Esslingen 2022) 134–139.

14 Morrissey, Fridingen (wie Anm. 12).

15 D. Müller/V. Nübling, Vor- und frühgeschichtliche Befestigungen 21. Die Befestigungen auf dem Dreifaltigkeitsberg bei Spaichingen (Landkreis Tuttlingen). Atlas Archäologischer Geländedenkmäler in Baden-Württemberg 2. Vor- und frühgeschichtliche Befestigungen 21 (Stuttgart 2010).

16 Morrissey/Müller (wie Anm. 2) 20.

17 Ch. Morrissey/D. Müller, Der Lemberg bei Gosheim und der Hochberg bei Deilingen-Delkhofen (Lkr. Tuttlingen). Atlas archäologischer Geländedenkmäler in Baden-Württemberg 2. Vor- und frühgeschichtliche Befestigungen 11 (Stuttgart 2002).

18 Vgl. dazu die Beiträge von Morrissey und Reim in: Weber (wie Anm. 12).

19 Zuletzt mit weiterer Literatur: Morrissey, Fridingen (wie Anm. 12).

20 Ch. Morrissey/D. Müller, Die Wallanlagen bei Ippingen und Zimmern, Gde. Immendingen (Landkreis Tuttlingen). Atlas archäologischer Geländedenkmäler in Baden-Württemberg 2. Vor- und frühgeschichtliche Befestigungen 9 (Stuttgart 1999).

21 Ch. Morrissey/D. Müller, Die Wallanlagen bei Kirchen-Hausen und Leipferdingen, Stadt Geisingen (Landkreis Tuttlingen). Atlas archäologischer Geländedenkmäler in Baden-Württemberg 2. Vor- und frühgeschichtliche Befestigungen 8 (Stuttgart 1999).

22 Morrissey, Fridingen (wie Anm. 12).

23 Morrissey/Müller (wie Anm. 20).

24 Morrissey, Fridingen (wie Anm. 12).

25 P. Ettel, »Ungarnburgen – Ungarnrefugien – Ungarnwälle«: Zum Stand der Forschung. In: Festschrift für Barbara Schock-Werner. Veröffentlichungen der Deutschen Burgenvereinigung A 15 (Braubach 2012) 45–66. – M. Schulze-Dörlamm, Spuren der Ungarneinfälle des 10. Jahrhunderts in das Ostfrankenreich. In: T. Wozniak/C. Bley (Hrsg.), 1100 Jahre Quedlinburg. Geschichte – Kultur – Welterbe (Petersberg 2023) 46–61.

26 B. Jenisch u. a., Pfahlreihen aus dem frühen zehnten Jahrhundert vor der Insel Reichenau. Schwäbische Heimat 75/2, 2024, 51–57.

27 P. Schauer, Zwei »Ungarnwälle« unweit der niederbayerischen Donau. Acta Praehistorica et Archaeologica 34, 2002, 49–56. – M. Leicht, Die Wallanlagen des Oppidums Alkimoennis, Kelheim. Zur Baugeschichte und Typisierung spätkeltischer Befestigungen. Archäologie am Main-Donau-Kanal 14 (Rahden/Westf. 2000).

28 D. Krausse u. a., Die Heuneburg – keltischer Fürstensitz an der oberen Donau. Führer zu archäologischen Denkmälern in Baden-Württemberg 28 (2. Aufl. Stuttgart 2016).

29 In der Wallanlage »Heidenlöcher« bei Geisingen-Leipferdingen wurden Funde des 10. Jhs. geborgen. Sie deuten eine entsprechende Datierung der kleinen Wallanlage an. Fundberichte aus Baden-Württemberg 41, 1923, 580 f.

Der Lemberg (Bildmitte) mit Blick nach Südwesten über die Baar hinweg zur Alpenkette. (Landesamt für Denkmalpflege im Regierungspräsidium Stuttgart, Ch. Steffen).

Blick über den Gerichtzoller (Vordergrund) zum Hegau. (Landesamt für Denkmalpflege im Regierungspräsidium Stuttgart, O. Braasch).

# Einblick in vier Jahrtausende Viehwirtschaft: Archäozoologische Untersuchungen an Tierknochenfunden

Simon Trixl

Die Beiträge des vorliegenden Bandes führen vor Augen, wie reich die archäologische Fundlandschaft des Landkreises Tuttlingen ist und wie diese im Rahmen zahlreicher Ausgrabungen in zunehmender Detailschärfe erschlossen wird. Eine bei diesen archäologischen Maßnahmen omnipräsente und häufig in sehr großer Zahl auftretende Fundgattung sind tierische Reste, insbesondere Knochen und Zähne (Abb. 1). Dabei handelt es sich in der Regel um Schlacht- und Speiseabfälle sowie die Skelette verendeter Haustiere, welche die regionale Bevölkerung verschiedener Perioden innerhalb ihrer Siedlungen oder in deren Umfeld entsorgt hatte. Die Untersuchung dieser Funde gibt Einblick in die bedeutende und überaus vielfältige Rolle, welche die Tiere für den Menschen der Vor- und Frühgeschichte spielten.

## Tierreste: eine unverzichtbare Quelle für die Archäologie

Diese Analyse ist das Aufgabengebiet der Archäozoologie. Einen zentralen Schritt stellt dabei zunächst die tierartliche Bestimmung der Tierreste dar, die man zumeist anhand anatomischer Unterschiede zwischen den einzelnen Spezies vornimmt (Abb. 2). In Abhängigkeit vom Erhaltungszustand können einer Archäofauna, also der Gesamtheit der Funde tierischen Ursprungs, jedoch noch zahlreiche weitere Informationen abgewonnen werden: So geben z. B. der Zustand des Gebisses und der Verschlussgrad der Wachstumsfugen Auskunft über das Schlachtalter der Tiere, während an verschiedenen Knochen

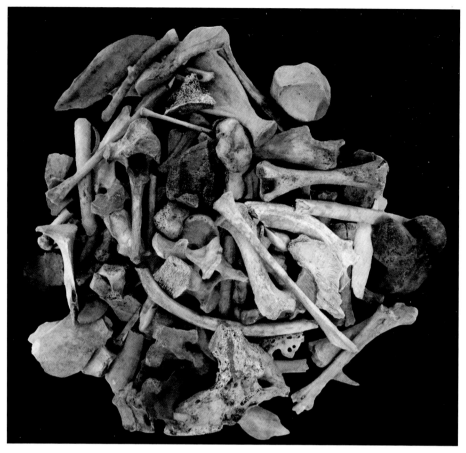

Abb. 1: Ein kleiner Ausschnitt aus den kaiserzeitlichen Knochenfunden der Grabung »Unter Haßlen«. Die Tierreste zeigen die für Schlacht- und Speiseabfälle typische Fragmentierung. (Landesamt für Denkmalpflege im Regierungspräsidium Stuttgart, S. Trixl).

wie dem Becken der Wiederkäuer ihr Geschlecht bestimmt werden kann. Die alters- und geschlechtsmäßige Zusammensetzung der Nutzviehherden zeigt schließlich, ob letztere primär des Fleischertrages wegen oder zur Erlangung sogenannter sekundärer Produkte wie Milch oder Wolle gehalten wurden. Spuren von Krankheiten sowie alters- bzw. belastungsbedingtem Verschleiß an den Knochen lassen zudem Rückschlüsse auf die Haltungsbedingungen der Tiere zu. Von verschiedenen Arten der Schlachtung bzw. der Fleischzubereitung zeugen hingegen Hack- und Schnittmarken an den Knochen. Ein weiteres bedeutendes Teilgebiet der Archäozoologie ist die Osteometrie, die Vermessung von Knochen und Zähnen: Unter Verwendung einer großen Bandbreite statistischer Methoden sind Rückschlüsse auf Schulterhöhe und Körperbau der Tiere mög

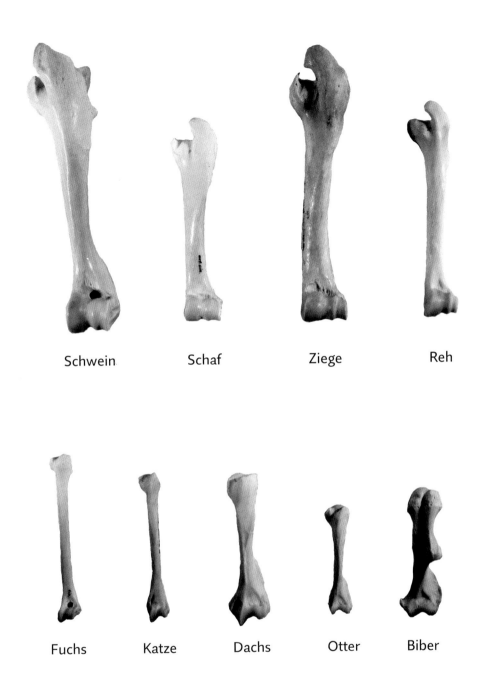

Schwein        Schaf        Ziege        Reh

Fuchs        Katze        Dachs        Otter        Biber

Abb. 2: Anatomische Unterschiede, wie sie hier exemplarisch am Oberarmknochen gezeigt werden, sind die Basis für die tierartliche Bestimmung von Knochenfunden. (Landesamt für Denkmalpflege im Regierungspräsidium Stuttgart, S. Trixl).

lich. Veränderungen der Größenverhältnisse können beispielsweise ein Indikator für die Einführung neuer Zuchtlinien sein.[1]

Solche archäozoologischen Untersuchungen sind seit langem ein fester Bestandteil der archäologischen Forschung in Baden-Württemberg und werden auf professioneller Basis seit dem frühen 20. Jahrhundert betrieben.[2] Der wissenschaftlichen Erschließung von Faunenresten aus Südwestdeutschland widmet sich mittlerweile eine Reihe von Einrichtungen wie das Institut für Naturwissenschaftliche Archäologie der Universität Tübingen oder die Arbeitsstelle Osteologie des Landesamts für Denkmalpflege. Letzteres ist auch für die langfristige Archivierung und Inventarisierung der Tier- und Menschenreste zuständig, die bei Rettungs- und Forschungsgrabungen in Baden-Württemberg gefunden werden. Das angesichts der zahlreichen bauvorgreifenden Grabungen seit dem Beginn der 2000er Jahre stark gestiegene Fundaufkommen macht es jedoch unmöglich, alle osteologischen Überreste unmittelbar nach ihrer Bergung archäozoologisch bzw. anthropologisch zu analysieren.[3] Osteoarchäologische Untersuchungen werden daher anlassbezogen durchgeführt, beispielsweise im Rahmen von drittmittelgeförderten Forschungsprojekten mit gezielten Fragestellungen.

# Tuttlingen-Möhringen: Viehwirtschaft im Wandel der Zeit

Aus diesem Grund ist bislang nur ein Ausschnitt des reichhaltigen osteoarchäologischen Erbes Baden-Württembergs wissenschaftlich erschlossen. Dies gilt auch für den Landkreis Tuttlingen: Umfangreiche Grabungen wie die in der früh- bis hochmittelalterlichen Siedlung von Stetten (Gem. Mühlheim a. d. Donau) erbrachten zwar zahlreiche Tierreste,[4] archäozoologisch untersucht wurden bzw. werden jedoch nur einige ausgewählte Fundkomplexe. Von besonderem Interesse ist hierbei die Archäofauna, die im Zuge der Erschließung des Baugebietes »Unter Haßlen« zwischen Möhringen und Möhringen-Vorstadt unmittelbar südwestlich von Tuttlingen auf einer Terrasse oberhalb des südlichen Donau-Ufers geborgen wurde. Die Knochenfunde decken eine große Zeitspanne von der Früh- bzw. Mittelbronzezeit[5] über die Eisen- und römische Kaiserzeit[6] bis in das Frühmittelalter[7] hinein ab.[8] Die aktuell noch andauernde Analyse der Faunenreste bietet somit die Möglichkeit, Einblicke in die epochenübergreifende Entwicklung der Viehwirtschaft auf mikroregionaler Ebene zu erlangen.

Abb. 3: Der prozentuale Anteil der einzelnen Tierarten unter den mittel- und frühbronzezeitlichen Schlacht- und Speiseabfällen des Grabungsareals »Unter Haßlen«, ermittelt auf Basis der Fundzahl. Unter der Kategorie »Sonstige« sind die mit nur jeweils einem Fund vertretenen Arten Pferd und Feldhase, fünf Reste von Fluss- und Teichmuscheln (*Unionidae*) und zwei Knochen zusammengefasst, die nicht eindeutig dem Haus- oder Wildschwein zuzuordnen sind. (Landesamt für Denkmalpflege im Regierungspräsidium Stuttgart, S. Trixl).

Zu Beginn der Siedlungsentwicklung spielte das Rind wohl eine entscheidende Rolle für die örtliche Subsistenzwirtschaft, wie die 246 tierartlich bestimmten Faunenreste aus früh- bis mittelbronzezeitlichen Kontexten zeigen, unter denen Rinderknochen mit 48,8% der Funde stark dominieren (Abb. 3). Außerdem umfasste der Haustierbestand dieser Zeit auch Schafe, die in zwei Fällen gesichert nachgewiesen sind. Hinzu kommen 75 Funde der Kategorie kleiner Hauswiederkäuer: In dieser Gruppe werden Tierreste summiert, die aufgrund der großen anatomischen Ähnlichkeit von Schaf und Ziege keiner der beiden Spezies eindeutig zuzuordnen sind. In Mitteleuropa überwiegen unter den sicher bestimmten Funden dieser Kategorie jedoch in der Regel die Schafe gegenüber den Ziegen,[9] sodass davon auszugehen ist, dass auch im vorliegenden Fall die Mehrheit der Reste kleiner Wiederkäuer vom Schaf stammt. Im Vergleich zu den Wiederkäuern war die Bedeutung des Schweines in der Bronzezeit wohl eher gering, wie sein niedriger Anteil am Gesamtmaterial vor Augen führt. In noch stärkerem Maß trifft dies auf das Jagdwild zu. Dieses ist unter den bronzezeitlichen Schlacht- und Speiseabfällen lediglich in Form der Rippe eines Feldhasen gesichert belegt. Damit spiegelt sich in der Fauna aus Tuttlingen-Möhringen ein überregionaler Trend wider: War im vorangehenden Neolithikum neben der Viehwirtschaft die Jagd noch von mitunter entscheidender ökonomischer Bedeutung, setzte sich mit der Frühbronzezeit in den meisten Teilen Mitteleuropas eine weitestgehend auf der Haustier- und insbesondere der Rinderhaltung basierende Form der Subsistenz durch[10]. Die Nähe zur Donau wirft zudem die Frage auf, inwiefern auch Fische und andere im Wasser lebende Tiere als Nahrungsressource genutzt wurden. Fischknochen fehlen erstaunlicherweise unter den Faunenresten der Bronzezeit ebenso wie in späteren Perioden. Ob dies jedoch lediglich die problematischen Erhaltungs- und Auffindungschancen jener kleinteiligen und fragilen Fundgruppe oder eine tatsächlich geringe Rolle des Fischfangs in der Bronzezeit widerspiegelt, ist fraglich. Fünf Nachweise von Vertreterinnen der Familie der Fluss- und Teichmuscheln (*Unionidae*) legen immerhin nahe, dass die Donau oder ein anderes nahes Gewässer zum wirtschaftlichen Einzugsbereich der bronzezeitlichen Bevölkerung des Ortes gehörte.

Auch das Tierknochenmaterial einer ländlichen Siedlung der Latènezeit, die in dem Grabungsareal »Unter Haßlen I« ausgegraben wurde,[11] zeigt einen für diese Zeit üblichen Schwerpunkt auf der Haustierhaltung. Einzig ein Knochen vom Rothirsch sowie zwei Muschelfragmente weisen auf die Nutzung wildlebender Tiere der Umgebung hin. Die Haustiere spiegeln mit Rind, Schaf, Schwein und Pferd einen Ausschnitt des in der Latènezeit geläufigen Artenspektrums wider. Zerlegungsspuren nach zu urteilen, dienten alle Arten der Fleischgewinnung. Auch das Pferd war hiervon nicht ausgenommen, was jedoch in der Latènekultur nicht unüblich war.[12] Etwas überraschend ist hingegen der vergleichsweise hohe Anteil kleiner Hauswiederkäuer, die gegenüber dem Schwein in einem Verhältnis von ca. 6:1 überwiegen. Da es sich bei der Untersuchung der latènezeitlichen Archäofauna um ein laufendes Forschungsprojekt handelt, kann dieses Ergebnis, wie auch andere archäozoologische Daten zu diesem Zeitabschnitt, noch nicht abschließend bewertet werden.

Einen wesentlichen Umbruch für die Tierhaltung bedeutete die Eingliederung des Alpenvorlandes in das römische Reich. Unter anderem erforderte die Gründung städtischer Zentren wie *Arae flaviae*/Rottweil und der damit verbundene Bevölkerungsanstieg eine Ertragsteigerung und die Erwirtschaftung landwirtschaftlicher Überschüsse.[13] Diesem Zweck dienten Gutshöfe (*villae rusticae*), wie auch einer im Grabungsareal »Unter Haßlen« nachgewiesen wurde. Insbesondere aus der Verfüllung des Brunnens jener Anlage (s. Beitrag Paul) stammt eine große Menge tierischer Reste, von deren archäozoologischer Untersuchung detaillierte Aussagen über die Viehwirtschaft der römischen Kaiserzeit zu erwarten sind. Bereits im Rahmen der Sichtung einer repräsentativen Stichprobe von ca. 2.400 Knochen stellte sich heraus, dass ein ökonomischer Fokus des Gehöfts wohl auf der Schweinezucht lag. So entfällt die große Mehrheit des osteologischen Fundmaterials auf das Borstentier, das beispielsweise einundzwanzigmal häufiger vertreten ist als die Knochen der kleinen Wiederkäuer. Dass neben der Produktion von Nahrungsmitteln auch die Zucht von Reittieren betrieben wurde, belegt das weitgehend komplette Skelett eines kurz nach der Geburt verendeten und anschließend in dem aufgegebenen Brunnen entsorgten Fohlens. In dem Schacht fanden sich weitere Reste verendeter Tiere, deren Fleisch man wohl nicht verzehrt hatte. Hierzu zählt auch ein Ochse, für den eine Schulterhöhe von ca. 150 cm errechnet wurde (Abb. 4). Damit gehört das Tier einem großgewachsenen Rinderschlag an, den man in der römischen Kaiserzeit aus dem Mittelmeerraum in das Gebiet nördlich der Alpen eingeführt hatte. Dahinter stand der Bedarf der provinzialrömischen Wirtschaft an kräftigen Zug- und ertragreichen Fleischtieren. Diese Etablierung neuer Zuchtlinien kommt in einem starken Anstieg der Widerristhöhen lokaler Rinderpopulationen zum Ausdruck. Maßen beispielsweise die Tiere im spätlatènezeitlichen Oppidum von Altenburg-Rheinau, einer zwischen dem späten 2. und der Mitte des 1. Jahrhunderts v. Chr. bestehenden Großsiedlung am Hochrhein nahe Schaffhausen, noch durchschnittlich 112 cm im Widerrist,[14] so betrug der Wert bei Artgenossen aus dem mittelkaiserzeitlichen Rottweil 125 cm[15] und jener aus dem spätantiken Fundkomplex von Burg Sponeck (Lkr. Emmendingen) 128 cm.[16]

Welche Auswirkungen der Zusammenbruch des römischen Wirtschaftssystems auf die Haltungs- und Nutzungsweise der Haustiere hatte, führt eine Reihe archäozoologischer Untersuchungen zu Fundkomplexen frühalamannischer, merowingischer und karolingischer Zeitstellung in verschiedenen Teilen Baden-Württembergs vor Augen. Aus diesen Untersuchungen geht unter anderem hervor, dass mit dem Ende des Systems von *villae rusticae* und dem Übergang zu einer autarkeren, mehr auf Eigenversorgung orientierten Wirtschaftsform auch eine Größenabnahme der Rinder einherging.[17] Auch für die Gemeinschaft, die sich während des 5./6. Jahrhunderts im Bereich der Ruinen des ehemaligen römischen Gutshofes von Tuttlingen-Möhringen ansiedelte, wird man von einer autarkeren Wirtschaftsweise ausgehen dürfen, wenn auch detaillierte Einblicke in die frühmittelalterliche Viehwirtschaft anhand der vor Ort geborgenen Tierreste schwierig sind: Bei diesen Knochen handelt es sich

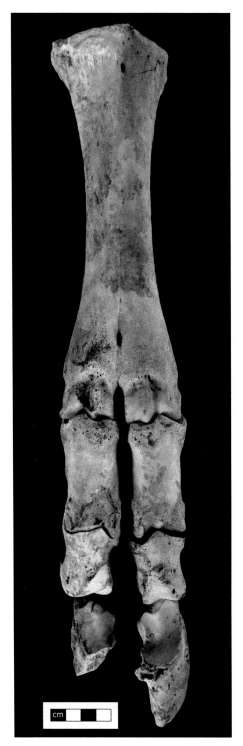

im Gegensatz zu den Funden vorangehender Epochen nicht um Schlacht- und Speiseabfälle, sondern um im anatomischen Verband in ihre Fundlage gelangte Teilskelette, die man allesamt in der Grube Bef. 165 angetroffen hatte. Diese umfassen im Einzelnen Skelettpartien eines Kalbes und eines ausgewachsenen Rindes sowie einen weitgehend vollständigen Artgenossen fötalen oder neugeborenen Alters. Hinzu kommen der Hinterlauf eines juvenilen Schweines sowie zwei isolierte Schädel von weiteren Vertretern dieser Art. Statistiken zur wirtschaftlichen Bedeutung der einzelnen Arten lässt diese besondere Form von Knochenfunden zwar nicht zu, jedoch belegt sie immerhin, dass das Areal in nachrömischer Zeit viehwirtschaftlich genutzt wurde.[18] Warum man allerdings zusammenhängende Skelettpartien in die Grube einbrachte und damit auf die Verwertung des an den Knochen ansetzenden Fleisches verzichtete, ist beim aktuellen Stand der Bearbeitung unklar.

Abb. 4: Teil des Vorderlaufes eines in dem Brunnen der Villa Rustica entsorgten Ochsen. (Landesamt für Denkmalpflege im Regierungspräsidium Stuttgart, S. Trixl).

# Über den Tod hinaus: Tiere im Bestattungsritus

Verdeutlichen die Faunenreste aus dem Baugebiet »Unter Haßlen« insbesondere die wirtschaftliche Rolle, die das Nutzvieh für die Menschen verschiedenster Zeitabschnitte spielte, so führen andere Fundstellen vor Augen, dass Tiere auch eine über die profane Welt hinausgehende Funktion erfüllten: Tierknochenfunde kennen wir nicht nur aus Siedlungen, sondern auch aus den Gräbern der in der Umgebung Tuttlingens siedelnden vor- und frühgeschichtlichen Bevölkerung.

Ein vergleichsweise frühes Beispiel stellt ein schnurkeramisches Grab aus Stetten a. d. Donau dar (s. Beitrag Link), das neben den Skeletten einer Frau und eines Säuglings auch einige tierische Reste barg.[19] Dabei handelt es sich um zwei Knochenpfrieme, die man aus dem Mittelhandknochen eines Schafes bzw. eines kleinen Wiederkäuers gefertigt hatte (Abb. 5). Ein solches Skelettelement fand sich zudem in weitgehend vollständiger Form vergesellschaftet mit den erwähnten Pfriemen sowie einer Silexklinge und einem als Schleifstein interpretierten Sandstein. Das annähernd komplett überlieferte Stück wird als Rohmaterial für die Artefaktproduktion gedeutet.[20]

Weitaus umfangreicher sind jedoch die Tierreste, die man bei den Grabungen in dem hallstattzeitlichen Gräberfeld von Mauenheim »Untere Lehr« (Gem. Immendingen) barg: Insgesamt 19 Gräber enthielten hier Knochen und Zähne von Tieren, die mehrheitlich als Speisebeigaben gedeutet werden.[21] Unter diesen dominiert klar das Schwein, das in sechs Fällen in Form kompletter oder zumindest zu großen Teilen vollständiger Tiere in den Gräbern nachgewiesen ist. In mindestens zehn weiteren Fällen waren ausgewählte Skelettpartien dieser Nutztierart Bestandteil des Beigabenensembles. Weitaus seltener treten die kleinen Hauswiederkäuer Schaf und Ziege auf, die lediglich in zwei Fällen belegt sind. Weitere in der Eisenzeit typische Haustierarten wie Rind und Pferd sind zwar unter dem Tierknochenmaterial vorhanden, allerdings handelt es sich dabei um Streufunde, die nicht eindeutig in den Zusammenhang mit den Bestattungen gesetzt werden können.[22] Die Ergebnisse aus Mauenheim spiegeln damit den in der Hallstattzeit für die Region zwischen Bodensee und Neckarland charakteristischen Trend wider, dass man das Schwein allen anderen Haustieren bei der Auswahl von Tieren für Speisebeigaben vorzog.[23]

Die Niederlegung von Tieren bzw. Tierteilen in Gräbern war auch in den folgenden Perioden bis in das Frühmittelalter hinein in wechselnder Intensität üblich, wie verschiedene latène-, kaiser- und merowingerzeitliche Fundkomplexe aus Südwestdeutschland nahelegen.[24] Auch Befunde aus der Region um Tuttlingen bezeugen die Sitte von Tierbeigaben bis in das Frühmittelalter. So beobachtete man in 19 Gräbern des alamannischen Friedhofes von Neudingen (Gem. Donaueschingen, Schwarzwald-Baar-Kreis) tierische Beigaben, von denen bislang allerdings nur ein kleiner Ausschnitt tierartlich bestimmt wurde. Besondere Aufmerksamkeit verdient dabei das Inventar von Grab 300, zu dem neben einem vollständigen Huhn die Reste eines ebenfalls wohl weitgehend kompletten Ferkels zählten.[25] Letzteres war zum Todeszeitpunkt noch sehr jung und vermutlich neugeborenen Alters, was einen eher ungewöhnlichen Befund darstellt.

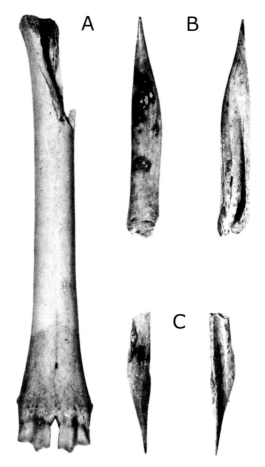

Abb. 5: Mittelhandknochen eines Schafes (A) sowie zwei Pfrieme (B und C) aus dem schnur-keramischen Grab von Stetten a. d. Donau. (modifiziert nach J. Wahl/R. Dehn/M. Kokabi, Eine Doppelbestattung der Schnurkeramik aus Stetten an der Donau, Lkr. Tuttlingen. Fundberichte aus Baden-Württemberg 15, 1990, 209 Abb. 16–18).

# Fazit

Diese kurze Zusammenschau ausgewählter archäozoologischer Forschungen im Raum Tuttlingen führt die vielfältige Bedeutung von Tieren in den Gesellschaften vormoderner Zeit vor Augen. Zugleich weist unser Wissen um die Entwicklung der Nutztierhaltung im oberen Donautal und seinen Nachbargebieten aber noch zahlreiche Lücken auf. Eine Reihe nach modernen Standards ergrabener Fundkomplexe wie der von Tuttlingen-Möhringen birgt jedoch ein hohes Potential für die Archäozoologie. Wir dürfen also auch zukünftig auf neue Ergebnisse zur Geschichte von Tier und Mensch in Tuttlingen und Umgebung gespannt sein.

1   Überblicksweise zur Archäozoologie mit zahlreicher weiterführender Literatur: U. Albarella / M. Rizzetto / H. Russ / K. Vickers / S. Viner-Daniels (Hrsg.), The Oxford Handbook of Zooarchaeology (Oxford 2017).

2   M. Hilzheimer, Die Tierreste aus dem römischen Kastell Cannstatt bei Stuttgart und anderen römischen Niederlassungen in Württemberg. Landwirtschaftliche Jahrbücher 55, 1921, 293–336.

3   M. Francken / S. Trixl, Berge von Knochen – Fundverwaltung, Datenmanagement und Auswertung aus Sicht der Osteoarchäologie. Blickpunkt Archäologie 1/2023, 62–69.

4   G. Fingerlin, Spuren des frühen Mittelalters in Stetten, Stadt Mühlheim a. d. Donau, Kreis Tuttlingen. Archäologische Ausgrabungen in Baden-Württemberg 1987 (1988) 167–169; G. Fingerlin, Zur Fortsetzung der frühmittelalterlichen Siedlungsgrabungen in Stetten, Stadt Mühlheim a. D., Kreis Tuttlingen. Archäologische Ausgrabungen in Baden-Württemberg 1988 (1989) 208–211.

5   J. Armingeon / G. Kuhnle, Seltenheitswert – eine Mineralbodensiedlung der Früh- bis Mittelbronzezeit bei Tuttlingen. Archäologische Ausgrabungen in Baden-Württemberg 2020 (2021) 110–113. – Vgl. auch den Beitrag von André Spatzier in diesem Band.

6   A. Gutekunst / G. Kuhnle, Eine Siedlung der jüngeren Latènezeit und Siedlungsspuren der Glockenbecherkultur an der Donau bei Tuttlingen. Archäologische Ausgrabungen in Baden-Württemberg 2020 (2021) 153–156. – G. Kuhnle / P. Knötzele / J. Kitzberger / D. Tschocke, In schönster Hanglage südlich der Donau – der römische Gutshof von Tuttlingen Möhringen. Archäologische Ausgrabungen in Baden-Württemberg 2022 (2023) 207–210. – G. Kuhnle / S. Trixl, »Schwein gehabt« im römischen Gutshof. Archäologie in Deutschland 5/2023, 50–51. – Vgl. auch den Beitrag von Kevin Paul in diesem Band.

7   Die im vorliegenden Beitrag besprochenen Skelette aus einer frühmittelalterlichen Grube waren aufgrund stratigraphischer Bezüge zunächst als latènezeitlich angesprochen worden, eine aufgrund des Feh-

lens datierbaren Fundmaterials in Auftrag gegebene C14-Analyse stellt diese jedoch in das 5./6. Jahrhundert n. Chr.

8   Vgl. u. a. die Beiträge von Benjamin Höke, Kevin Paul und André Spatzier in diesem Band.

9   Ein Beispiel für die Frühbronzezeit im heutigen Südwestdeutschland: E. Stephan, Die Tierknochenfunde aus der früh- bis mittelbronzezeitlichen »Siedlung Forschner« im Federseemoor. In: Die früh- und mittelbronzezeitliche Siedlung Forschner im Feederseemoor. Naturwissenschaftliche Untersuchungen. Bohlenwege, Einbäume und weitere botanische Beiträge. Siedlungsarchäologie im Alpenvorland XIII = Forschungen und Berichte zur Vor- und Frühgeschichte in Baden-Württemberg 128 (Darmstadt 2016) 195–283, bes. 208 Tab. 3.

10  Stephan (wie Anm. 9) 233–235, mit weiterer Literatur.

11  Gutekunst / Kuhnle (wie Anm. 9).

12  S. Trixl, Latènezeitliche Tierniederlegungen in Süd- und Westdeutschland. Interdisziplinäre Studien zu einer eisenzeitlichen Modellregion. Universitätsforschungen zur Prähistorischen Archäologie 321 (Bonn 2018) 118–119.

13  Aus archäozoologischer Perspektive zur Wirtschaftsweise römischer Gutshöfe im heutigen Südwestdeutschland: M. Kokabi / Th. Becker, Betriebsorientierung römischer Gutshöfe. In: M. Kokabi (Hrsg.), Beiträge zur Archäozoologie und Prähistorischen Anthropologie I (Stuttgart 1997) 23–29.

14  P. Wiesmiller, Die Tierknochenfunde aus dem latènezeitlichen Oppidum von Altenburg-Rheinau. II. Rind. Vet.-Med. Dissertation (München 1986) 164.

15  M. Kokabi, Arae Flaviae II. Viehhaltung und Jagd im römischen Rottweil. Forschungen und Berichte zur Vor- und Frühgeschichte in Baden-Württemberg 13 (Stuttgart 1982) 66.

16  R. Pfannhauser, Tierknochen aus der spätrömischen Anlage auf der Burg Sponeck bei Jechtingen, Kr. Emmendingen. Vet.-Med. Dissertation (München 1980) 38.

17 Zusammenfassend mit weiterer Literatur: E. Marinova/S. Trixl, Kontinuität oder Wandel? Ernährung, Wirtschaft und Landschaft im ersten Jahrtausend. In: Begleitband zur Großen Landesausstellung THE hidden LÄND. Wir im ersten Jahrtausend (im Druck).

18 Vgl. hierzu auch den Beitrag von Benjamin Höke in diesem Band, bes. Abb. 2 (Grube Befund 165).

19 J. Wahl/R. Dehn/M. Kokabi, Eine Doppelbestattung der Schnurkeramik aus Stetten an der Donau, Lkr. Tuttlingen. Fundberichte aus Baden-Württemberg 15, 1990, 175–211.

20 Kokabi in Wahl et al. (wie Anm. 23) 208–209.

21 E. Stephan, Tierreste aus den Gräbern der Nekropole Mauenheim »Untere Lehr«. In: L. Wamser, Mauenheim und Bargen. Zwei Grabhügelfelder der Hallstatt- und Frühlatènezeit aus dem nördlichen Hegau. Forschungen und Berichte zur Archäologie in Baden-Württemberg 2 (Wiesbaden 2016) 448–460.

22 Stephan (wie Anm. 25) 449 Tab. 1.

23 N. Müller-Scheeßel/P. Trebsche, Das Schwein und andere Haustiere in Siedlungen und Gräbern der Hallstattzeit Mitteleuropas. Germania 85,1, 2007, 61–94.

24 Beispielsweise M. Kokabi, Fleisch für Lebende und Tote. Haustiere in Wirtschaft und Begräbniskult. In: Die Alamannen (Stuttgart 1997) 331–336. – W. Krämer, Das keltische Gräberfeld von Nebringen (Kreis Böblingen). Veröffentlichungen des Staatlichen Amtes für Denkmalpflege in Stuttgart Reihe A Heft 8 (Stuttgart 1964) 28–30. – J. Wahl/M. Kokabi, Das römische Gräberfeld von Stettfeld I. Osteologische Untersuchung der Knochenreste aus dem Gräberfeld. Forschungen und Berichte zur Vor- und Frühgeschichte in Baden-Württemberg 29 (Stuttgart 1988) 225–284.

25 T. Brendle, Das merowingerzeitliche Gräberfeld von Neudingen (Stadt Donaueschingen, Schwarzwald-Baar-Kreis). Band I: Text. Dissertation Universität München (München 2014) 1265. https://edoc.ub.uni-muenchen.de/21028/1/Brendle_Tobias.pdf (aufgerufen am 15.07.2024).

Fibel aus einem merowingerzeitlichen Grab in der Flur »Spital« in Fridingen. (Museum Oberes Donautal Fridingen).

# Verzeichnis der Autorinnen und Autoren

**Dr. Andreas Haasis-Berner**
Landesamt für Denkmalpflege im Regierungspräsidium Stuttgart
Ref. 84.2, Fachgebiet Inventarisation und Planungsberatung
Dienstsitz Freiburg

**Dr. Benjamin Höke**
Landesamt für Denkmalpflege im Regierungspräsidium Stuttgart
Ref. 84.4, Fachgebiet Frühgeschichtliche, mittelalterliche und neuzeitliche
Archäologie
Dienstsitz Esslingen

**Dr. Klaus Kortüm**
Landesamt für Denkmalpflege im Regierungspräsidium Stuttgart
Ref. 84.4, Fachgebiet Provinzialrömische Archäologie
Dienstsitz Esslingen

**Dr. Thomas Link**
Landesamt für Denkmalpflege im Regierungspräsidium Stuttgart
Ref. 84.1, Fachgebiet Spezialdisziplinen und Fachpublikationen
Dienstsitz Esslingen

**Dr. Christoph Morrissey**
Archäologe
Büro Südwest
Tübingen

**Kevin Paul M. A.**
Landesamt für Denkmalpflege im Regierungspräsidium Stuttgart
Ref. 84.1, Pilotprojekt Inwertsetzung Ausgrabungen
Dienstsitz Esslingen

**Katalin Puster M. A.**
Archäologin
Tübingen

**Dr. André Spatzier**
Landesamt für Denkmalpflege im Regierungspräsidium Stuttgart
Ref. 84.3, Fachgebiet Metallzeiten
Dienstsitz Esslingen

**Dr. Yvonne Tafelmaier**
Landesamt für Denkmalpflege im Regierungspräsidium Stuttgart
Ref. 84.3, Fachgebiet Steinzeit
Dienstsitz Tübingen

**Dr. Simon Trixl**
Landesamt für Denkmalpflege im Regierungspräsidium Stuttgart
Ref. 84.1, Fachgebiet Spezialdisziplinen und Fachpublikationen
Dienstsitz Konstanz

# Ortsregister

*Zusammengestellt von Tabea Eger und
Nils Bambusch*